权威·前沿·原创

皮书系列为
"十二五""十三五""十四五"国家重点图书出版规划项目

BLUE BOOK

智库成果出版与传播平台

北京教育蓝皮书

BLUE BOOK OF EDUCATION IN BEIJING

北京教育发展研究报告（2021~2022）

RESEARCH REPORT ON EDUCATION DEVELOPMENT OF BEIJING (2021-2022)

"十三五"回顾与"十四五"展望

主　编／方中雄　冯洪荣
副主编／郭秀晶　高　兵　曹浩文

社会科学文献出版社
SOCIAL SCIENCES ACADEMIC PRESS (CHINA)

图书在版编目(CIP)数据

北京教育发展研究报告.2021~2022:"十三五"回顾与"十四五"展望/方中雄,冯洪荣主编. -- 北京:社会科学文献出版社,2022.4
 (北京教育蓝皮书)
 ISBN 978-7-5201-9845-5

Ⅰ.①北… Ⅱ.①方… ②冯… Ⅲ.①地方教育-教育事业-研究报告-北京-2021-2022 Ⅳ.①G527.1

中国版本图书馆CIP数据核字(2022)第038950号

北京教育蓝皮书
北京教育发展研究报告(2021~2022)
——"十三五"回顾与"十四五"展望

主　　编 / 方中雄　冯洪荣
副 主 编 / 郭秀晶　高　兵　曹浩文

出 版 人 / 王利民
组稿编辑 / 邓泳红
责任编辑 / 吴云苓　吴　敏
责任印制 / 王京美

出　　版 / 社会科学文献出版社·皮书出版分社 (010) 59367127
　　　　　 地址:北京市北三环中路甲29号院华龙大厦　邮编:100029
　　　　　 网址:www.ssap.com.cn
发　　行 / 社会科学文献出版社 (010) 59367028
印　　装 / 天津千鹤文化传播有限公司

规　　格 / 开　本:787mm×1092mm　1/16
　　　　　 印　张:19　字　数:283千字
版　　次 / 2022年4月第1版　2022年4月第1次印刷
书　　号 / ISBN 978-7-5201-9845-5
定　　价 / 128.00元

读者服务电话:4008918866

版权所有 翻印必究

北京教育蓝皮书编委会

编委会主任　方中雄

编委会副主任　冯洪荣　刘占军　张　熙　钟祖荣

主　　　编　方中雄　冯洪荣

副 主 编　郭秀晶　高　兵　曹浩文

摘 要

2021年是中国共产党成立100周年，是"十四五"开局之年，是我国现代化建设进程中具有特殊重要性的一年。"十四五"时期是我国全面建成小康社会、实现第一个百年奋斗目标之后，乘势而上开启全面建设社会主义现代化国家新征程、向第二个百年奋斗目标进军的第一个五年，也是北京落实首都城市战略定位、建设国际一流的和谐宜居之都的关键时期。

教育在党和国家事业中具有基础性、先导性、全局性地位。《北京教育发展研究报告（2021~2022）》秉持学术性、原创性和专题性相结合的原则，组织专业研究人员对北京教育改革与发展的过去、现状、重点、难点和热点问题进行研究，形成年度性报告，力图深入而全面地反映北京教育改革与发展的实际情况，发挥蓝皮书"存史、资政、宣传、育人"的作用，为全面推进北京教育高质量发展提供智力支持。

报告在内容上分为总报告、分报告、专题篇和借鉴篇四部分，共15篇。其中，总报告回顾了"十三五"时期北京市教育事业发展概况，认为"十三五"时期北京教育育人能力实现新提升，教育质量迈上新台阶，保障民生实现新进展，服务发展做出新贡献，主要规划指标总体完成情况较好。"十四五"时期，北京教育要着力坚持和加强党对教育工作的全面领导，促进教育方针落到实处；着力构建高质量教育体系，提高教育与经济社会发展需求的契合度；着力提供更高质量保障的公平教育，满足人民美好教育期盼；着力打造更具效力富有活力的智慧教育，赋能驱动教育创新发展；着力提升教育治理能力，推进教育治理现代化。

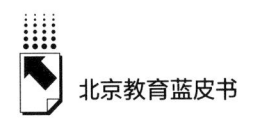

分报告分别从学前教育、基础教育、职业教育、高等教育、特殊教育和终身教育出发，回顾各级各类教育"十三五"时期发展概况，并对"十四五"时期的发展形势进行展望。专题篇聚焦首都改革与发展的重点、热点、难点问题展开，包括北京市教育满意度调查、北京市各区"十四五"教育发展政策走向、校外线上培训规范问题、中小学校课后服务供给等研究。借鉴篇旨在从国内国际比较的视角，为北京市教育改革与发展提供借鉴，包括我国发达地区"十四五"教育发展规划比较、外省市国际学校监管经验、发达地区集团化办学模式比较、后疫情时代全球教育变革趋势等研究。

报告力图理论联系实际，多角度、多层次反映北京教育改革与发展的进展及面临的挑战，进而提出推动各级各类教育事业发展的政策建议，以期为参与首都教育现代化建设的教育决策部门、教育管理者、教育科研工作者以及社会公众提供有益的参考。

关键词： 北京教育 "十四五" "十三五" 教育现代化

目 录

Ⅰ 总报告

B.1 北京市教育发展回顾与展望 …………… 郭秀晶 曹浩文 高 兵 / 001
  一 "十三五"时期北京市教育事业发展概况 ……………… / 002
  二 "十三五"时期北京市教育事业发展成就 ……………… / 006
  三 "十四五"时期面临的形势与挑战 ……………………… / 010
  四 政策建议与展望 …………………………………………… / 012

Ⅱ 分报告

B.2 北京市学前教育事业发展回顾与展望 ………… 张 霞 苏 婧 / 016
B.3 基础教育减负政策的回顾及现状分析 ………… 李海波 蒲 阳 / 032
B.4 北京市中等职业教育发展回顾与展望
  ………………………………………………………… 高卫东 / 054
B.5 北京高等教育发展回顾、形势与要求展望
  ……………………………………………… 杨振军 王 铭 / 073
B.6 北京市特殊教育发展基础、形势与关键
  ………………………………………… 杜 媛 孙 颖 陈瑛华 / 089

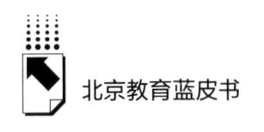

B.7 新发展阶段北京学习型城市高质量发展的路径和策略
.... 史 枫 张翠珠 林世员 桂 敏 邢贞良 / 108

Ⅲ 专题篇

B.8 2021年北京市公众教育满意度调查报告
.... 赵丽娟 卢 珂 王 玥 / 127
B.9 "十四五"时期北京市区级教育发展若干重点领域政策走向分析
.... 雷 虹 / 153
B.10 新形势下北京校外线上培训规范问题研究 .... 刘 熙 / 174
B.11 北京市中小学课后服务现状研究 .... 周红霞 / 188

Ⅳ 借鉴篇

B.12 "十四五"时期我国发达地区教育改革与发展规划文本分析
.... 李 璐 吕贵珍 / 201
B.13 外省市国际学校的监管经验及其对北京的启示 .... 李 曼 / 227
B.14 我国发达地区集团化办学模式的比较研究
——以京沪深杭为例 .... 尹玉玲 / 240
B.15 后疫情时代全球教育变革趋势及其对北京的启示
.... 李志涛 周红霞 曲垠姣 / 262

后 记 .... / 286

皮书数据库阅读 使用指南

总 报 告

B.1
北京市教育发展回顾与展望

郭秀晶 曹浩文 高 兵*

摘 要： "十三五"时期，北京教育育人能力实现新提升，质量迈上新台阶，保障民生实现新进展，服务发展做出新贡献，主要规划指标总体完成情况较好。"十四五"时期，北京教育改革和发展面临的形势包括：加快构建新发展格局，要求教育积极主动融入；新技术的广泛加速应用，要求教育发展模式创新变革；人口发展的变化趋势，要求教育资源配置超前谋划；人民群众对高品质生活的追求，要求教育实现更高质量发展。为更好地应对形势的深刻变化，北京教育要着力坚持和加强党对教育工作的全面领导，促进教育方针落到实处；着力构建高质量教育体系，提高教育与经济社会发展需求的契合度；着力提供更高质量保障的公平教育，

---

* 郭秀晶，博士，北京教育科学研究院教育发展研究中心主任、研究员，研究方向为教育法治与教育管理；曹浩文，博士，北京教育科学研究院教育发展研究中心副研究员，研究方向为教育经济和教育政策；高兵，北京教育科学研究院教育发展研究中心副主任、副研究员，研究方向为教育政策和区域教育规划。

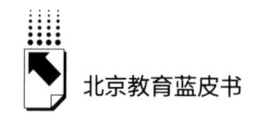

满足人民美好教育期盼；着力打造更具效力富有活力的智慧教育，赋能驱动教育创新发展；着力提升教育治理能力，推进教育治理现代化。

关键词： 北京教育　"十四五"教育规划　教育质量

《北京市"十三五"时期教育改革和发展规划》提出，到2020年，建成公平、优质、创新、开放的首都教育和先进的学习型城市，全面完成《北京市中长期教育改革和发展规划纲要（2010—2020年）》确定的各项任务，实现教育现代化。在"十三五"和"十四五"时期的交汇之际，对"十三五"时期北京市教育事业发展情况进行回顾，分析取得的成绩，并展望"十四五"时期北京市教育改革和发展面临的形势和挑战，具有重要意义。

一　"十三五"时期北京市教育事业发展概况

本报告主要通过各级各类学校数、在校生数、生师比、基础教育班级规模、生均一般公共预算教育事业费5个指标，呈现"十三五"时期北京市教育事业发展概况。

（一）各级各类学校数

"十三五"时期，北京市幼儿园数增长最多，从1570所增长至1899所，增加了329所；其次是普通高中学校数，增加了16所；此外，普通高校增加了1所。相反，小学、初中和中等职业教育学校（简称中职）都有所减少，如表1所示。"十三五"时期，北京市通过新建、改扩建及鼓励引导社会资本举办幼儿园等多种方式，努力增加学前教育学位供给，有效缓解了入园难、入园贵问题。

表1 "十三五"时期北京市各级各类学校数

单位：所

项目	2016年	2017年	2018年	2019年	2020年	2020年比2016年增加
幼儿园	1570	1604	1657	1733	1899	329
小学	984	984	970	941	934	-50
初中	341	345	335	336	335	-6
普通高中	305	304	309	318	321	16
中职	121	117	113	111	110	-11
普通高校	91	92	92	93	92	1

注："中职"包括普通中专、成人中专、职业高中和技工学校。
资料来源：《北京市教育事业统计资料》。

（二）在校生数

"十三五"时期，北京市学前和义务教育阶段在校生数增长迅速，小学、幼儿园和初中在校生数增长明显，分别增加12.66万人、10.89万人和6.22万人，普通高校在校生数略有增长，增加0.19万人。相反，高中阶段在校生数有所减少，尤其是中等职业教育在校生数减少了4.8万人，如表2所示。这一方面反映了学龄人口规模变动对在校生数的影响，另一方面反映了北京市疏解非首都功能对中等职业教育规模的影响。

表2 "十三五"时期北京市各级各类在校生数

单位：万人

项目	2016年	2017年	2018年	2019年	2020年	2020年比2016年增加
幼儿园	41.70	44.55	45.06	46.76	52.59	10.89
小学	86.84	87.58	91.32	94.16	99.50	12.66
初中	26.83	26.64	27.90	30.87	33.05	6.22
普通高中	16.31	16.40	15.55	15.29	16.02	-0.29
中职	12.11	9.23	9.10	7.65	7.31	-4.8
普通高校	58.84	58.07	58.11	58.60	59.03	0.19

注："中职"包括普通中专、成人中专、职业高中和技工学校；普通高校在校生数仅为普通本专科学生数。
资料来源：《北京市教育事业统计资料》。

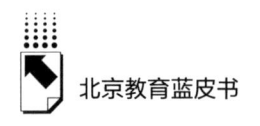

(三)生师比

虽然"十三五"时期北京市幼儿园和小学在校生数大幅增长,但小学生师比略微下降,幼儿园生师比仅有小幅提高,这表明幼儿园和小学专任教师数的变化跟上了在校学生数的变化。初中生师比由2016年的8.02提高到2020年的8.68,提高了0.66。高中阶段在校生数减少,生师比也下降。尤其是中等职业学校由于在校生数大幅减少,生师比下降了4.8。普通高校在校生数小幅增长,生师比提高了1.5,如表3所示。

表3 "十三五"时期北京市各级各类学校生师比

项目	2016年	2017年	2018年	2019年	2020年	2020年比2016年增加
幼儿园	11.56	11.75	11.59	11.35	11.75	0.19
小学	14.05	13.58	13.65	13.58	14.01	-0.04
初中	8.02	7.73	7.83	8.33	8.68	0.66
普通高中	7.75	7.64	7.44	7.41	7.62	-0.13
中职	12.84	11.76	10.13	8.20	8.04	-4.8
普通高校	14.97	17.13	16.94	16.90	16.47	1.5

注:"中职"包括普通中专、成人中专和职业高中。
资料来源:《北京市教育事业统计资料》。

(四)基础教育班级规模

"十三五"时期,北京市幼儿园班级规模扩大幅度很小,由2016年的27.96人/班增长至2020年的28.02人/班,仅扩大0.06人/班。这表明幼儿园学位供给的增长速度基本赶上了在校生数的增长速度。但是,初中和普通高中班级规模分别扩大了2.30人/班和1.16人/班,扩大幅度较大。小学班级规模也有小幅扩大,扩大了0.60人/班,如表4所示。

《幼儿园工作规程》(中华人民共和国教育部令第39号)对幼儿园班级规模的规定如下:小班25人,中班30人,大班35人,混合班30人。按照幼儿园班级规模上限为30人/班比较,"十三五"时期,北京市幼儿园班级规模较大,接近上限标准。"十三五"时期,北京市幼儿园在校生数大幅、迅速增长,再加上幼儿园学位供给存量不足,导致幼儿园班级规模较大。展望"十四五"时期,北京市幼儿园适龄儿童数呈下降趋势,幼儿园班级规模可能会随之下降。

《北京市中小学校办学条件标准》规定,北京市小学和初中的班额上限为40人/班,普通高中的班额上限为45人/班。对比发现,北京市小学班级规模较大,中学尤其是普通高中的班级规模较小。展望"十四五"时期,北京市普通高中学龄人口将大幅、迅速增长,普通高中班级规模可能将扩大。

当然,由于表4呈现的是北京市基础教育平均班级规模,考虑到常住人口分布的不均衡性、教育资源分布的不均衡性,一些区的基础教育平均班级规模更大。例如,2020年通州区小学班级规模达到38.01人/班,西城区初中班级规模达到36.73人/班。

表4 "十三五"时期北京市基础教育班级规模

单位:人/班

项目	2016年	2017年	2018年	2019年	2020年	2020年比2016年增加
幼儿园	27.96	28.18	27.86	27.61	28.02	0.06
小学	33.61	33.18	33.48	33.66	34.21	0.60
初中	29.08	28.61	29.17	30.65	31.37	2.30
普通高中	30.33	31.80	30.77	30.25	31.49	1.16

资料来源:《北京市教育事业统计资料》。

(五)生均一般公共预算教育事业费

"十三五"时期,北京市各级各类教育生均一般公共预算教育事业费均呈现增长趋势(2020年受疫情影响,经费支出较少),尤其是中职、普通高中和初中增幅较大,分别增加2.9万元、1.9万元和1.3万元,如表5所示。与国内其他地区比较发现,"十三五"时期除2016年小学、2020年普通高校生均一般公共预算教育事业费居全国第二、低于西藏以外,其他年份北京

市各级各类教育生均一般公共预算教育事业费均为全国第一。这为北京教育高质量发展提供了坚实的财力保障。

表5 北京市各级各类教育生均一般公共预算教育事业费

单位：万元

项目	2016年	2017年	2018年	2019年	2020年	2020年比2016年增加
幼儿园	—	3.2	3.7	3.7	3.9	0.7*
小学	2.6	3.0	3.1	3.4	3.4	0.8
初中	4.6	5.8	6.0	6.1	5.9	1.3
普通高中	5.1	6.1	6.6	7.1	7.0	1.9
中职	3.9	5.3	5.4	6.6	6.8	2.9
普通高校	5.6	6.4	5.9	6.4	5.7	0.1

注：— 表示未公告，* 为2020年比2017年增加数量。
资料来源：全国教育经费执行情况统计公告。

二 "十三五"时期北京市教育事业发展成就

"十三五"时期，北京教育坚持以人民为中心，坚持优先发展，持续深化综合改革，育人水平、服务经济社会发展能力、人民群众获得感均有明显提升，圆满完成了"十三五"时期教育规划确定的主要任务，在全国率先实现了教育现代化。

（一）育人能力实现新提升

北京市始终牢牢把握为党育人、为国育才的初心和使命，坚持党的全面领导，深入学习贯彻习近平总书记关于教育的重要论述，不断探索中国特色、首都特点的教育发展之路。牢牢把握社会主义办学方向，把党的领导贯穿到办学治校全过程。坚持党委领导下的校长负责制，着力加强基层党组织建设。加强和改进思想政治工作，坚决守好意识形态阵地。坚持把立德树人作为中心环节，遵循教育规律，弘扬优良传统，传承红色基因，牢筑学生人生"底色"。大力构建大中小幼一体化德育体系，在全学段开展"我和我的祖国""使命在肩、奋斗有我"主题教育活动。北京教育长期保持安全稳定局面。在服务保障新中国成立70周年庆祝活动中，北京市近9万名师生圆满完成各项任务，充分展示当代青少年的风采，得到社会各界的积极评价。

（二）教育质量迈上新台阶

教师的结构、数量和专业化水平进一步优化和提升，义务教育专任教师中本科及以上学历人员比例达到95%，职业教育"双师型"教师比例达到80%。教师绩效工资激励机制进一步完善，绩效工资分配向一线教师、骨干教师、重要岗位和艰苦岗位倾斜，形成多劳多得、优绩优酬的分配机制。学校办学条件明显改善，教育信息化实现新突破，形成信息技术与教育融合创新发展的新局面，学习的便捷性和灵活性明显增强。国家义务教育质量监测结果显示，北京市学生的学习成绩、学习习惯、学习自信心以及教师的教育教学行为和效果持续保持前列，学生参加PISA测试取得优异成绩。职业教育"高质量、有特色、国际化"发展，7所高职院校入选国家高职教育"双高计划"。34所高校、162个学科进入"双一流"建设名单，在京高校A+类学科数量占全国的44%。重点建设100个一流专业，实施高水平人才交叉培养计划，每年近万名学生受益。北京教育在办学传统、办学理念、课程教学、教师队伍等方面的优势不断增强。

（三）保障民生实现新进展

紧扣"七有"目标和"五性"需求，适应学龄人口快速增加的趋势，优化教育资源配置，扩大教育资源供给，提升基本公共教育服务水平，持续增强人民群众的教育获得感和满意度。实施《北京市第三期学前教育行动计划》，坚持"市级统筹、区级主责，政府主导、社会参与，公益普惠、主体多元，灵活多样、就近就便"的原则，努力构建以公办幼儿园和普惠性民办幼儿园为主体、公办民办并举的多种形式的学前教育公共服务体系。五年累计增加学前教育学位23万个，全市适龄儿童入园率达到90%，普惠性

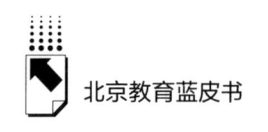

幼儿园覆盖率达到87%。编制完成北京市教育设施专项规划，印发《关于进一步加强全市中小学学位建设的工作方案》。在资金紧张的情况下，推进7所市级统筹优质校按计划开工建设，推进"回天地区"三年行动计划32个教育项目建设，有序推进城南行动计划学校建设项目和生态涵养地区优质校建设项目按计划、分阶段实施。优化中小学集团化办学布局，让更多孩子享受到优质基础教育。坚持免试就近入学，小学、初中就近入学比例首次双双达到99%以上。

（四）服务发展做出新贡献

积极推动教育领域"疏整促"工作，严格控制市属高校和中职学校招生规模，以建设良乡、沙河大学城为重点促进部分中央高校向外转移，聚焦推进北京工商大学、北京电影学院、北京城市学院等5所市属高校向外疏解，教育空间布局不断优化。积极参与支持河北雄安新区建设，4所援助学校办学质量显著提升，3所"交钥匙"学校建设进展顺利。京津冀教育协同发展不断深化，教育资源共建共享水平显著提高。高校积极参与国际科技创新中心建设，在关键核心技术研发、大科学装置建设与运营、技术转移和技术服务等方面发挥了重要作用。北京地区高校获国家科学技术三大奖数量占全国高校获奖数的22%，占全市获奖数的49.3%。布局99个高精尖学科，建设22个高精尖创新中心，获得国家级、省部级科学技术奖励100余项。高等学校产出了一批具有重大带动作用和影响的科技创新成果，培养打造了一批具有国际影响力的科学家、科技领军人才、高水平创新团队。全民受教育程度不断提升，全市新增劳动力受教育年限达到15.7年，教育为建设高精尖经济结构提供了有力的人才支撑。

（五）主要规划指标总体完成情况较好

"十三五"主要规划指标总体完成情况较好。在规划确定的12项指标中，有10项已完成预期目标，占全部指标数量的83.3%。受国内外多种宏观因素影响，公共财政教育支出占公共财政支出比例、在京国际学生规模两项指标难以完成规划预期目标,主要原因如下。

其一,公共财政教育支出占公共财政支出比例。"十三五"期间,北京市公共财政教育支出逐年递增。但"十三五"时期,我国经济发展仍处于增长速度换挡期、结构调整阵痛期和刺激经济政策副作用的消化期"三期叠加"的关键阶段,北京市经济发展在新旧动能转换关键期,经济增速减缓、下行压力增大,再加上新冠肺炎疫情对于我国和北京市社会经济发展的短期负面影响,北京市公共财政教育支出占公共财政支出比例指标有所下降,难以完成预期目标。

其二,在京国际学生规模。2018年教育部出台《来华留学生高等教育质量规范(试行)》,表明我国对于来华留学生已从追求规模向追求质量转型。2020年5月,教育部再次下发通知,强调不要盲目追求国际化指标和来华留学生规模。此外,来华留学生招生工作和返校工作也深受新冠肺炎疫情及相关国内外多种复杂因素的影响,在京国际学生规模将无法完成预期目标。

表6 "十三五"教育规划主要指标完成情况

序号	指标		2015年	2020年	规划预期目标
1	学前三年毛入园率(%)		95	>95	95
2	义务教育毛入学率(%)		>100	>100	≥100
3	高中阶段教育毛入学率(%)		99	>99	>99
4	高等教育毛入学率(%)		60	>60	>60
5	新增劳动力平均受教育年限(年)		15	15.7	>15
6	主要劳动年龄人口受过高等教育的比例(%)		40	48	>48
7	从业人员继续教育年参与率(%)		>60	80	80
8	义务教育专任教师中本科及以上学历人员比例(%)		91.4	95.8	>95
9	职业教育"双师型"教师比例(%)	中职教育	53	>80	>80
		高职教育	65	>80	>80
10	公共财政教育支出占公共财政支出比例(%)		16.8	15.2	17
11	在京国际学生规模(万人次)		12	11	15
12	中小学建网学校比例(%)		95.4	100	100

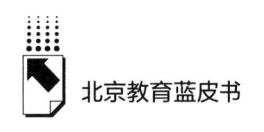

三 "十四五"时期面临的形势与挑战

"十四五"时期是我国全面建成小康社会、实现第一个百年奋斗目标之后，乘势而上开启全面建设社会主义现代化国家新征程、向第二个百年奋斗目标进军的第一个五年，也是北京落实首都城市战略定位、建设国际一流的和谐宜居之都的关键时期。北京教育在率先实现教育现代化的基础上，全面开启建设高质量教育体系和高水平教育现代化的新阶段。

（一）加快构建新发展格局，要求教育积极主动融入

加快构建以国内大循环为主体、国内国际双循环相互促进的新发展格局，是关系我国发展全局的重大战略任务。构建首都新发展格局，关键是要提高自主创新能力，要积极扩大内需，推动形成强大国内市场，要抓住供给侧结构性改革这条主线，要以疏解非首都功能为牛鼻子促进京津冀协同发展。[1] 教育在构建新发展格局中发挥着基础性、先导性和全局性作用。教育要提供高水平人才支撑和保障，促进教育链、人才链和产业链、创新链的有机衔接；要进一步发挥高校在服务科技自立自强方面的作用，助力解决"卡脖子"关键核心技术问题；要实行高水平对外开放，开创教育国际交流与合作新局面。[2]

（二）新技术的广泛加速应用，要求教育发展模式创新变革

以5G、人工智能、大数据等为代表的新一轮信息技术正在加速向各领域全面渗入，极大地改变了传统生产、生活和学习方式，迫切要求对教育评价模式、传统教育边界、教学组织形式、知识获取方式、教师角色定位等进

---

[1] 祁梦竹、范俊生：《蔡奇：率先探索形成具有首都特点的新发展格局》，《北京日报》2020年10月14日，第1版。
[2] 欧媚、李萍：《构建新发展格局，教育如何作为》，《中国教育报》2021年3月9日，第1版。

行深刻变革。2020年1月，世界经济论坛（World Economic Forum）发布了一份题为《未来学校：为第四次工业革命定义新的教育模式》的报告，提出向教育4.0过渡的学习经验转变有四个关键特征：一是个性化和自定进度的学习；二是可及性和包容性学习；三是基于问题和协作的学习；四是终身学习和学生自驱动的学习。[①] 这些关键特征定义了高质量的学习，为学习者适应未来社会提供了指导原则。北京教育要顺应科技发展变化，大力发展数字教育，加速推进教育理念、内容、技术、模式的创新，主动引领教育发展模式变革。

（三）人口的发展变化趋势，要求教育资源配置超前谋划

人口变动对教育资源配置产生直接而深刻的影响。受人口生育高峰和生育政策调整的双重影响，北京市幼儿园和小学已经或正在迎来入学高峰，学位紧缺、教师不足等问题凸显。随着学龄人口梯次增长至初中、高中甚至高等教育阶段，相应阶段的教育资源需求（包括学位、教师、经费等）将大幅、快速增长。为了妥善应对短期内教育资源需求增长和长远教育资源需求下降的趋势，教育行政部门需要科学预测人口变动对教育资源需求的影响，将短期预测和长远预测相结合，并加强教育资源的统筹使用。此外，人口老龄化快速发展，要求加快发展老年教育事业，扩大老年教育供给。2021年7月，《中共中央 国务院关于优化生育政策促进人口长期均衡发展的决定》作出实施三孩生育政策及配套支持措施的重大决策，提出发展普惠托育服务体系，降低生育、养育、教育成本等配套支持措施。这些都要求教育主动对接，超前谋划相应的教育资源配置。

（四）人民群众对高品质生活的追求，要求教育实现更高质量发展

我国已经实现第一个百年奋斗目标，全面建成小康社会，开启全面建设社会主义现代化国家新征程。小康社会使人民群众过上比较富裕、体面的生

---

① 王永固、许家奇、丁继红：《教育4.0全球框架：未来学校教育与模式转变——世界经济论坛〈未来学校：为第四次工业革命定义新的教育模式〉之报告解读》，《远程教育杂志》2020年第3期。

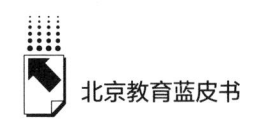

活,"幼有所育""学有所教"取得历史性成效,平均受教育年限极大提高,我国迈入人力资源强国行列。新时代人民群众对美好生活的需求日益增长,对高质量教育的期待更加迫切,更加追求个性化的学习资源、人文化的学习环境、更有温度的教育服务和泛在灵活的学习体验。北京教育需要在更多的方面、在更小的问题上、以更高的标准提出公平的要求,办出人民满意的教育,必须加快建设高质量教育体系,加快提高各级各类教育质量和水平,增强优质教育供给能力,提升人民群众的教育获得感和满意度。

四 政策建议与展望

"十四五"时期,准确把握新时代新阶段新理念新格局对教育的重要影响和基本要求,研究提出具有前瞻性和操作性的对策建议,对推动北京教育高质量发展、建设教育强国、办好人民满意的教育、形成中国特色世界一流水平的现代教育具有极为重要的意义。

(一)着力坚持和加强党对教育工作的全面领导,促进教育方针落到实处

党的正确领导是中国特色社会主义现代化事业不断取得成功的根本前提和内在要求。在百年未有之大变局下,推进北京教育现代化事业必须要坚持和完善党对教育工作的全面领导。要深入学习习近平新时代中国特色社会主义思想,学习贯彻习近平总书记关于教育的重要论述,始终坚持教育是国之大计、党之大计的基本定位,始终坚持"为党育人、为国育才"的初心和使命,始终坚持培养德智体美劳全面发展的社会主义合格建设者和可靠接班人;要不断健全党对教育工作的领导体制机制,完善高校党委领导下校长负责制和中小学党组织领导的校长负责制,加强基层党组织建设,以党建引领和保障教育优先发展,保证学校办学的社会主义方向。

要完善"五育并举"实施机制,加强中华民族优秀传统文化教育和民族共同体意识教育,加强爱国主义教育,加强身心健康教育,将立德树人根

本任务落实到教育方方面面，贯彻到教育全过程全环节全链条，培养担当中华民族伟大复兴大任的时代新人，培养一代又一代社会主义建设者和接班人。

（二）着力构建高质量教育体系，提高教育与经济社会发展需求的契合度

建立完善分类管理、分类支持、分类发展的引导机制，支持高校把发展科技第一生产力、培养人才第一资源、增强创新第一动力更好结合起来，合理定位、办出特色、争创一流。鼓励高校围绕办学定位和经济社会发展需求，动态调整学科专业结构和人才培养类型，促进高校招生、培养、就业密切联动。瞄准国家和首都经济社会发展紧缺人才、科技前沿和关键领域紧缺人才、复合型优秀人才、高素质技能型人才缺口，提高人才培养的科学性、针对性、实用性，让各类人才尽展其才。优化高校科技创新体系，完善科技项目形成机制，加强"从0到1"基础研究。深入推进新一期高精尖创新中心建设，全面开展大交叉、大联合、大纵深协同创新，增强关键核心技术供给能力。

要发挥线上教育互联互通共享共建优势，加快数字教育体系建设，加快构建学校教育、家庭教育、社会教育协同融合的终身育人体系，加快构建线上教育体系与线下教育体系相互协调、功能互补的混合教育体系，加快构建在线教育、社区教育等非正规学习成果认证体系，实现正规学习与非正规学习、非正式学习的融合和互补，打造更易获得、更公平、更优质、更个性化的高质量教育体系。

（三）着力提供更高质量保障的公平教育，满足人民对美好教育的期盼

教育公平是实现共同富裕、建设社会主义现代化强国的重要基础。要加强0~6岁的早期教育优质资源供给，让每个孩子拥有良好人生开端；要促进义务教育优质均衡发展，做好"双减"工作，办好每一所学校，让每个孩子在家门口就能接受到优质教育；要促进高中阶段教育多样化发展，让每

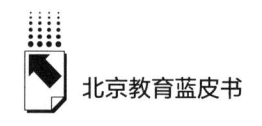

个孩子都具备升学或就业的良好基础；要促进高等教育高质量发展，让更多学生拥有就业、创业、创新发展的能力；要促进继续教育高质量发展，强化老年教育，做优社区教育，为所有人终身学习、个性发展提供优质服务；要提升特殊教育质量，推进融合教育发展；要加强超常儿童教育，深入挖掘全球最多超常儿童这一富矿，打造一体化全程贯通的创新人才培养体制机制，培养更多拔尖创新人才和领军人才。

（四）着力打造更具效力富有活力的智慧教育，赋能驱动教育创新发展

积极探索未来教育新形态，探索未来学校新样态，打造"智慧教育"，赋能驱动教育创新发展。努力构建新技术环境下的人才培养、教育服务和教育治理新模式，以新技术激发教育活力，培育教育发展新动能。构建覆盖全学科全链条课程资源的"空中课堂"，建设以专业化、智能化线上核心教学平台为承载的"双师课堂"，打造智能化、数据化、浸润式、虚拟化的"融合课堂"。加强"教育公共管理、教育公共服务、教育公共资源"三大教育平台建设，推动各级各类教育信息系统深度整合，实现"一站式"管理与服务。

要建设智慧校园，一体化推进智能化教学、管理与服务；要建设智能在线学习平台，涵盖在线课程、线上学习、在线答疑、学习分析改进、在线实践和实验教学等功能，为师生提供多样化、情境化、精准化、个性化的在线教育服务；要开发智能学习助手，根据学生的学习需求，按需推送学习资源，使学生随时随地随需进行高质量学习；要加强对互动数据的收集和分析，精准识别师生、生生互动关系，提供更加匹配的组合方案，促进深度交互的发生；要提供远程协作、社会网络、同步课堂等工具，鼓励跨学校、跨区域、跨国别协同学习，扩大优质教育资源供给和获取。

（五）着力提升教育治理能力，推进教育治理现代化

推进教育治理体系和治理能力现代化是实现国家治理体系和治理能力现

代化的必要内容和基本要求。我们要以总体国家安全观为指导，统筹发展和安全，创新公共教育管理模式，推进教育治理体系和治理能力现代化。要加强教育立法，加快学校教育法、家庭教育法、终身教育法等法律立法进程，完善教育法制，推进教育法治化；要构建现代教育治理模式，形成政—校—家—社多元协同的"共治"模式；要健全应急响应与支持体系，针对教育系统内外出现的突发、紧急、重大问题有序启动反应机制，建立政策、信息、物资、人力、经费等资源保障支持体系，及时有效地解决问题。同时，适应人口变化趋势，优化教育资源布局调整，引导人口合理流动和分布。健全普惠性学前教育保障机制，进一步提升学前教育质量，研究在学前教育学龄人口下降背景下幼儿园提供托育服务的可能性，积极服务国家人口发展战略，为三孩政策顺利实施提供配套服务。

参考文献

祁梦竹、范俊生：《蔡奇：率先探索形成具有首都特点的新发展格局》，《北京日报》2020年10月14日，第1版。

欧媚、李萍：《构建新发展格局，教育如何作为》，《中国教育报》2021年3月9日，第1版。

王永固、许家奇、丁继红：《教育4.0全球框架：未来学校教育与模式转变——世界经济论坛〈未来学校：为第四次工业革命定义新的教育模式〉之报告解读》，《远程教育杂志》2020年第3期。

分 报 告

B.2
北京市学前教育事业发展回顾与展望

张霞 苏婧*

摘　要： "十三五"时期，北京市持续推进学前教育三年行动计划，学前教育规模持续扩大、供给能力持续提升，教职工数量持续增长，学历职称等逐步提升，幼儿园办园条件持续提升，经费投入力度不断加大，逐步构建起普及普惠性学前教育公共服务体系。"十四五"时期，北京市学前教育需进一步加大普及普惠力度，推进适龄儿童学前教育全面普及普惠；同时，以教师专业能力提升和课程质量提升为重点，将学前教育质量提升作为未来发展的核心。

---

* 张霞，博士，北京教育科学研究院早期教育研究所助理研究员，研究方向为学前教育政策、幼儿园课程；苏婧，北京教育科学研究院早期教育研究所所长、副研究员，研究方向为学前教育政策、幼儿园管理。

关键词： 普惠性 公共服务体系 学前教育 北京

一 "十三五"时期北京学前教育政策回顾

（一）第二期、第三期学前教育三年行动计划的持续推进

"十三五"期间，继第一期学前教育三年行动计划以后，北京市持续推进第二期、第三期学前教育三年行动计划（见表1），深入推进北京市学前教育事业发展。从时间和内容上看，第二期、第三期学前教育三年行动计划具有连续性和延续性；从基本原则上看，第二期、第三期学前教育三年行动计划遵循的基本原则一致，即政府主导、保障基本、公益普惠；从发展目标上看，第三期学前教育三年行动计划入园率目标的覆盖范围较第二期三年行动计划有所扩展，入园率目标的儿童群体从全市户籍适龄儿童到全市适龄儿童，同时提高普惠性幼儿园覆盖率，回应了基本原则中所提及的公益普惠性原则；从主要措施来看，扩大学前教育规模、加强教师队伍建设、提升教育质量是第二期、第三期学前教育三年行动计划相同的措施，扩大教育部门办园规模、扶持公办性质幼儿园、支持民办幼儿园普惠发展构成了两期学前教育三年行动计划中扩大学前教育规模的共同途径，教师队伍的培养培训是两期学前教育三年行动计划提升学前教育质量共同关注的重要途径。由此可见，北京市第二期、第三期学前教育三年行动计划持续深入推进，普及普惠和质量提升仍是北京学前教育事业发展的核心和关键，表现为以办园体制为基础分类推进学前教育规模的持续扩大，以此不断提高北京市学前教育普及普惠的范围和比例；还表现为以教师培训为核心推动学前教育的规范和质量提升。

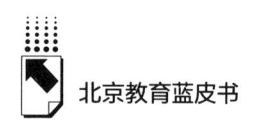

表1 "十三五"时期北京市第二期、第三期学前教育三年行动计划分析

时间	名称	原则	目标	主要措施
2015年	《北京市第二期学前教育三年行动计划(2015~2017年)》	政府主导、社会参与,保障基本、广泛覆盖,公益普惠、优质多样,合理分担、保障运行,保教结合、科学育儿,依托社区、就近就便	构建以公办幼儿园和普惠性民办幼儿园为主体、公办民办并举的学前教育服务网络;全市户籍适龄儿童学前三年学位供给全覆盖,入园率保持在95%以上,努力满足常住适龄儿童入园需求	实施幼儿园新建改扩建项目,努力扩大学位供给;实施幼儿园办园条件提升项目,创造安全适宜的教育环境;实施公办性质幼儿园运行扶持项目,为其稳定运行提供保障;实施民办幼儿园奖励扶持项目,鼓励支持社会力量多形式办园;实施社区学前教育服务中心项目,缓解中心城区及城乡接合部地区入园压力;实施无证幼儿园分类治理项目,及时消除安全隐患;实施幼教师资培养项目,提高师资供给能力;实施幼儿园园长教师培训项目,不断提高园长教师素质;实施学前教育补助项目,努力满足家庭困难和残疾适龄儿童的学前教育需求;实施学前教育质量提升项目,全面促进幼儿园内涵发展
2018年	《北京市第三期学前教育行动计划》	市级统筹、区级主责,政府主导、社会参与,公益普惠、主体多元,灵活多样、就近就便	到2020年,基本建成广覆盖、保基本、有质量的学前教育公共服务体系;全市适龄儿童入园率达到85%以上,普惠性幼儿园覆盖率(公办幼儿园和普惠性民办幼儿园在园幼儿数占在园幼儿总数的比例)达到80%以上	进一步扩大教育部门办园规模;支持其他国有单位办园;大力支持普惠性民办幼儿园发展;开展无证幼儿园分类治理;发展多样化学前教育服务;加强幼儿园师资队伍建设;严格幼儿园质量监管和业务指导

(二)普惠性学前教育政策的不断完善与持续推进

如前文所述,普及普惠既是"十三五"时期北京市学前教育事业发展

的目标,也是基本原则和主要举措的核心所在。在此期间,围绕普及普惠目标的实现和基本原则的落实,北京市先后出台经费保障政策、认定和管理办法、小区配套园治理办法等系列相关政策,对普惠性幼儿园的来源、认定、管理、经费保障等做出了明确的规定。

从普惠性幼儿园的构成来看,北京市二期、三期学前教育三年行动计划明确了普惠性幼儿园包括教育部门、其他部门办园等公办性质幼儿园以及普惠性民办幼儿园,并明确了各类型普惠性幼儿园发展的不同定位,即教育部门办园以扩大规模为主、其他部门办园等公办性质普惠性幼儿园以保障平稳运行为主、普惠性民办幼儿园以鼓励和扶持为主。

从普惠性幼儿园的管理和经费保障来看,2017年,北京市财政局、北京市教育委员会先后印发的《北京市市对区促进基础教育事业发展(学前学段)专项转移支付资金管理办法》(京财教育〔2017〕2310号)、《北京市市级财政支持学前教育事业发展补助资金管理使用实施细则(暂行)》(京财教育〔2017〕2566号),对普惠性幼儿园的认定条件、财政补助标准、认定程序和方法、监督检查和绩效管理等进行了明确规定,成为当时普惠性幼儿园财政补助的政策依据。2018年,北京市提出所有普惠性幼儿园都将逐渐实现"四同"——质量相同、价格相同、补助相同,教师待遇相当;2019年,北京市在此基础上出台《北京市普惠性幼儿园认定与管理办法(试行)》,进一步明确了普惠性幼儿园的认定办法和程序、财政保障标准和办法、管理要求和具体方法等,为北京市普惠性幼儿园认定、保障和管理提供了政策依据。"四同"普惠理念上对不同性质办园普惠性发展的一致和公平对待,以及财政保障范围的广泛性和较高的保障力度等,被认为是普惠性学前教育政策中里程碑式的政策。

小区配套园的治理方面,北京市二期学前教育三年行动计划即明确"接收一批小区配套幼儿园并将其办成公办幼儿园或普惠性民办幼儿园",由此开启新建小区配套园的普惠发展之路;随后,北京市逐步从新建小区配套园扩展到对已建成小区配套园的普惠发展,并采取多部门联合方式对小区配套园的历史遗留问题,小区配套园的规划、建设、移交、举办等进

行综合治理。以北京市昌平区回天地区为例，由于小区配套园规划、建设、移交等历史遗留问题，该地区普惠性幼儿园数量严重不足，幼儿入园成为该地区的难点问题；2018年，在多部门综合治理下，天通苑地区10所教育配套幼儿园移交教委，并全部转为普惠性幼儿园。

二 "十三五"时期北京市学前教育事业发展分析

在政策的大力推动下，北京市学前教育事业呈现快速发展的总体态势，为更好了解北京学前教育事业的发展状况，研究选取了城市规模、经济社会发展相当的上海市作为比较样本，试图通过同等经济社会发展背景下两地学前教育事业发展的比较分析，更清晰、准确地观测北京学前教育发展状况。同时，为保障数据的可比性和准确性，文中所有数据均来源于教育部网站的历年教育统计数据。

（一）北京市园所规模和数量持续增加，供给能力持续提升

1.园所数、在园儿童数、班级数持续增长，普及范围持续扩大

园所数、在园儿童数、班级数是反映学前教育发展规模的重要数据。"十三五"期间，北京市学前教育发展规模持续快速扩大，学前教育普及普惠的范围、群体持续扩大。从园所数来看，2016年，北京市幼儿园数量为1570所，2020年增长到1899所；2016年上海幼儿园数量为1553所，2020年增长到1678所。从"十三五"时期的起点看，北京幼儿园数量较上海多17所，到"十三五"时期结束，北京市幼儿园数量较上海多221所。从在园儿童数来看，北京市幼儿园在园儿童数从2016年的41.7万人增长到2020年的52.59万人，在园儿童数增长超10万人；上海市幼儿园在园儿童数从2016年的55.65万人增长到2020年的57.15万人。比较发现，"十三五"末北京在园儿童数较上海少4.56万人。班级数量方面，截至2020年，北京市幼儿园班级数量为18770个，上海为20573个，上海市幼儿园班级数量较北京多1803个。每个班按照25人计算，则班级数量总

量的差异带来的在园儿童数的差异基本相当。从在园儿童数来看，截至2020年，上海市幼儿园每班在园儿童人数平均为27.78人，北京为28.02人，两地每班在园儿童数均符合国家标准（按照国家标准小班20~25人，中班26~30人，大班31~35人，按照每班最大值计算，则每班平均为30人）。

从变化趋势来看，两地幼儿园数量总体均呈现不断增长的趋势，且北京市幼儿园数量增幅高于上海。北京市从2016年的1570所增长到2020年的1899所，增幅为20.96%；上海市则从1553所增长到1678所，增幅为8.05%，"十三五"时期北京市幼儿园数量增幅比上海高了近13个百分点（见图1）。从在园儿童数的变化趋势来看，上海市幼儿园在园儿童数总体保持平稳中小幅增长的趋势，在园儿童数从2016年的55.65万增长到2020年为57.15万，人数增长1.5万，增幅为2.69%；北京市幼儿园在园儿童数则实现了较快增长，从2016年的41.7万增长到2020年的52.59万，人数增长10.89万，增幅为26.12%（见图2）。从班数的变化趋势来看，北京市幼儿园班级数量从2016年的14913个增长到2020年的18770个，班级数量增加了3857个，上海市则从18656个增长到20573个，增长1917个，北京幼儿园班级数量增长较上海快（见图3）。

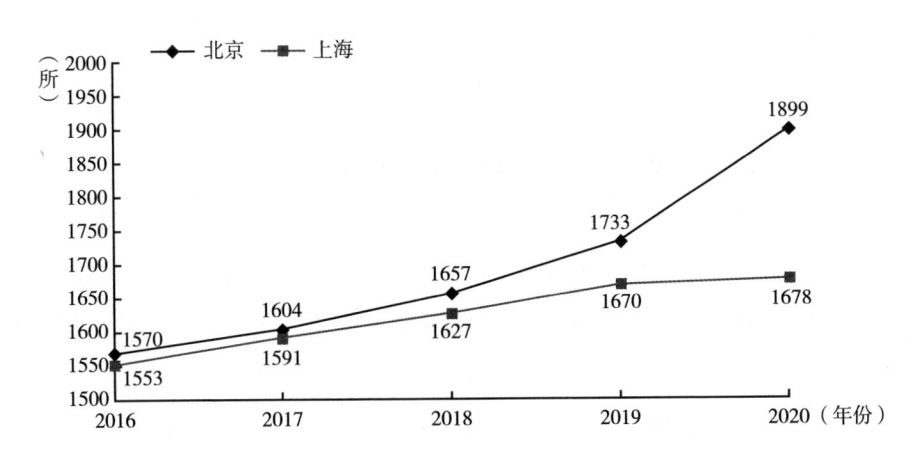

图1 "十三五"时期两地幼儿园数量变化情况

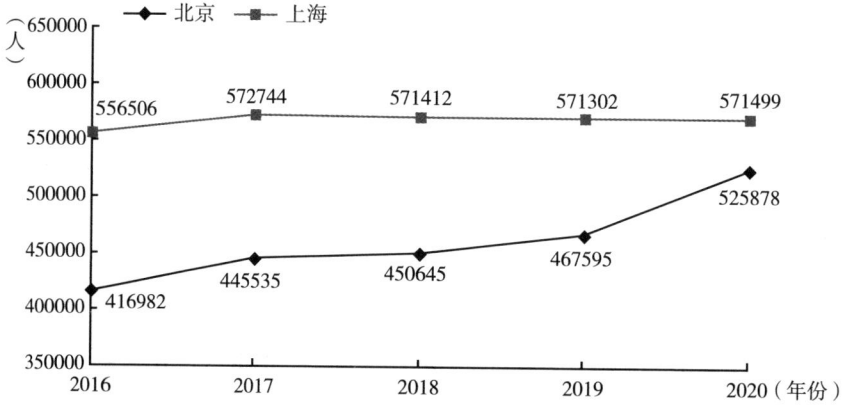

图 2 "十三五"时期两地在园儿童数变化情况

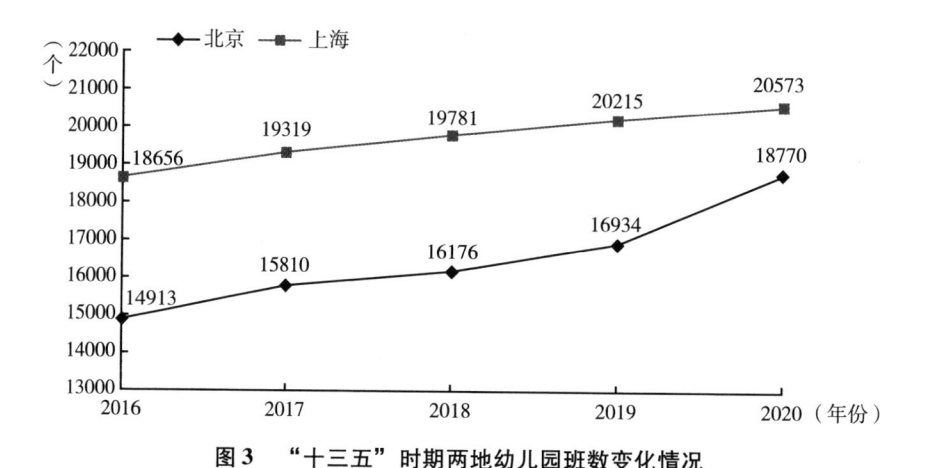

图 3 "十三五"时期两地幼儿园班数变化情况

2. 每十万人学位数持续快速提升，学前教育供给规模趋向适宜

每十万人拥有儿童学位数是衡量区域学前教育供给规模的重要指标。从全市每十万人在园儿童数来看，2016年，北京市每十万人在园儿童数为1921人，上海每十万人在园儿童数为2304人；截至2020年，北京市每十万人在园儿童数为2441人，上海市每十万人在园儿童数为2354人。比较发现，"十三五"末期两地每十万人拥有在园儿童数基本相当，北京略高。从发展变化趋势来看，北京市每十万人在园儿童数呈现快速增长的趋势，五年间每十万人在园儿童数增加了520人；上海市每十万人在园儿童数保持在2300人左右，呈现相对稳定态势（见图4）。从上海市幼儿园入园率和发展趋势来看，每十万人在园儿童数2300人左右基本能满足区域学前教育需求。进一步对比分析发现，从人口结构来看，北京市0~14岁儿童在总人口中占比高于上海；2020年，上海市0~14岁儿童在总人口中占比为9.8%，同年北京市0~14岁儿童有259.1万人，占11.9%；从出生率和出生人口数来看，2019年上海市户籍人口出生率为6.24‰，出生人口9.14万人；常住人口出生率为7‰，出生人口16.9万人；2019年北京市户籍人口出生率为8.12‰，常住人口出生人数为17.49万人。考虑到北京市出生人口数量、学前适龄儿童数量和占比均高于上海，则北京市每十万人儿童学位数要高于上海水平才能满足区域适龄儿童入园需求，从现有发展趋势来看，北京市每十万人儿童学位供给能力正在趋向于适宜方向发展。

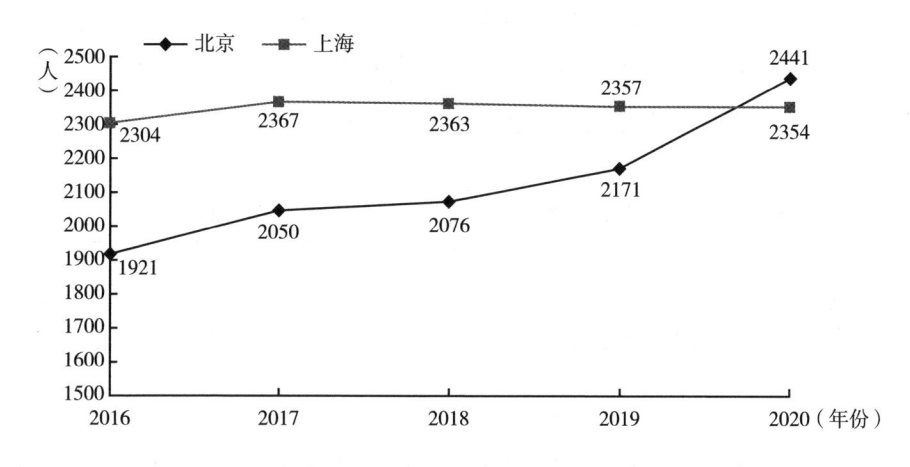

图4 "十三五"时期两地每十万人在园儿童数变化情况

（二）北京市幼儿园教职工数量持续增长，学历职称情况逐渐改善

1. 教职工数量持续增长，增幅明显

从教职工总数来看，北京、上海两地幼儿园教职工总数均呈现逐渐增长的趋势。北京市教职工总数从2016年的65806人增长到2020年的88467人，增幅为34.44%；上海则从2016年的58930人增长到2020年的80785人，增幅为37.09%。从不同人员的变化情况来看，"十三五"期间，北京、

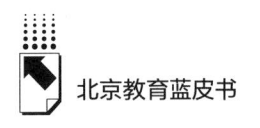

上海两地幼儿园教职工和各类型教职员工数量均呈现增长趋势，教职工数量增幅基本相当；"十三五"期间，北京市着力增加幼儿园数量，相应的园长数量大幅增长，北京市幼儿园园长数量增幅高于上海，而上海保育员配备数量大幅增长，增幅高于北京。

2．园长配备数量、比例不断提高，师幼比基本稳定、适宜

从园长配备情况来看，北京市平均每所幼儿园园长配备数量总体呈不断增加趋势，园所园长比值从2016年的1∶1.462提高到2020年的1∶1.709，反映出北京市每所幼儿园园长配备数量和比例在提高。同期，上海市平均每所幼儿园园长配备数量略有提升，从2016年的2022人提高到2019年的2056人，2020年则减少到2040人，进一步测算每园幼儿园园长配比平均数可以发现，尽管上海市幼儿园园长数有提高，但平均每园配备园长数则呈现持续下降的态势，园所园长比值从2016年的1∶1.302下降到2020年的1∶1.216。比较发现，"十三五"末期北京市每园配备园长数高于上海0.5个点。

表2 "十三五"时期两地幼儿园园长配备情况（园所园长比值）

年份	2016	2017	2018	2019	2020
北京	1.46242	1.488778	1.440555	1.547028	1.708794102
上海	1.301996	1.307982	1.259988	1.231138	1.215733015

注：园所园长比值为1∶X，表中数据为X值。

从师幼比来看，2016~2020年，北京市专任教师师幼比保持在为1∶11左右，截至2020年，上海市专任教师师幼比为1∶12.97；从变化趋势来看，北京市专任教师师幼比保持较好的稳定性，上海市专任教师师幼比呈现逐步向好趋势，从2016年的1∶14.54提高到2020年的1∶12.97（见表3）。

表3 "十三五"时期两地师幼比（1∶X）变化情况

年份	2016	2017	2018	2019	2020
北京	11.56	11.75	11.59	11.35	11.75
上海	14.54	14.28	13.81	13.23	12.97

注：表中数据为X值。

从教职工结构来看，如图 5 所示，北京、上海两地幼儿园专任教师、卫生保健人员在教职工中所占比重基本相当，其中专任教师占比均超过五成，卫生保健人员占比均在 4% 左右；不同之处在于，北京市幼儿园园长在教职工中所占比重高于上海 1 个百分点，其他人员所占比重高于上海 8 个百分点，保育员所占比重则低于上海 6 个百分点。需要关注的是，"十三五"期间上海市大幅增加保育员数量，到 2020 年保育员占比高于北京 6 个百分点。根据《幼儿园教职工配备标准（暂行）》，全日制幼儿园每班配备 2 名专任教师和 1 名保育员，或配备 3 名专任教师，按此规定，幼儿园保育员配备数量应与班级数保持一致，专任教师配备数量应为班级数的 2 倍及以上。从现有数据来看，截至 2020 年，北京市平均每班保育员数为 0.79，上海为 0.9，均低于国家每班 1 个保育员的标准；每班配备专任教师数为 2.38，上海市为 2.14，均达到国家规定标准。需要关注的是，尽管均值达到国家标准，但不同办园结构会对平均值产生较大影响，北京市民办幼儿园数量较多、占比较大，许多收费较高的民办园教师配备数量远高于国家标准，可能对均值产生中和作用；同时，北京部分幼儿园采用的是三教轮换的班级教师配备制度，即每班 3 位专任教师，3 位专任教师轮流承担保育员职责，这一制度也可能对专任教师配备和保育员配备比例产生影响。

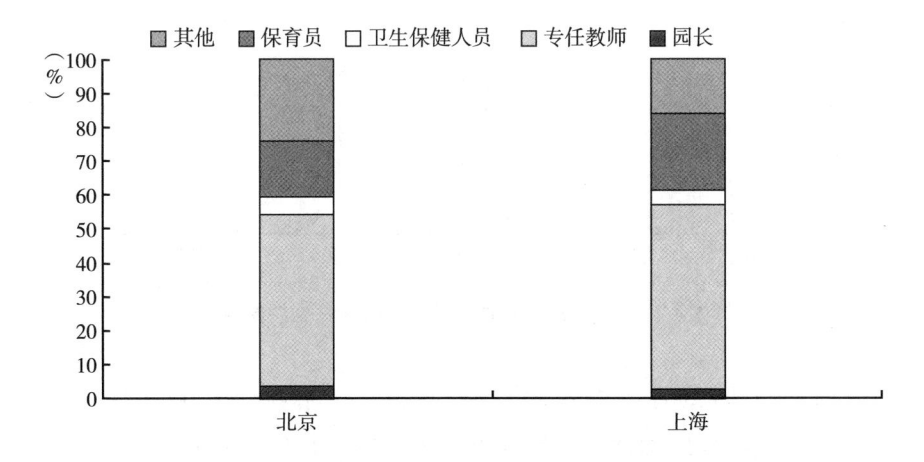

图 5 两地幼儿园教职工结构情况

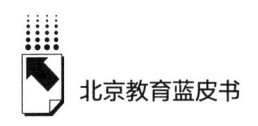

3. 教师学历逐渐上移，专科及以上学历教师队伍格局基本形成

从专任教师的学历来看，北京市幼儿园专任教师中，本科毕业教师和专科毕业教师比例均在40%~50%，是北京市幼儿园专任教师的大多数；截至2020年，北京市幼儿园专任教师中，本科毕业教师比例为49.49%，专科为44.46%（见图6）；上海市幼儿园专任教师以本科毕业教师为主体，2020年该比例为78.63%，专科毕业教师比例为18.31%（见图7）。从教师学历结构的变化情况来看，2016~2020年，无论是北京市还是上海市幼儿园专任教师中，本科毕业教师数量和比例均呈现上升趋势，专科毕业教师数量和比例小幅下降，高中阶段毕业教师数量和比例逐年下降（见图8）。由此可见，北京逐步形成了以本科和专科毕业教师为主的专任教师队伍，上海则形成了以本科毕业教师为主的教师队伍；同时，两地幼儿园专任教师学历逐渐上移，本科及以上学历教师逐渐增加，专科及以下学历教师则逐渐下降。

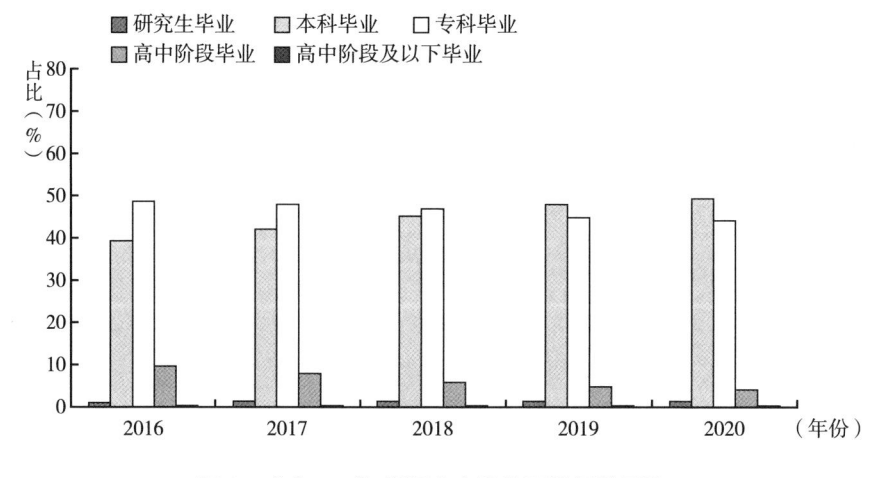

图6 "十三五"期间北京幼儿园教师学历情况

4. 专任教师职称评定情况有所改善，未评职称问题亟待解决

从专任教师的职称评定情况来看，由于教育部统计信息中，2019年、2020年幼儿园教师职称统计类别与2018年及之前存在较大差异，为保证统

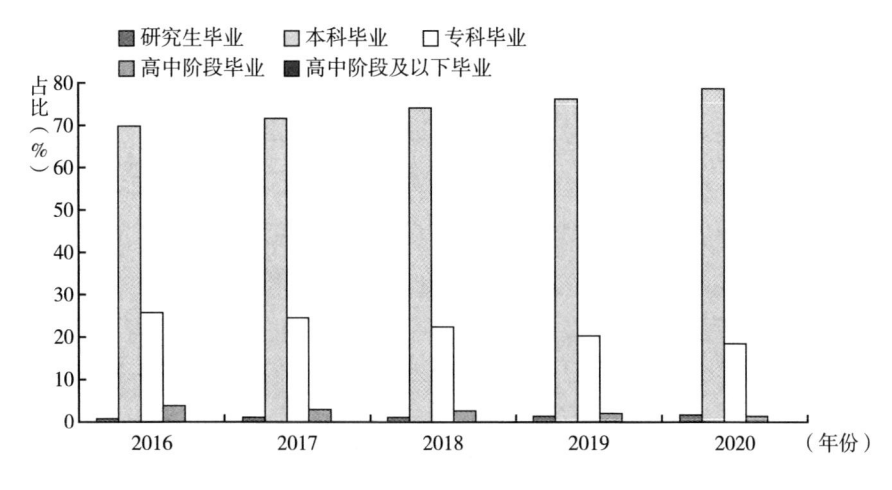

图7 "十三五"期间上海幼儿园教师学历情况

图8 "十三五"期间两地幼儿园教师学历情况

计类别的统一性,以下仅就2019年、2020年的数据进行比较和分析。数据分析发现,2020年北京市幼儿园专任教师中未定职级教师比例为51.45%,同年上海未定职级教师比例为27.99%,北京市未定职级教师比例高于上海20多个百分点;从已评职称教师情况来看,北京市已评职称教师中占比最大的是助理级,占比22.48%,之后为中级,占比14.38%;上海市已评职称教师占比最大的也是助理级，占比36.9%，之后为中级，占比28.43%（见图9）。对比可以发现，北京市幼儿园专任教师职称评定情况与上海仍有较大差距，一方面表现为未定职级教师数量和比例高于上海，另一方面，已评职称教师中初级职称（员级+助理级）教师比例和中级职称教师比例低于上海。

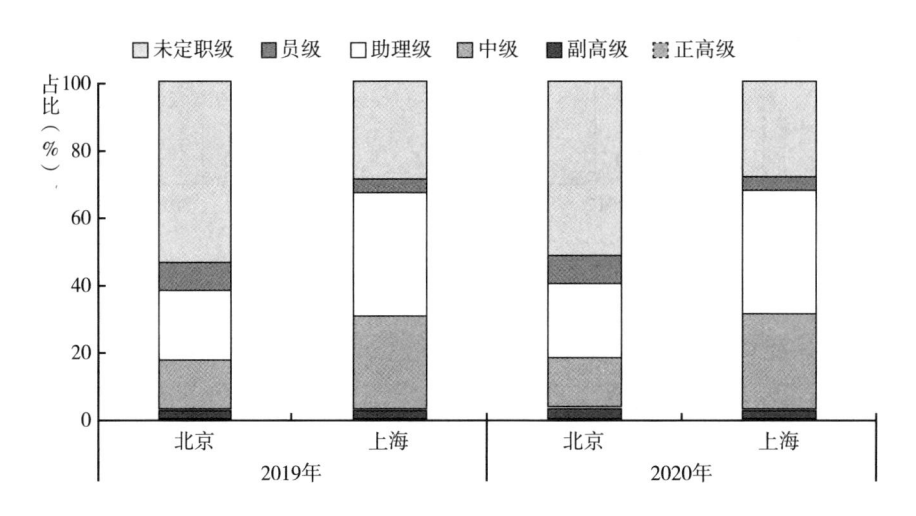

图9 "十三五"期间两地专任教师职称评定情况

（三）幼儿园办园条件持续提升，生均活动室面积仍有提升空间

随着学前教育三年行动计划的持续推进和学前教育质量的逐步提升，北京市幼儿园办园条件呈现整体向好的态势。从园所面积来看，北京市幼儿园占地面积、建筑面积、活动室面积、活动场地面积等均不同程度地增加。具体而言，幼儿园占地面积从2016年的655.708万 m^2 提高到2020年的846.48万 m^2，面积增加了190.78万 m^2；幼儿园建筑面积从2016年的416.125752万 m^2 提高到2020年的567.207798万 m^2，面积增加了151.08万 m^2；教学及辅助用房面积从2016年的247.016839万 m^2 增加到2020年的338.292032万 m^2，面积增加91.27万 m^2，其中活动室面积从2016年的130.0769万 m^2 增加到2020年的183.160547万 m^2，增加53.08万 m^2；当年

新增校舍15.55772万m^2；绿地面积从2016年的111.756427万m^2提高到2020年的143.490240万m^2；活动场地面积从2016年的225.827453万m^2提高到2020年的290.98373万m^2。从拥有的图书情况来看，北京市幼儿园有图书册数从2016年的583.0836万册提高到2020年的783.6688万册。

生均活动室面积、生均运动场地面积、生均绿化用地面积等是反映幼儿实际获得活动空间的重要指标。数据分析发现，2020年北京市幼儿园生均运动场地面积为5.53m^2、生均睡眠室面积为1.84m^2，生均活动室面积为3.48m^2，生均绿地面积为2.73m^2；以上四个指标均达到国家全日制幼儿园室外地面游戏场地人均面积不应低于4m^2，集中绿地人均面积不应低于2m^2等要求，并处于较高水平。其中，生均活动室面积指标（3.48m^2）达到活动室与睡眠室分开设置的标准（生均活动室2.4m^2，生均寝室2.00m^2），生均寝室面积低于国家标准，且较2018年的1.89m^2、2019年的1.92m^2有所增加。与上海市进行比较可以发现，北京市生均运动场地面积、生均睡眠室面积大于上海（4.36m^2、1.5m^2），而生均绿化用地面积、生均活动室面积等小于上海（5.05m^2、5.57m^2），两地生均洗手间面积基本相当（见图10）。

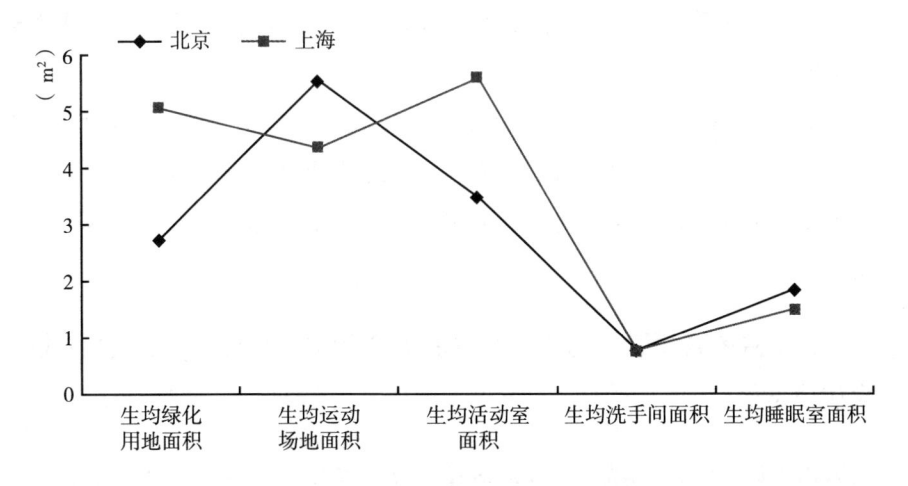

图10 2020年两地幼儿园生均场地情况

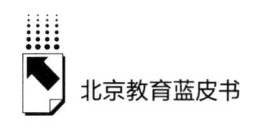

三 "十四五"时期北京市学前教育发展的思考与建议

（一）持续推进普惠性幼儿园建设和发展，实现常住适龄儿童学前教育全面普及普惠

经过近十年快速发展，特别是第一期、第二期、第三期学前教育三年行动计划的有力推进，北京市基本形成了政府主导、广泛覆盖、保障基本、公益普惠的发展战略，基本形成了以普惠性幼儿园为主体的发展格局。"十四五"时期，北京市提出了"学前教育更加普及普惠安全优质。全市适龄儿童入园率保持在90%以上，普惠性幼儿园覆盖率达到90%，学前教育教师接受专业教育比例达到85%。适龄幼儿就近接受高质量的学前三年教育，科学的保教体系基本形成，保障儿童健康快乐成长"的发展目标。实现常住适龄儿童学前教育的全面普及普惠，应坚持持续推进普惠性幼儿园的建设和发展，包括进一步加强教育部门办园的建设和合理布局，城镇地区重点落实小区配套幼儿园的规划、建设、移交和举办工作，农村地区坚持以教育部门办园为主的发展思路；坚持其他部门办园等普惠性幼儿园的保障机制，保障其他部门办园等普惠性幼儿园的稳定和发展；保持普惠性民办幼儿园财政保障制度稳定和可持续。

同时，"十四五"时期，随着育龄人口高峰和二胎政策人口出生高峰等带来的适龄儿童入园高峰的逐渐结束，北京市幼儿园适龄儿童入园需求开始出现缓慢的回落，这为北京市实现全面普及普惠提供了良好的机遇。

（二）将教育质量作为未来发展的核心和关键，促进北京学前教育安全优质发展

从教育发展的自身规律来看，随着学前教育普及的基本实现，提升学前教育质量成为学前教育事业发展的重点；从学前教育的外部需求来看，随着学前教育普及的基本实现，社会对学前教育需求也逐步从有学上到上好学转变，质量成为继普及后的核心需求。因而，"十四五"时期以及未来的很长一段时间内，质量将构成北京市学前教育事业的关键和核心议题。在影响学前教育质量的诸多要素中，教师作为教育的实践者，课程作为教育实践的中介，构成了影响教育质量的核心要素。

"十四五"时期，进一步加大幼儿园教师队伍建设力度，多渠道提升教师专业素养。进一步加强幼儿园教师培养体制机制改革与创新，加强职前培养院校课程改革，以培养专业知识达标、专业能力合格的教师队伍；进一步加强幼儿园教师的职后培训，提高教师实践能力；进一步加强幼儿园园本教研，以教研为中介支持幼儿园教师专业能力的持续提升；稳步提高幼儿园教师队伍的学历水平，逐渐向以本科学历为主的幼儿园教师队伍方向靠近；加强幼儿园教师特别是非编制民办幼儿园教师的职称评定工作，引领民办幼儿园教师专业发展。

加强和深化幼儿园课程建设，持续推进北京市幼儿园自然化、生活化、游戏化课程的研究和实践，支持和鼓励区域、园所在科学理念下，深入探索、开拓创新，形成具有北京风貌、样态丰富的幼儿园课程，向"实现幼有所育，努力让每个孩子都能享有公平而有质量的教育，保证全体人民在共建共享中有更多获得感"的目标不断前行。

B.3
基础教育减负政策的回顾及现状分析

李海波 蒲 阳*

摘 要： "双减"意见是我国针对减轻学生课业负担问题规格、层次最高的政策。通过对减负政策历史回顾及分析，梳理出主题不断深化、措施愈加具体、政策趋于平衡、治理向外延伸的政策趋向。本报告针对近年来减负主要指标——学生课业负担感受、学生作业时间、课外辅导培训、学校课外活动的现状，认为单纯校内减负转化为校外增负效应；课改导向与家长需求存在获得感的差异；政策正确导向是教育发展的关键；教育评价导向改革是决定减负的关键。"双减"落实需要全社会齐心合力，形成思想共识；深化教育评价改革，明确教育部门责任；开发课程资源，开展作业研究，提高课后服务质量；探索多元评价，提高课堂效率，做好思想引导；家校联动，更新理念，塑造健全人格等。

关键词： 基础教育 减负政策 校外培训

2021年，中共中央办公厅、国务院办公厅印发了《关于进一步减轻义务教育阶段学生作业负担和校外培训负担的意见》（即"双减"意见），这是我国针对减轻学生课业负担问题规格、层次最高的政策意见，可见减负之艰难程度。"双减"意见的中心思想是减轻学生和家长负担，强调义务教育

---

* 李海波，北京教育科学研究院基础教育科学研究所教育政策研究室主任、副研究员，主要研究方向为教育政策；蒲阳，北京教育科学研究院基础教育科学研究所副研究员，主要研究方向为教育政策。

阶段学校的主体地位，全面清理校外培训机构。我国历来对减轻学生过重课业负担问题十分重视，曾多次出台政策进行矫治、治理，但课业负担这一顽疾，随着社会和经济的发展不断发生变异，影响学校之教育主阵地作用，给社会、家长带来焦虑，严重影响中小学生的身心健康，破坏了正常的教育生态。回顾过去的减负政策、分析负担现状，对我们找准病因，调整药方，对症下药，提高应对能力具有借鉴作用。

一 我国基础教育减负政策历史回顾

（一）减负政策回顾

根据已经发布的相关减负政策可以将减负时期划分为三个阶段：第一阶段，从急于提高文化水平向强化党的教育方针转变（20世纪50年代初至60年代中期）；第二阶段，从政治方向向为阶级斗争服务转变（60年代中期至70年代末）；第三阶段，从促进经济发展向教育公平发展转变（70年代末至今）。

1. 从急于提高文化水平向强化党的教育方针转变（20世纪50年代初至60年代中期）

新中国成立初期，针对疾弱的教育状况，在提高人民文化水平、培养国家建设人才的需求下，减负政策强化对毛泽东思想和党的教育方针的正确理解和执行，使受教育者在德育、智育、体育几方面得到发展，成为有社会主义觉悟的有文化的劳动者。"学校教育都应该把政治思想教育放在首要地位"，"努力提高教学质量"，"坚决纠正为片面追求升学率而采取的错误做法"。在思想上强调教育思想必须端正以及提高教育质量的必要性。

有关减负的政策文本摘录如下：劳逸结合，增加睡眠和休息时间……坚持认真做早操或课间操、上好体育课，广泛开展学生的课外体育活动……调整和精简中小学课程……教材内容过深，分量过重……教师的教学超纲、超进度，任意补充内容……学生课外作业繁重、考试多等（1951年政务院，

1955年教育部，1960年中共中央、国务院）。"减负"的解决之道是"调整学生日常学习及生活的时间；减轻学生课业学习与社团活动的负担；减少课外作业分量；减少书面考试的种类和次数"等（1964年国务院批转教育部、国家体委、卫生部）。

在行为上进行规范。例如，有关每日上课、自习时间，每日睡眠时间和每日体育、娱乐时间的规定（1964年教育部）。具体规定执行措施，针对具体问题增减。例如，教材内容深，就减深度；课程多就减课程；社团活动多就减活动；课外作业多就减课外作业量；考试、测验多就减考试次数；等等。

2. 政治方向转向为阶级斗争服务转变（60年代中期至70年代末）

教育从培养有社会主义觉悟的有文化的劳动者的政治方向转变成教育必须为阶级斗争服务的帮派利益上，学校成为"文革"的发源地，读书无用论，白卷先生，老师作为"臭老九"成了革命小将"批斗"或"专政"的对象，帮派极"左"利用搅动使刚刚端正的教育思想陷入无序状态，自然也就无暇顾及课业负担问题。

3. 从促进经济发展向教育公平发展转变（70年代末至今）

随着我国计划经济向中国特色社会主义市场经济变革，教育必须为社会主义现代化建设服务，培养德、智、体全面发展的建设者和接班人。把教育摆在优先发展的地位，大力倡导"素质教育"、"教育现代化"和"教育均衡"等的同时，学生课业负担过重问题成为显性问题，学校教育主阵地作用遭受冲击。这一阶段也是政府发文最多、社会最为关注、家长最热议的时期，校外培训机构的逐渐泛滥也是减负由校内向校外整体治理的重要原因。"双减"意见明确指出，进一步减轻义务教育阶段学生作业负担和校外培训负担，校外培训成为为应试教育推波助澜，引发社会焦虑，扰乱学校教育，破坏教育生态的根源。

这一时期减负政策文本的基本主题，不仅专注于"身体健康"，而且关注心理，从而变为"身心健康"，并始终贯穿"全面贯彻教育方针，全面提高教育质量""全面推进素质教育""学生综合素质""动手实践""创新"

"民生"等方面，减负政策直接针对并治理外部增负因素，如"奥赛""教辅材料""英语等级考试""校外教育辅导机构"之类问题。

从政策思路上，提出"纠正片面追求升学率倾向，转向坚持全面育人，实施素质教育"；依然保持着与上一阶段减负意向的连贯性，如规定学生在校的学习时间、作业时间、体育锻炼时间，在家的睡眠时间之类；禁止或限制校内外一些违背教育规律的教育教学活动及行为，如限制考试次数、升学补习班、多种竞赛评奖、种类繁多的教辅材料等；减负新提法提出"综合治理"，把"改革、均衡"纳入其中，即所谓"根本出路在于改革，公平的基础在于均衡"；在技术上则提出"要建立健全减轻学生课业负担的监测督导机制"，强调评价方式的改变；提出了"率先实现小学生减负"的目标，明确了"作业负担和校外培训负担"的治理方向。

（二）校外培训机构治理政策回顾

校外培训机构自2008年开始，当时社会机构瞄准校外培训，大举进入校外培训市场，"有偿培训""收费培训"等概念开始在政策文本中大量出现，国家2008年出台了《关于规范教育收费进一步治理教育乱收费工作的实施意见》，指出"严禁学校、教师举办或与社会办学机构合作举办向学生收费的各种培训班、补习班、提高班等有偿培训"。2012年《国务院关于深入推进义务教育均衡发展的意见》提出的"占坑班"，专指将是否参加过优质学校承办的培训班作为选拔生源的依据；2013年教育部办公厅《关于开展义务教育阶段学校"减负万里行"活动的通知》强调校外培训的"两不得"，即不得违背学生身心发展规律，不得改变科学的学习节奏，目的是推动学生个人和教育生态的可持续发展。2014年，教育部为进一步改善"择校热"问题，将"义务教育免试就近入学"作为工作要点。2015年教育部印发了《严禁中小学校和在职中小学教师有偿补课的规定》，规范在职中小学教师参与校外教学行为，将教师有偿补课列入师德师风建设相关内容。2017年《关于深化教育体制机制改革的意见》中指明要规范校外培训机构培训范围和内容，严格审查校外培训机构的办学资质和规范行为。

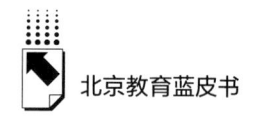

截至2018年8月20日，全国已摸排培训机构38.2万家，其中发现问题的25.9万家，按照摸排与治理同步进行的原则，整改掉了不符合资质和不规范的培训机构4.5万家。校外培训机构治理政策的执行，建立起了多管齐下、综合施策体系，强化了监督和管理的长效治理机制，以求维护健康的教育生态。

（三）减负政策趋势分析

1. 减负主题不断深化

多次的减负政策，主题从解决影响学生健康成长的校内问题，如卫生条件差、饮食营养不良、设施设备简陋等导致学生负担的因素；延伸到提出"实施素质教育"，保障教育优先发展，提升办学水平，提高学生综合素质，促进学生全面发展，促进教育质量的提高；再发展到推进教育均衡发展，提升教育现代化水平，从学校教学、考试评价、素质评价、家校社协同减负等方面推进减负工作。在完善政策的实施细则基础上，还强调了课程改革、就近入学、净化校外培训市场、加强课后服务等一系列配套政策的实施。从政策初期的针对学校教育的改革，到现在更强调政府、学校、家庭的作用，共同减轻学生课业负担。

2. 减负措施愈加具体

一是时间减负。小学生的时间主要包括学习时间、体育娱乐时间和睡眠休息时间，在减轻学生负担的政策中，这些时间均作为硬性要求被明文规定。

二是作业减负。开展作业布置监管，颁布的法令中对作业量有明确规定。如小学生低年级不留作业、高年级不超过30分钟，初中不超过1小时等。

三是考试、评价方式减负。要改革考试的形式、办法，严格控制考试的科目和次数，除语文、数学外，其他课程不得组织考试。应根据德、智、体诸方面发展的要求考查学生；学校也不得按考试成绩排名、按照等级制公布小学生学业成绩。

四是课程减负。丰富特色的课程，降低教材难度，减少教辅教材。

五是竞赛活动减负。在国家的减负政策中，明确要求严格控制各种竞赛、评奖等活动，停办各类奥数班（校）。

六是学校教学管理减负。在减负政策中多次要求学校和教师按照教学计划、教学大纲、教科书组织教学，不得任意增加或减少教学内容，监管作业时间等。

七是校外培训减负。在政策文件中强调提高课堂教学质量，严格治理、清理校外培训机构，规范校外培训机构非营利性市场，做好课后服务，构建教育良好生态，缓解家长焦虑情绪等内容。

3. 减负政策更趋于平衡

政策是一系列的规则和激励，当前减负政策以实现政策与各行动者利益之间的平衡为主，引导与改进中小学校、中小学生和家长的行为；针对教育现状的变化对政策目标和监管机制进行规定和完善；是追求政策干预市场配置机制与改变消费二者供需平衡的规制或行为。所以，减负政策的制定和实施，更趋于引导、营造一个良好的社会环境，通过社会、学校和家长的共同努力，使政策真正的行之有效。

4. 减负政策由内向外延伸

多次政策推出，虽有举措，但效果并不明显，甚至形成越减负学生负担越大的反作用，严重影响中小学生的身心健康。中共中央办公厅、国务院办公厅印发的《关于进一步减轻义务教育阶段学生作业负担和校外培训负担的意见》明确了减负的具体目标和时间表，在此背景下强化学校教育的主阵地作用。校内减负采取提高课堂质量、尽量压缩作业量、提高作业的质量、丰富课后服务等一系列教育内部优化手段。校外严控教育培训机构，坚决遏制其野蛮生长，缓解家长教育焦虑，从源头上减少对校外培训的需求；一方面仍要深化教育评价体制机制的改革，另一方面要进一步提高课堂教学质量、提高课后服务水平和效率，让学生回归校园，不能把学生课余时间推到社会上去。

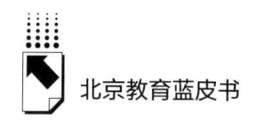

二 北京市基础教育减负现状分析

本报告基于两方面的数据来源：一是北京市政府教育督导室2013～2016年"北京市义务教育阶段减轻学生过重课业负担督导监测"项目研究；二是2018年北京市教委"减轻中小学生课外负担的实践"课题研究。上述研究中涉及减负指标众多，本报告聚焦"措施成效""负担感受""作业时间""课外培训""课后服务"等方面指标，客观描述并具体分析近几年相关指标的变化情况。

（一）各区减负措施及成效总体概述

1. 重视减负工作，统筹领导，形成多级督导机制

自2013年以来，北京市各区教委、教育督导室重视减负工作，贯彻落实教育部和北京市教委、市教育督导室《关于切实减轻中小学生过重课业负担的通知》《关于切实减轻中学生过重课业负担的实施办法》。尤其按照中共中央办公厅、国务院办公厅印发的《关于减轻义务教育阶段中小学作业负担和校外培训负担的意见》要求，2021年北京市教育督导委员会、北京市教委对各区政府履职中将"双减"工作作为教育督导专项内容，针对"减轻学生作业负担"和"减轻学生课外负担"的落实情况、执行措施及实际效果进行了督导检查。各区成立了学科类校外培训机构规范管理工作专班，各区政府副区长任组长，各相关委、办、局职能部门及镇、街道办事处全力确保各项工作落实到位。通过建立健全日常巡查、联动执法和违规失信行为惩戒等机制，规范管理学科类校外培训机构。

2013～2018年，北京市各区教委对课业负担开展了全面、常态的管理与监测。区级层面，区政府教育督导室将减负督导监测列为挂牌督导工作的一项重要内容，将减负工作纳入学期工作计划，组织专兼职督学开展减负督导工作。责任区层面，督学责任区按照各区督导室要求，明确减负督导的要

求、督导方式和监测内容，落实督导责任。学校层面，制定了减负工作方案和措施，将育人为本、科学减负践行于教育教学实践之中。减负工作形成多级督导监测机制。

2. 落实课程改革，聚焦课堂，指导学校开展减负

依据《关于切实减轻中小学生过重课业负担的通知》等文件精神，北京市各区教委积极进行减负宣传，贯彻减负文件，加强减负理念引领。各类学校围绕"关注课堂教学质量，努力构建高效课堂"坚持做好减负监控工作，始终坚持"课内增效，课外减负"相联系，积极推进减负与促进学校发展紧密结合、与提升学生学习能力紧密结合、与提升质量紧密结合的"三个结合"。各区教研、科研部门，积极开展学科实践活动课程，拓展学生的发展空间；开展"阳光体育"，规范完成体育一小时任务。2020年，各区教委强化学校主阵地的作用，建立作业管理"两个机制"。一是作业监管统筹协调机制，采取四严控：严控作业总量，做到年组学科统一作业、统一管理，严禁布置惩罚性、重复性作业；严控考试次数，严格按照国家课程标准确立考试次数和考试内容；严控教学行为，要求坚持"零起点"，不得超纲超进度教学；严控家庭作业，不得布置要求家长检查或代为批改的作业，不得布置要求学生利用手机完成的作业。二是作业管理家校社协同机制，争取家长理解和支持，共同引导孩子自主完成、自我管理作业，切实减轻学生课业负担。

3. 学校引导教师转变观念，减负管理科学有效

2013~2018年，北京市各区加强对教师的专题培训，调动教师参与减负工作的积极性。学校普遍实施将作业分解到各学段，健全教师作业布置制度，从家庭作业时间、作业内容、作业形式，课堂作业时间，作业评价等方面对教师提出了具体的要求。并通过减负课题研究引领教师减负的积极性和科学性，助力减负落地。2020年，各区教委为学生提供课后服务，提高课后服务质量，为学生设计丰富的课程菜单供自主选择，包括自主阅读、自主作业、自主学习等，鼓励学生在校完成作业；坚持五育并举，通过艺术类、体育类、科技类、实践类等课程，满足学生个性化需求，丰富了学生的课余

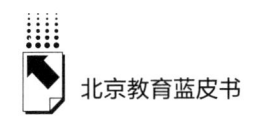

生活，培养了学生的学习兴趣，促进了学生的多元发展，满足了学生运动技能、艺体素质、科学素养发展的需求。

（二）主要指标数据分析

1. 学生课业负担感受

课业负担感受是指学生在课业学习过程中，对应承担的责任、完成的任务和承受的压力在生理和心理方面的感知和体验。

从2013～2016年北京市教育督导减负监测报告数据总体来看，学生课业负担的整体感受"适中"。从学生调查数据（2014～2016年）来看，小学生课业负担感受在"一般及不累"水平（即"适中"），三年平均比例为92.26%且基本保持稳定。中学生课业负担感受在"一般及不累"的三年平均比例为84.26%（见表1、图1、图2）。由此判断中小学生课业负担感受总体适中，小学生课业负担感受比较轻松，初中生负担感受有所加重。说明"减负令"在学校教育中起到一定作用。

表1 2014年五、八年级学生课业负担的主观感受

单位：%

年级	指标	很轻	较轻	一般	较重	很重	样本量	平均值	标准差
五年级	校内课业负担	25.7	29	35.4	7.8	2.1	10409	2.314	1.005
	校外课业负担	38.6	23.8	24.0	10.0	3.6	10395	2.162	1.150
	总体课业负担	17.9	23.6	39.7	14.3	4.4	10410	2.636	1.069
八年级	校内课业负担	6.1	15.8	53.2	19.9	4.8	9359	3.015	0.893
	校外课业负担	27.0	23.6	37.5	9.2	2.7	9355	2.369	1.057
	总体课业负担	5.7	14.3	50.8	22.3	6.8	9356	3.102	0.926

注：2014年小学以五年级为样本，初中以八年级为样本；表中"很轻""较轻"对应图1、图2中的"不累"；表2同。

2. 学生作业时间

从2013～2016年北京市教育督导减负监测报告数据总体来看，作业时间整体状况符合"减负规定"，执行情况良好，呈现逐年向好趋势。数据显示，

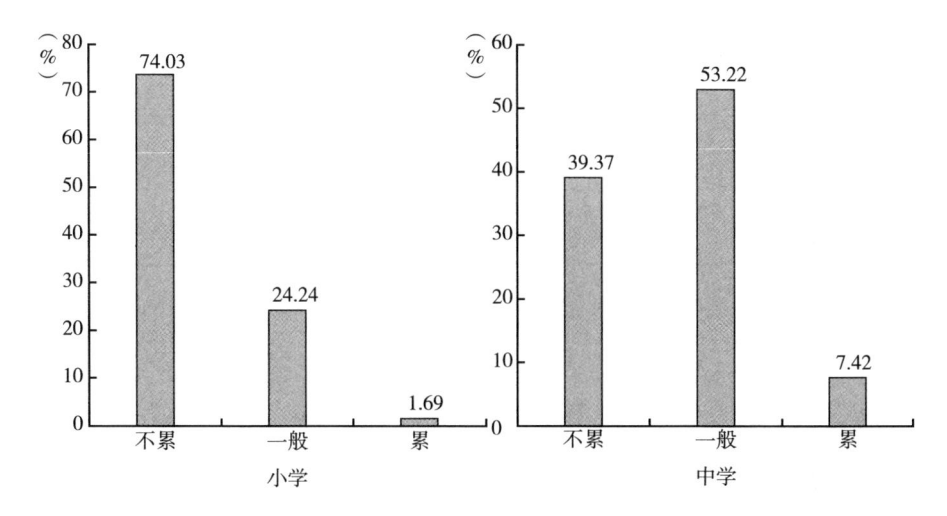

图 1　2015 年学生课业负担感受

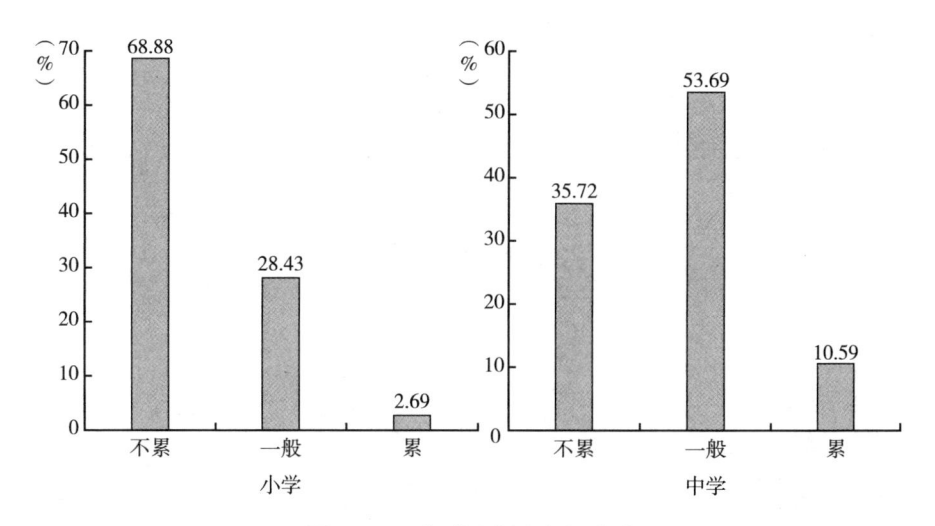

图 2　2016 年学生课业负担感受

学生家庭作业时间随年级升高而增加，家庭作业主要集中在语、数、英三科。

小学作业时间在 30 分钟以内的三年（2014～2016 年）平均值为 61.43%且呈逐年上升趋势；初中在 30～60 分钟的三年（2014～2016 年）平均值为 27.26%且总体呈下降趋势（见表2、图3、图4）。说明作业时间上中学生负担比小学要重。

041

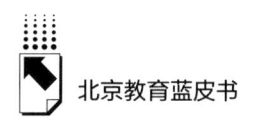

表2 2014年五、八年级学生课后书面作业时间调查结果

单位：%

年级	选项占比					
	0小时	小于0.5小时	0.5~1小时	1~1.5小时	1.5~2小时	大于2小时
五年级	1.8	20.7	53.5	15.2	5.8	2.9
八年级	0.7	5.8	28.2	32.3	19.1	13.8

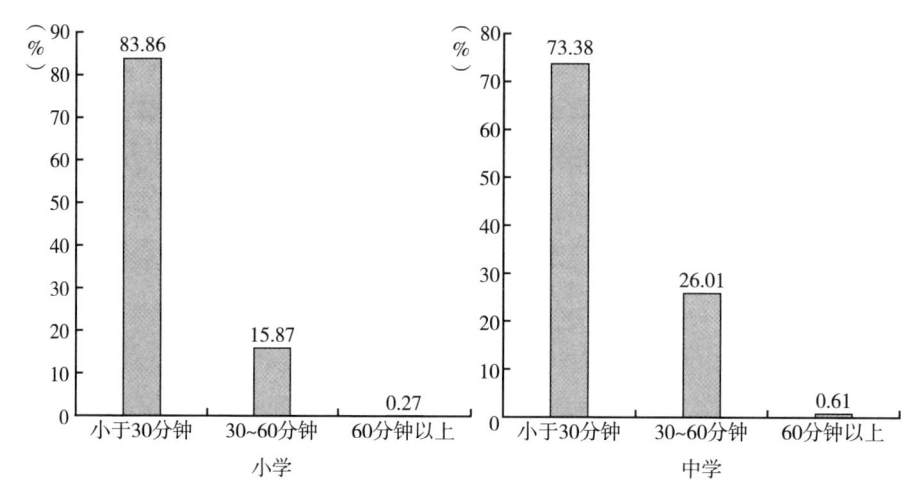

图3 2015年课后书面作业情况

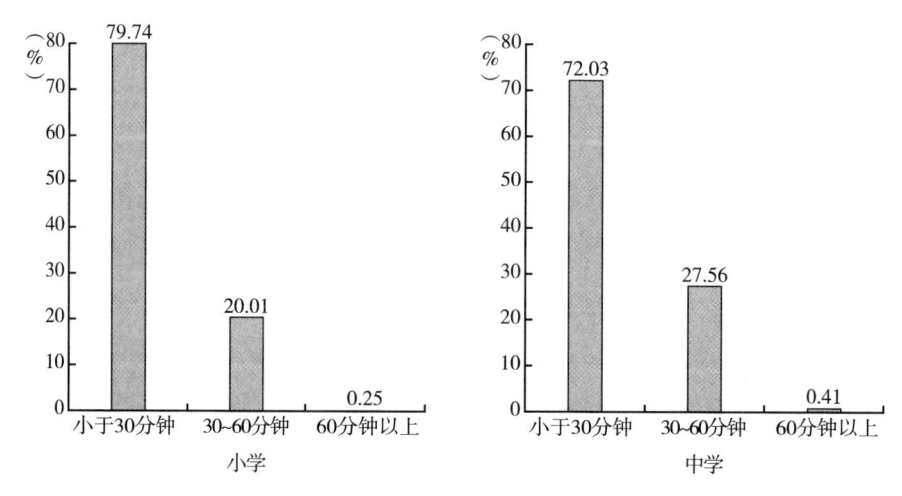

图4 2016年课后书面作业情况

（三）学生参加课外辅导培训情况

1. 中小学生参加课外辅导培训的情况

北京市小学生参加课外辅导培训的比例从 70%（2014 年）增长到 74.5%（2018 年），中学生从 60%（2014 年）增长到 73.5%（2018 年），小学生基本稳定，略有增长，中学生增长迅猛，净增 13.5 个百分点。

北京市中小学生参加课外辅导的时间。有 68.0% 的小学生、71.8% 的中学生每周校外补习时间超过 2 小时（2014 年）。74.5% 的学生参加校外培训，其中 31.7% 的学生每周参加课外辅导班时间在 6 小时以上（见图 5）；此外，参加课外辅导班的学生有 85.6% 需要完成培训班的作业（2018 年）。

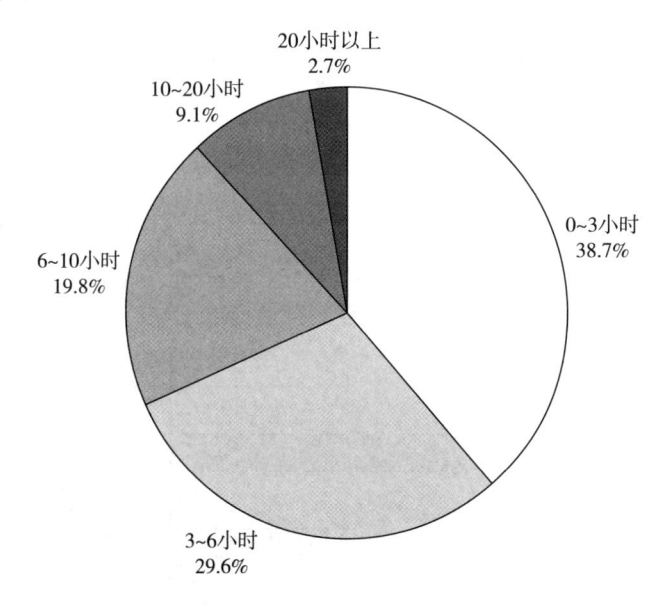

图 5　2018 年学生每周课外辅导班时间分布

北京市中小学生参加课外辅导的科目。小学集中在数学、英语、语文科目，初中集中在数学、英语和物理科目（2015 年）（见图 6），英语、数学科目比例最高（2018 年）（见图 7）。

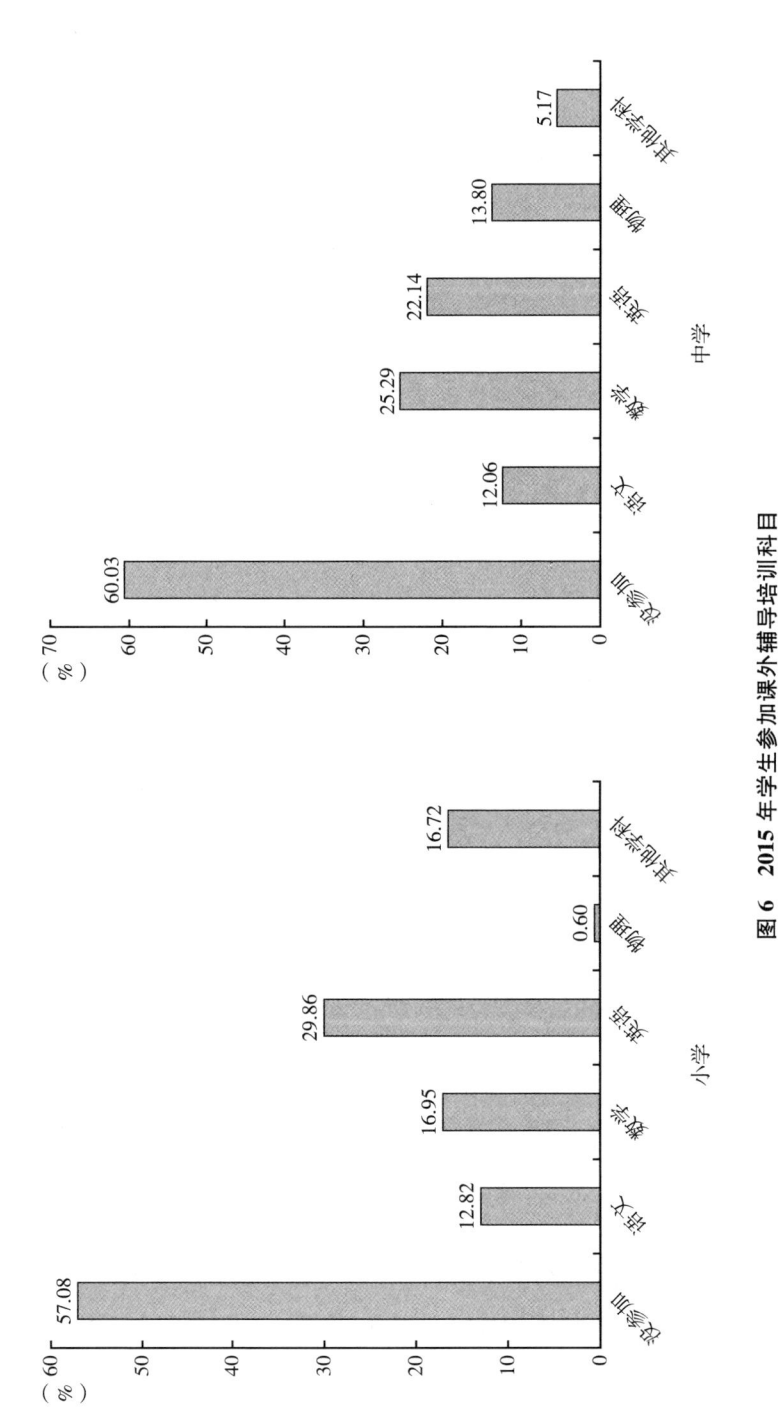

图6 2015年学生参加课外辅导培训科目

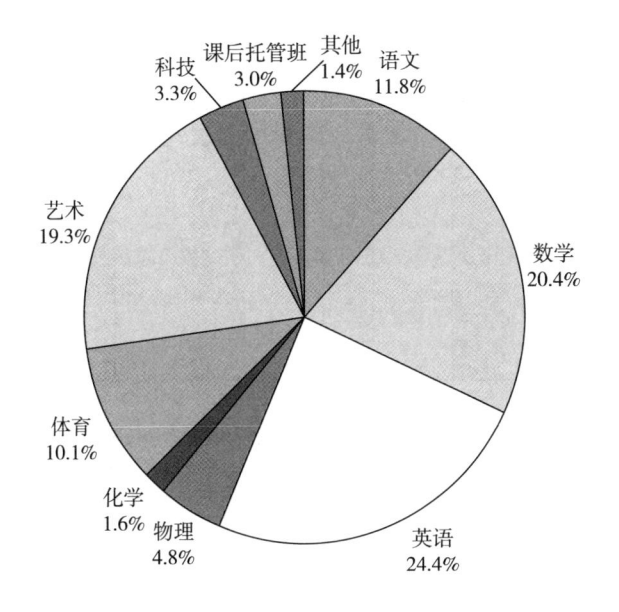

图7 2018年学生参加课外辅导班学科分布

2. 学校组织的课外活动

（1）学校组织课外活动的形式

对学校组织的课外活动调查数据（2015～2016年）显示，小学、初中的情况基本一致，没有明显差异，具体如图8、图9所示。一方面，说明小学、初中都重视这一块的工作。另一方面，反映了小学、初中对开展课外活动的思路差不多，同构性很强。"社会大课堂"是学校组织课外活动的主要形式，说明社会大课堂建设正在显现作用。另外，参加体育活动和学校社团活动比例较高，说明课外活动可以调剂学生的精神状态，改变单一课堂活动的单调感，也是丰富学习生活的重要方式。但小学生与初中生的心理需要有很大的不同，所以开展更合乎他们彼此不同心理需求的课外活动，依然是减负，也是学校丰富教育所要重视的工作。

（2）参加学校课外活动的时间

在学校参加课外活动的时间上，小学与初中具有很大的同构性，"0节"与"1节"都超过了50%，而趋势也较明显，即初中"0节"及"1节"以

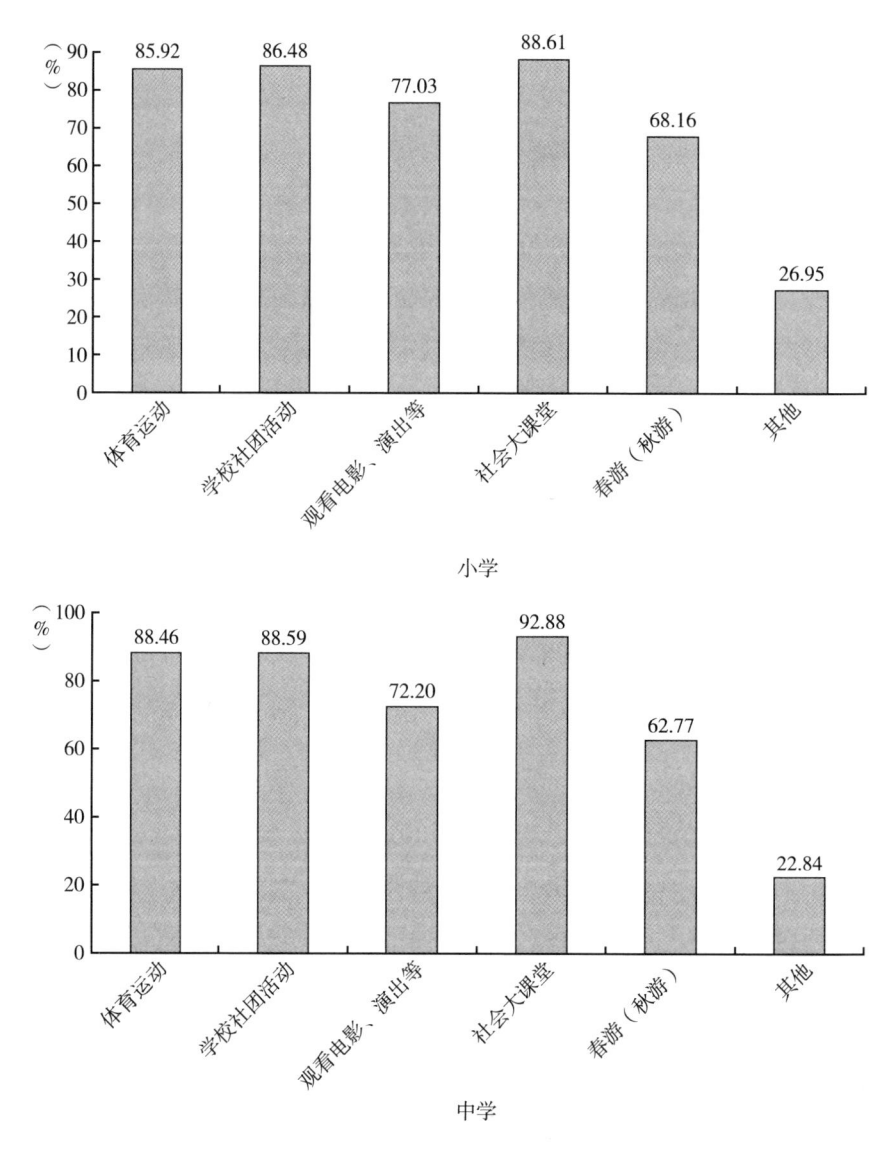

图8 2015年学校组织的课外活动形式

上的数据整体趋于下降（见表3）。这说明初中课堂教学的集中性和繁重性明显要大于小学，或许初中的学校生活丰富性并不低，但学生可实际参与的可能性大大降低了。这或者是初中学校生活的丰富性调节功能不足，或者是

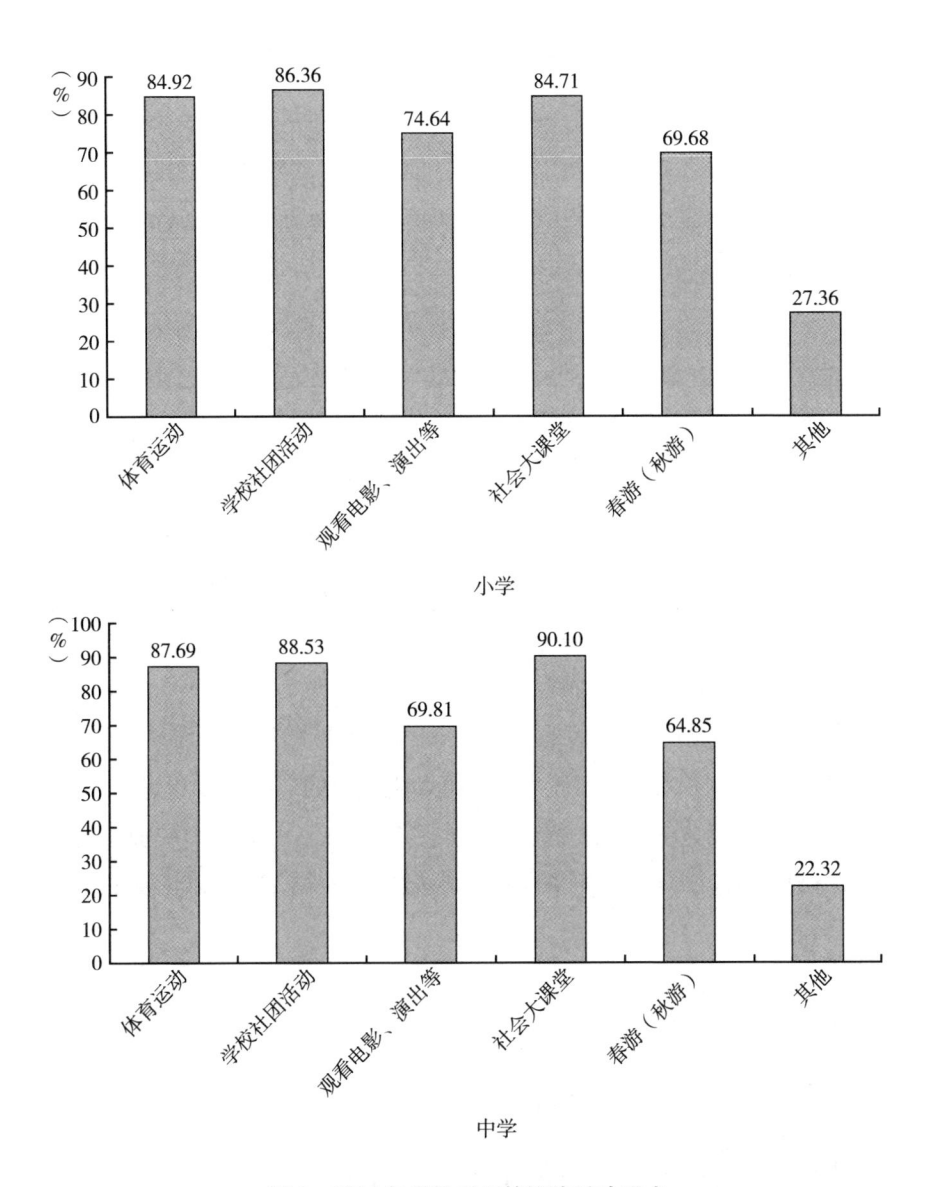

图 9 2016 年学校组织的课外活动形式

可参与的实际可能性不大,从而不能有效降低学生的负担感,是导致初中学生课业负担感及其数量增大的一个校内原因。

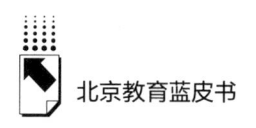

表3　2016年在学校参加课外活动的时间

单位：%

题号	活动	学校类型	0节课	1节课	2节课	3节及以上
1	音乐、舞蹈	小学	24.65	32.55	30.18	12.62
		初中	15.70	58.10	20.11	6.09
2	美术、书法	小学	26.42	26.90	31.66	15.02
		初中	15.95	57.51	21.23	5.31
3	科技(航模、机器人、电脑、天文等)	小学	42.16	29.97	20.38	7.50
		初中	37.67	48.96	9.95	3.43
4	手工制作(剪纸、泥塑、布贴等)	小学	37.15	39.92	16.63	6.29
		初中	40.54	47.99	8.37	3.10
5	棋类	小学	70.43	19.14	7.15	3.28
		初中	62.77	28.28	6.16	2.79
6	其他	小学	39.51	22.35	18.40	19.74
		初中	37.98	35.94	15.58	10.50

（3）参加学校课后服务情况

课后服务（或放学后活动）旨在解决当下流行的过度的课后辅导问题，把学生从繁重的课外负担中解脱出来，给学生充分的自我学习和锻炼的时间。学生参加学校课后服务及家长感受数据如图10、图11所示。有三成左右家长不太满意目前状况，认为目前学校的课后活动不能满足孩子的发展需求。

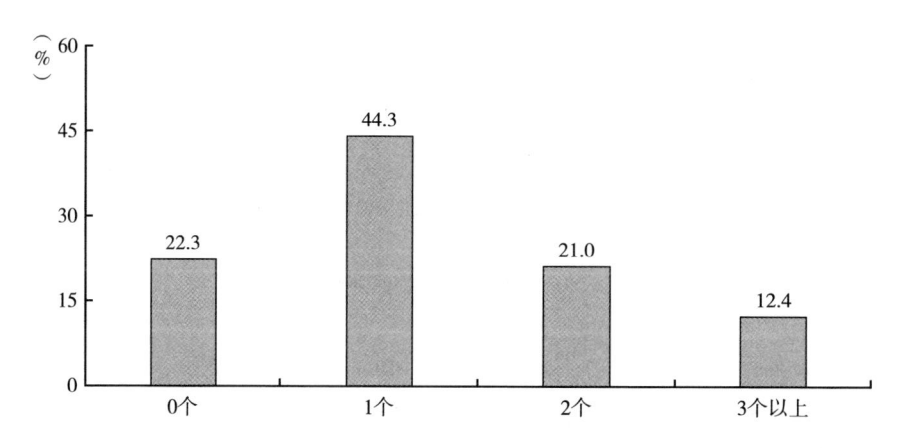

图10　2018年学生参加学校放学后活动的情况分布

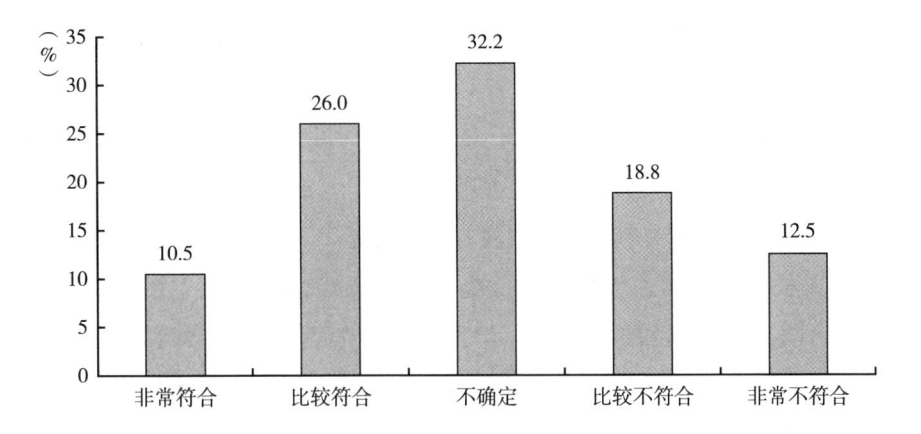

图 11　2018 年家长对学校放学后活动能否符合孩子发展需求的感受分布

（四）存在的问题及分析

1. 单纯校内减负，转化为校外增负效应

随着社会发展，百姓对教育的需求逐步增高，在新的历史条件下课业负担问题愈演愈烈，减负政策也随之强化，措施、方法也越来越多，结果却是没有达到真正减负的目的。从现状可以看出，中小学生对课业负担的主观感受总体"适中"（结论主要出自校内感受）。因为以往的减负政策，一直局限于学校系统及其教育督导上，不触及市场方面的增负效应。在新的历史条件下，市场经济中的教育市场逐渐成为新的课负来源，不触及课外负担的减负政策及措施自然不能奏效；相反，校内、课内减负还为校外增负提供了动力，助推了校外市场的泛滥。单纯的校内减负思路，是简单地依靠学校单一力量来解决负担问题，是对教育的宏观性质认识不够的结果。

2. 课改导向与家长需求存在获得感的差异

课程改革（简称课改）的核心是将知识导向变革为素质导向，并构建课程体系及其教学过程。因为"素质"不好量化，无法打分，而中考、高考则是以分取人，校内教育追求的"素质"不能满足家长的期望和需求，所以驱使家长及学生向校外求分，结果自然不是减负而是增负。从学生参加课外辅导培训数据呈攀升状就可以看出，从学生参加课外辅导培训科目中

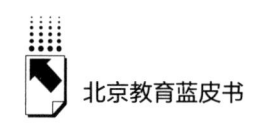

"英语、数学比例最高"也可以看出。从某种意义来说，如果课改能起到减负作用，就不用政府再出台另外的减负政策和措施了，但事实上不是如此，课改期间也是减负政策、措施不断连续推出的时期，这表明课改对课业负担没有起到减轻作用，可以说效果不够明显。

3. 政策正确导向是指引教育发展方向的关键

中国成为世界第二大经济体，提出"办人民满意教育"的教育方针，教育公平是社会公平的重要基础。但是，教育资源分配的不公平，优质资源供给不足，促使教育资源争夺、教育市场逐利成为新形势下教育面临的新常态。在当前教育产业化、教育市场化理论的激励下，资本介入教育从经济利益和盲目扩张的角度去发展，这样的教育，就会变得没有温度，缺乏意义，而且贻害无穷，大大稀释了中国教育的社会主义性质。既然教育成了家庭的重要投资，那么必然要讲性价比；既然教育可以资本化，那么教育优质资源向资本强的学校积聚，就必然发生。这两个"必然"碰在一起，择校必然产生，并产生择校驱动下的学业竞争，而学业竞争必然是课业增负，只是承担者主要是孩子而已。这在学生参加课外辅导培训比例、时间以及科目的数据上亦有所体现。所以，随着人口老龄化，出生率下降，家庭生育、养育子女费用增加，这样"一增一减"的社会问题，引起家长和社会对教育焦虑的剧增，是新的历史条件下学生课业负担居高不下、想减而减不下来的重要原因。为此，发挥学校在教育中的主阵地作用，重塑良好的教育生态是教育政策拨乱反正的紧迫任务。

4. 教育评价导向改革是减负的关键

就减负而减负，就义务教育谈义务教育，减负研究只能是在自身内打转。课业负担是主观的，负担究竟以"谁"（学生、家长、教师、校长，还是领导）的认定为标准，这个问题不讲清楚、不说明白，负担的根源就是无本之木。现在的义务教育有综合评价，但由于与上游学校的评价标准脱轨，成了义务教育内的自评游戏。

这个问题，涉及学生的权利如何对待，如何尊重孩子的发育、成长、变化、发展，以什么标准来看待，什么才是社会、家庭、教育更应注重的方面；不仅仅是课业负担本身如何，更不是课业成绩。课业负担重，显然也是以课业成绩为重、为主的评价导向的产物。所以，上游教育的评价导向不改变，高考标准不改变，高考及其高校本身不能多元化，那么课业成绩统一化和标准化必然是主选项，从而支配义务教育的课业标准及其负担。中学、小学可以不当主选项，但家长会当主选项，这两者的目标和动力是不一致的，这也是减负常抓无效的原因。因此，减负不只是中小学和市场的问题，也是上游教育改革及其评价标准变革的问题。

三 "双减"政策建议

（一）全社会齐心合力，形成思想共识

"双减"意见表明中央对于减轻学生课业负担、深化教育领域综合改革的坚定决心。此次治理重点瞄准了学校和校外培训这两个教育主体。同时强调，把学校、社会、家庭等各方力量整合起来，形成工作合力。要齐心合力，就需要在全社会形成"双减"的思想共识。一方面，要强化学校教育的主阵地作用，提高教学质量，做好做优课后服务，深化教育评价改革。另一方面，要努力转变家长"不能输在起跑线上"的教育观念，摆脱"唯分数""唯升学"的焦虑。有效推进校内作业管理、校外培训机构规范治理的教育督导，绝不允许"明减暗增"。

（二）深化教育评价改革，明确教育部门责任

落实"双减"工作，教育部门的责任是通过提升学校课堂教学质量、提升作业管理的水平、提升校内课后服务质量、提升资源供给质量等举措，保障教育资源供给的充足、优质。在校内提质方面，要严格约束规范义务教育学段的考试内容和形式；加强作业、睡眠、手机、读物、体质五项管理；实现课后服务的全覆盖；积极推进教育评价制度改革。深化教育评价改革，完善立德树人体制机制，克服唯分数、唯升学、唯文凭、唯帽子的顽瘴痼

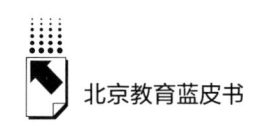

疾，提高治理能力和水平。促进校内教育教学质量和服务水平进一步提升，使作业布置更加科学合理、学校课后服务基本满足学生需要，让学生学习更好地回归校园。对校外培训机构的培训行为进行全面规范，基本消除学科类校外培训各种乱象，逐步降温校外培训热度。

（三）改革中小学课程设置、内容，降低学科难度和数量

教育的目的是促进人的全面发展。教育的作用是发现人的价值、发掘人的潜能、发挥人的力量、发展人的个性。建议调整课程体系，使课程体系更贴近于社会需要、学生发展需要、终身学习需要。建立综合性课程，减掉脱离现实甚至今后从来不用的"难、偏、怪"理论知识。从课程门类和难度上"瘦身"，达到减轻学生课业负担的目的。

（四）开发课后服务课程资源，开展作业研究，提高课后服务质量

落实"双减"工作，学校要开发满足学生个性化学习需求的差异化课程资源，为不同层次的学生发展提供不同的学习空间、资源和机会。要基于学生不同学习风格、兴趣和能力，形成差异化的学习目标，增强课程的可选择性，通过"走班选修"等方式，因材施教，发挥学生最大的潜能。

开展作业研究，设立专题性或项目性的研究课题，在单科作业、跨学科合作性作业方面进行实践探索，采用口头练习、表演练习、实际操作等作业形式，对知识巩固性作业、应用性和实践性作业等内容进行创新设计。关注弱势学生，给中等学生思考的空间，引领优秀学生发展思维能力，让作业成为人生发展的助推器。

提高课后服务质量，要对学习有困难的学生进行补习辅导与答疑，为学有余力的学生拓展学习空间，开展丰富多彩的科普、文体、艺术、劳动、阅读、兴趣小组及社团活动。

（五）探索多元评价，提高课堂效率，做好思想引导

"双减"政策将教育职能更多地从社会转回到学校。教师在义务教育中

的主导作用、承担的职责、面临的来自家长和社会的期待也越来越大。"双减"政策要求教师要把对学生的多元评价纳入工作的重要内容。教师需要对多元评价的内容、维度、标准有更深入的了解,为学生制定科学的评价方案,用增值性评价客观判断不同类型学生的成长,让孩子们"看见自己",努力做最好的自己。适时向家长解读孩子多元评价结果,从学生的性格特点、特长爱好、人际关系等多方面给出反馈,与家长携手进一步为学生全面、个性化地发展做好规划。改变教与学的方式,运用高效、趣味的授课工具,以及新颖创意的授课方式提高授课质量和学习兴趣;课堂上除了一对多的讲解,还需要同伴互助、小组共学,让每个孩子都"在场";课后作业除了双基练习,还要有灵活的主题活动、项目学习、特长发展,让每个孩子都喜欢。教师首先需要注重和家长的沟通,做好家长的思想引导,统一教育理念;其次,给予科学实用、可操作的家庭教育方法指导,让家长成为学校教育有效的"助攻"。

(六)家校联动,更新理念,塑造健全人格

"双减"意见进一步推动学校教育和家庭教育回归各自的角色。"双减"政策出台前,受市场宣传的影响,家长们大都将孩子送进培训班或在家给孩子布置额外作业,家庭与学校出现同质化趋势。"双减"意见一方面强化学校教育的主阵地作用,同时强调把学校、社会、家庭等各方力量整合起来。需要密切家校联系,需要家长和学校研究有针对性的家校联动教育方案,构建和谐家校关系;更新育儿观念,理性规划孩子未来发展目标,不盲从地将孩子送到校外培训机构;融洽家庭氛围,关注孩子情绪变化,倾听孩子心声,形成良好沟通互动模式。适度安排家务劳动,确立正确价值观、责任感,提升独立能力;培养孩子公民意识,塑造培养健全人格,建立自信,提升孩子的获得感、成就感和幸福感。

B.4 北京市中等职业教育发展回顾与展望

高卫东[*]

摘　要： "十三五"时期北京市中等职业教育办学规模减小，办学条件改善，办学质量提升。北京市通过采取加强顶层设计，优化专业结构，开展"特高"项目和"两师"项目建设等多项重大举措，有力推进了北京市中等职业教育高质量发展。"十四五"时期，北京市应采取措施整合办学资源，推动中等职业教育内涵式发展；调整办学定位，推动中等职业教育转型发展；深化综合改革，推动中等职业教育高质量发展。

关键词： 中等职业教育　高质量发展　北京市

一　北京市中等职业教育发展"十三五"回顾

（一）事业发展

1. 办学规模减小

（1）学校规模

"十三五"时期，北京市中等职业学校数量逐年小幅减少，学校总数由2016年的121所减少到2020年的110所，减幅9.1%。各类中等职业学校中，职业高中数量减少最多，从2016年的50所减为2020年的44所（见图1）。

---

[*] 高卫东，北京教育科学研究院职业教育研究所副研究员，主要研究领域为职业教育政策。

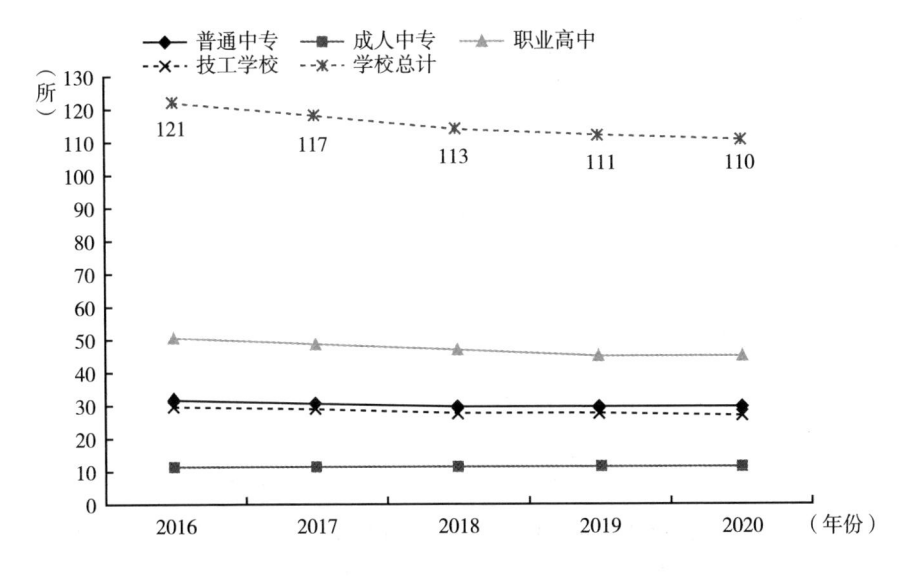

图1　"十三五"时期北京市中等职业学校数量变化情况

资料来源：北京市教育委员会发展规划处编《北京市教育事业统计资料》（2016~2017、2017~2018、2018~2019、2019~2020、2020~2021学年度）。

（2）学生规模

"十三五"时期，北京市中等职业学校招生、在校生、毕业生数量均显著下降。2020年北京市中等职业学校招生、在校生、毕业生数量分别较2016年下降26.35%、39.61%、36.22%。一个可喜的变化是，2020年北京市中等职业学校招生数量较2019年增加4568人，明显回升（见图2）。

"十三五"时期，北京市高中阶段教育招生职普比总体呈下降趋势，从2016年的33.47∶66.53下降为2020年的28.93∶71.07（见表1）。

2.设施设备显著增加

"十三五"时期，北京市中等职业学校固定资产值、仪器设备值、电子图书总量有显著增加，2020年北京市中等职业学校（不含技工学校）固定资产值、仪器设备值、电子图书总量分别较2016年增长29.49%、16.75%、77.02%（见表2）。

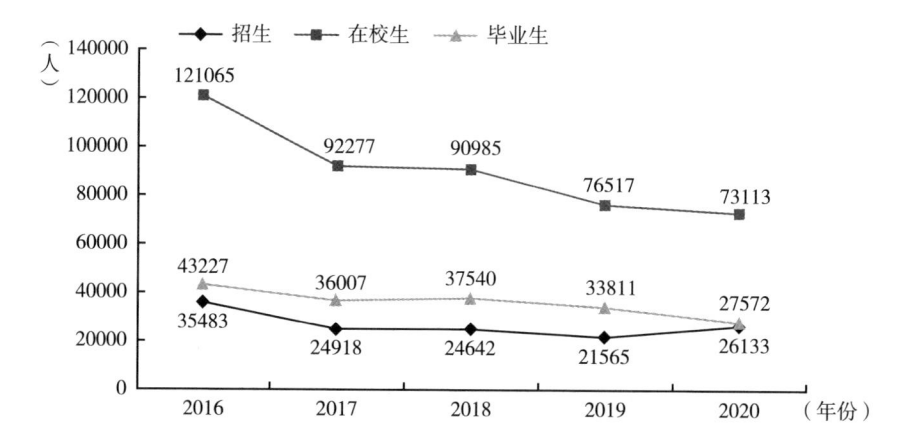

图 2　"十三五"时期北京市中等职业学校学生数量变化情况

资料来源：北京市教育委员会发展规划处编《北京市教育事业统计资料》（2016~2017、2017~2018、2018~2019、2019~2020、2020~2021 学年度）。

表 1　"十三五"时期北京市高中阶段教育招生职普比变化情况

单位：人，%

类别	2016 年	2017 年	2018 年	2019 年	2020 年
中职招生	26933	19306	20586	20291	24854
普高招生	53544	53755	47355	51403	61071
招生总数	80477	73061	67941	71694	85925
中职占比	33.47	26.42	30.30	28.30	28.93
普高占比	66.53	73.58	69.70	71.70	71.07
职普比	33.47∶66.53	26.42∶73.58	30.30∶69.70	28.30∶71.70	28.93∶71.07

注：中职招生数据不含成人中专招生数据。
资料来源：北京市教育委员会发展规划处编《北京市教育事业统计资料》（2016~2017、2017~2018、2018~2019、2019~2020、2020~2021 学年度）。

表 2　"十三五"时期北京市中等职业学校设施设备总量变化情况

设施设备	2016 年	2017 年	2018 年	2019 年	2020 年
占地面积(平方米)	4402192	4276423	3984304	3855003	3786591
建筑面积(平方米)	2574262	2486314	2374730	2364298	2348971
固定资产值(万元)	703138.75	777006.91	807887.17	849653.41	910477.21
仪器设备值(万元)	288168.62	311461.62	318991.49	329546.55	336446.31
纸质图书(册)	5009644	4968370	4711125	4637372	4508339

续表

设施设备	2016年	2017年	2018年	2019年	2020年
电子图书(册)	1673737	2834332	2297214	2457093	2962851
计算机(台)	58250	56450	55429	57658	56500

注：不含技工学校数据。

资料来源：北京市教育委员会发展规划处编《北京市教育事业统计资料》（2016~2017、2017~2018、2018~2019、2019~2020、2020~2021学年度）。

"十三五"时期，北京市中等职业学校生均占地面积、生均建筑面积、生均纸质图书、生均电子图书、生均计算机台数等各项核心办学条件指标均明显增加，其中生均固定资产值、生均仪器设备值、生均电子图书数量更是增加显著，2020年生均固定资产值、生均仪器设备值、生均电子图书分别较2016年增长了139.51%、115.95%、227.43%（见表3）。

表3 "十三五"时期北京市中等职业学校生均设施设备数量变化情况

生均设施设备	2016年	2017年	2018年	2019年	2020年
生均占地面积(平方米)	51.32	57.39	63.95	78.11	81.65
生均建筑面积(平方米)	30.01	33.37	38.12	47.90	50.65
生均固定资产值(万元)	8.20	10.43	12.97	17.21	19.63
生均仪器设备值(万元)	3.36	4.18	5.12	6.68	7.25
生均纸质图书(册)	58.40	66.68	75.62	93.96	97.21
生均电子图书(册)	19.51	38.04	36.87	49.78	63.89
生均计算机(台)	0.68	0.76	0.89	1.17	1.22

注：不含技工学校数据。

资料来源：北京市教育委员会发展规划处编《北京市教育事业统计资料》（2016~2017、2017~2018、2018~2019、2019~2020、2020~2021学年度）。

3. 教师队伍结构优化

"十三五"时期，北京市中等职业学校教师数量有所减少，2020年北京市中等职业学校有教职工11871人、专任教师7407人，分别较2016年减少13.76%、10.05%（见图3）。

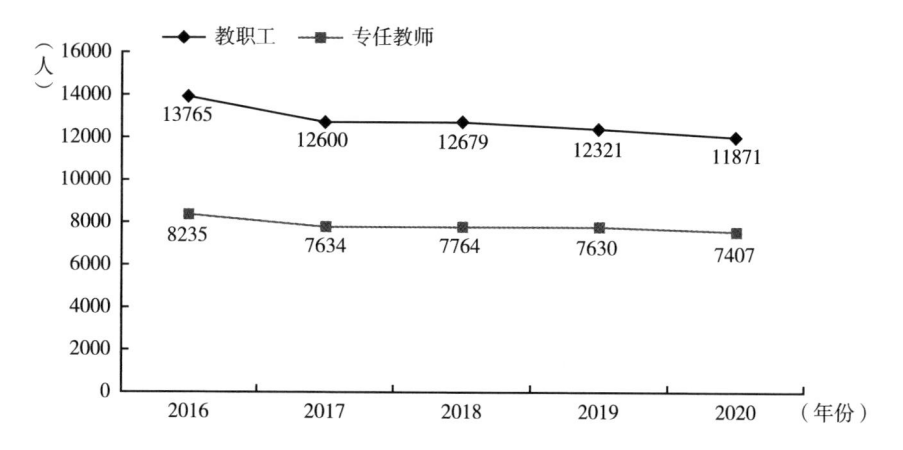

图3 "十三五"时期北京市中等职业学校教师数量变化情况

资料来源：北京市教育委员会发展规划处编《北京市教育事业统计资料》（2016~2017、2017~2018、2018~2019、2019~2020、2020~2021学年度）。

"十三五"时期，北京市中等职业学校教师队伍结构优化，主要表现在以下几个方面。

（1）生师比下降。"十三五"时期，北京市中等职业学校生师比逐年下降，从2016年的14.70∶1下降到2020年9.87∶1（见表4）。

表4 "十三五"时期北京市中等职业学校生师比变化情况

单位：人

项目	2016年	2017年	2018年	2019年	2020年
中职在校生	121065	92277	90985	76517	73113
中职专任教师	8235	7634	7764	7630	7407
生师比	14.70∶1	12.09∶1	11.72∶1	10.03∶1	9.87∶1

资料来源：北京市教育委员会发展规划处编《北京市教育事业统计资料》（2016~2017、2017~2018、2018~2019、2019~2020、2020~2021学年度）。

（2）"双师型"教师占比增加。"十三五"时期，北京市中等职业学校"双师型"教师在专业课教师中的占比增加，从2016年的53.09%增长为2020年的57.35%，提高4.26个百分点（见表5）。

表 5 "十三五"时期北京市中等职业学校"双师型"教师占比变化情况

单位：人，%

项目	2016 年	2017 年	2018 年	2019 年	2020 年
"双师型"教师	1956	1914	1924	1910	1729
专业课教师	3684	3417	3277	3272	3015
"双师型"教师占比	53.09	56.01	58.71	58.37	57.35

注：不含技工学校数据。

资料来源：北京市教育委员会发展规划处编《北京市教育事业统计资料》(2016~2017、2017~2018、2018~2019、2019~2020、2020~2021 学年度)。

（3）高级职称教师占比提高。"十三五"时期，北京市中等职业学校高级职称教师在专任教师中的占比有所提高，从 2016 年的 29.94% 提高到 2020 年的 33.18%，提高 3.24 个百分点（见表 6）。

表 6 "十三五"时期北京市中等职业学校高级职称教师占比变化情况

单位：%

类别	2016 年	2017 年	2018 年	2019 年	2020 年
高级	29.94	31.63	32.26	32.21	33.18
中级	39.53	39.95	39.52	38.93	39.34
初级	22.87	22.17	21.95	21.38	20.57
未定职级	7.66	6.25	6.28	7.48	6.90

注：不含技工学校数据。

资料来源：北京市教育委员会发展规划处编《北京市教育事业统计资料》(2016~2017、2017~2018、2018~2019、2019~2020、2020~2021 学年度)。

（4）高学历教师占比上升。"十三五"时期，北京市中等职业学校具有博士和硕士学位的专任教师占比有所上升，从 2016 年的 14.36% 上升到 2020 年的 17.90%，提高 3.54 个百分点（见表 7）。

表 7 "十三五"时期北京市中等职业学校专任教师学历结构变化情况

单位：%

类别	2016 年	2017 年	2018 年	2019 年	2020 年
博硕研究生占比	14.36	15.13	15.95	16.81	17.90

续表

类别	2016年	2017年	2018年	2019年	2020年
本科占比	82.50	82.48	81.82	80.01	78.99
专科占比	3.14	2.39	2.24	2.97	2.62
高中阶段及以下占比	0.00	0.00	0.00	0.20	0.49

注：不含技工学校数据。

资料来源：北京市教育委员会发展规划处编《北京市教育事业统计资料》（2016~2017、2017~2018、2018~2019、2019~2020、2020~2021学年度）。

4. 学生发展：雇主满意

"十三五"时期，北京市中等职业学校学生总体发展良好。毕业生初次就业率保持在96%以上；毕业生对口就业率平均达到90.07%；毕业生月平均收入提高，从2016年的2972.43元增加到2020年的3878.86元；毕业生升学率逐年提高，从2016年的45.33%提高到2020年的73.31%；毕业生母校满意度和雇主满意度保持在95%以上（见表8）。

表8 "十三五"时期北京市中等职业学校毕业生就业质量计分卡

单位：%，元/月

指标	2016年	2017年	2018年	2019年	2020年
毕业生初次就业率	97.67	96.76	96.29	96.81	97.24
毕业生对口就业率	90.51	88.86	89.41	90.43	91.14
毕业生半年后就业率	97.39	96.2	94.83	93.37	94.26
毕业生月平均收入	2972.43	2930.23	3448.13	3657.60	3878.86
毕业生升学率	45.33	52.07	58.20	61.78	73.31
毕业生母校满意度	96.50	97.71	96.05	98.37	98.60
毕业生雇主满意度	96.09	95.89	97.06	96.82	97.20

资料来源：《北京市中等职业教育质量年度报告》（2016~2020），http://jw.beijing.gov.cn/bjzj/gdzyreport/zdreport/202103/t20210326_2323477.html。

（二）发展举措

1. 加强职教改革发展顶层设计，引领中职教育高质量发展

2015年11月，北京市人民政府发布《关于加快发展现代职业教育的实施意见》（以下简称《实施意见》），绘就北京市职业教育"十三五"发展蓝图。《实施意见》确立了北京职业教育"十三五"时期的总体发展目标：到2020年，形成适应首都城市战略定位和经济社会发展需要，产教深度融合、中职高职衔接、职业教育与普通教育相互融通、学历教育与职业培训有机结合，体现终身教育理念、具有首都特色的国际一流现代职业教育体系。《实施意见》提出到2020年中职教育在校生规模达6万人左右，全市中等职业院校调整到60所左右；开展中、高职与本科教育贯通培养、联合培养改革试点，打通中职、高职教育与应用技术型本科教育的培养渠道。

2018年4月，为了推进《实施意见》的贯彻落实，北京市教委会同市发改委、市财政局、市人力社保局、市政府教育督导室联合发布了《北京职业教育改革发展行动计划（2018—2020年）》（以下简称《行动计划》）。《行动计划》提出要重点建设10所左右特色鲜明、世界一流的职业院校，高水平建设100个左右国内领先、世界一流的骨干专业，重点建设100个左右工程师学院及技术技能大师工作室，每年完成职业技术技能培训100万人次以上。进一步扩大"中职—高职"贯通培养（3+2）规模、"中职—高职—本科"贯通培养（3+2+2）规模。

2020年5月，为贯彻落实《国家职业教育改革实施方案》，北京市教委、市发改委、市人力社保局、市财政局联合发布《关于深化职业教育改革的若干意见》（以下简称《若干意见》），为深化职业教育体制机制改革，实现首都职业教育的"高质量、有特色、国际化"发展，提出了十大政策举措。《若干意见》特别强调：要做优做精首都职业教育，服务"四个中心"建设，适应高精尖产业结构、城市运行与发展、高品质民生需求对技术技能人才的需要；拓宽招生渠道、调控生源结构，合理确定职普比，稳定中职根基；实施"教、学、训、做、评"一体化教学，开展项目制教学改革；统筹协调职业院校的培训资源，大力推行终身职业技能培训制度等。

2. 全面提升中职学生职业素养，打造"一校一品"优秀德育品牌

2016年5月，北京市教育委员会发布《提升中职学生职业素养指导意

见》，提出到2020年通过加强思想品德、心理、体质、艺术、科技、文化、技术等方面的教育，全面提升中职学生职业素养，为学生就业创业和可持续发展奠定扎实的基础。

2020年9月，北京市教育委员会发布《关于加强和改进新时代中等职业学校德育工作的实施意见》（京教职成〔2020〕11号），就加强和改进新时代北京中等职业学校德育工作提出一系列重要举措，要求提升北京职业教育思政和德育工作的整体水平，形成家校企社协同育人的职教德育模式。

"十三五"期间，为了全面提升中职学生职业素养，北京市教育委员会建设并完善中职学生职业素养评价标准和培养体系，运用互联网思维和大数据、云计算等新技术，搭建了"职业素养护照+互联网"服务云平台系统和学生职业素养成长发展大数据系统，在北京市商业学校等16所中职学校开展了职业素养护照试点工作。截至2020年，北京市中职学生职业素养护照管理系统上线学校教师2019人，参与学生8563人。全市学生共获得11678张证书、12014枚证章、460张社会获奖（资格）证书。

"十三五"时期，为了全面加强北京职业院校德育工作，北京市教育委员会先后组织开展了四批职业院校"一校一品"优秀德育品牌创建评选活动，评选出44项职业院校优秀德育品牌，其中，中等职业学校"一校一品"优秀德育品牌32项，占优秀德育品牌总数的73%。

3. 适应北京产业发展需求，优化调整中职教育专业结构

"十三五"时期，北京市围绕高精尖产业发展、高品质民生与城市运行管理的需求，不断调整优化中等职业教育专业机构，五年来北京市中等职业学校共增加203个专业（技能方向），撤销51个专业。通过专业结构调整服务新产业、新业态是近年来北京市中等职业教育专业调整的主要取向和特征，例如，2000年北京市19所中职学校新增45个专业（技能方向），这些新增专业主要包括智慧财税、大数据分析、新媒体运营、智慧物流、智慧机场运行、新能源汽车检测维修、无人机装配维修等。

2017～2018年，北京市教育委员会先后组织过两轮"职业教育与产业发展契合度课题研究",30所职业院校,200多名科研、管理人员和一线教师参与研究。研究结果表明:北京市职业教育专业布局总体上与当前产业结构高度契合。北京职业教育开设的专业主要面向交通运输、信息技术、医药卫生、财经商贸、旅游服务、文化艺术、教育及加工制造等领域,主要集中在第三产业,面向第三产业的专业布点数占全部专业布点数的78%,在校生数占全部在校生的80%,适应了北京市以第三产业为主的产业需求,尤其是对接了北京市大力发展的生产性服务业。[①]

4. 开展职业教育"特高"项目建设,做优做精北京中等职业教育

2018~2020年,北京市启动并开展北京市特色高水平职业院校和骨干专业(群)建设(简称"特高"项目),先后有4所中等职业学校和55个中职专业(群)被列入北京市职业院校特色高水平职业院校和骨干专业(群)建设计划。实施"特高"项目是"十三五"时期北京市为打造一批世界一流的职业院校和骨干专业,做优做精北京职业教育而采取的一项重大举措。

5. 开展"两师"项目建设,推进中职产教深度融合

2018~2020年,北京市启动并开展北京市职业院校工程师学院及技术技能大师工作室建设(简称"两师"项目),北京市中等职业学校先后有31个工程师学院和18个技术技能大师工作室被列入北京市职业院校工程师学院及技术技能大师工作室建设计划。开展职业院校工程师学院及技术技能大师工作室建设旨在引企驻校,在校内建立人才培育、资源共享、技术创新、社会服务四位一体的"产教共同体",是北京市推进职业教育产教深度融合的重要载体和创新模式。

6. 打造中职学生成长立交桥,构建现代职业教育体系

"十三五"时期,北京市持续开展"3+2"中高职衔接办学项目,评审立项了379个"3+2"中高职衔接办学项目,招生24914人(其中技工学

---

① 北京教育委员会、北京教育科学研究院编《北京职业教育与产业发展契合度研究报告》(2017)(未刊稿)。

校招生843人），年度平均招生规模近5000人。有40所中专学校和职业高中参与了"3+2"中高职衔接办学，占现有中专和职业高中学校总数的54.8%，有7所技工学校参与了中高职衔接办学，占现有技工学校总数的25.9%。在非体育、艺术和特教类的中职学校中，中高职衔接专业占在校生专业的比例平均达到63.6%。"3+2"中高职衔接办学项目在统筹中高职发展、促进现代职业教育体系化发展方面发挥了重要作用。①

"十三五"时期，北京市持续推进高端技术技能人才贯通培养试验项目，参与该项目的中等职业学校从2016年的2所、2个专业，年招生177人，扩大为2020年的5所中等职业学校、16个专业，年招生907人。2020年已有760名中等职业学校高端技术技能人才贯通培养试验项目学生顺利转到本科阶段学校学习。

7. 引进国外先进职教模式，深化人才培养模式改革

2015年12月，北京市启动职业院校胡格教育模式改革试验，旨在借鉴德国职业教育先进教育教学经验，探索将人文素养、科学素养、职业素养与职业技能培养高度融合的新型职业教育人才培养模式。有4所中等职业学校的汽修专业成为首批试点专业。2017年4月，经18期共576学时的师资培训，汽修专业胡格教育模式改革试验顺利结束，试验改变了教师们的专业教学思想，改变了课堂教学方法，有效提升了学生学习兴趣和质量②。在汽修专业胡格教育模式改革试验成功经验的基础上，北京市分别于2018年4月和8月发文，先后启动物流专业和数字媒体专业胡格教育模式改革试验项目，2所中等职业学校和6所中等职业学校分别参与物流专业和数字媒体专业胡格教育模式改革试验项目。"十三五"时期，胡格教育模式改革试验在多所中职学校、多个专业的实施，有力地推动了北京市中等职业学校教育教学改革，形成了具有北京特色的职业素养与职业技能培养高度融合的新型职业教育人才培养模式。

---

① 王宇波：《"十三五"时期北京市中高职衔接体系化办学的成效分析》（未刊稿）。
② http://jw.beijing.gov.cn/jyzx/jyxw/201704/t20170418_645509.html。

2019 年，北京市在会计和学前教育两个专业正式启动开展 TAFE 教育模式改革试验项目，引入澳大利亚"能力标准 + 课程体系 + 教学评估"TAFE 教育模式，改革会计专业和学前教育专业传统的课程标准、教学模式和评价方式。北京市昌平职业学校等 6 所中职学校参加了学前教育专业改革试验项目，北京市商业学校等 4 所中职学校参加了会计专业改革试验项目。2019～2020 年，参与 TAFE 教育模式改革试验项目学前教育专业和会计专业的教师分别接受了 12 期和 11 期项目培训，各试验学校在项目培训的基础上开展了基于课堂教学的深度研讨，完成了部分引进课程的本土化改造和教学方式、评价模式的改革，改革成效初步显现。

8. 开展教学成果奖评审奖励，设立职业教育教学改革项目

2017 年北京市教育委员会根据《北京市教育教学成果奖评审奖励办法》，组织开展了全市职业教育和成人教育教学成果奖评选工作，共有 218 项成果获奖，其中特等奖 10 个、一等奖 52 个、二等奖 156 个。获奖成果全面总结和凝练近年来北京市职业教育和成人教育在深化教育教学改革、探索人才培养模式、推进品牌特色专业建设发展、创新教育教学管理制度等方面的典型经验和实践成果。

2019 年 4 月，北京市教育委员会发布《关于公布 2018 年北京市职业教育教学改革项目立项名单的通知》（京教函〔2019〕163 号），确定 208 项北京市职业教育与成人教育教学改革项目，其中中等职业学校立项 81 个，项目研究期限均为 3 年。本次教改立项旨在助推各项目申报单位以项目为抓手，推动教育教学综合改革，探索职业教育人才培养的新机制、新模式、新举措。

9. 多措并举强化质量保障措施，提升中职教育人才培养质量

2016 年北京市教育委员会同市政府教育督导室、市教科院、市职教学会组成 9 个调研组面向全市 48 所公办中等职业学校开展课堂教学诊断调研。9 个调研组共听课 2289 节，覆盖中职教师 2098 名，约占北京市 48 所公办中职学校专任教师的 33%，20726 名学生参与评教，约占北京市 48 所公办中职在校生的 27%。此次课堂教学诊断通过大规模调研，积累了大量鲜活的、

来自教学一线的听课记录、学生问卷、评价分析，为教育教学改革提供了更多的数据和例证，为精准引导学校发展提供切实有效的信息和根据。

2019年北京市教育委员会组织开展了"职业院校人才培养方案制定和实施现状诊断与改进专项调研"活动，诊断专家团队按照《关于职业院校专业人才培养方案制订与实施工作的指导意见》相关要求，从培养目标、职业面向与培养规格、课程体系及进程安排、毕业条件、实施保障、制度文件、文本质量、特色创新等八个方面，对北京市42所中等职业学校提交的405份人才培养方案和1241份教学管理制度进行了诊改调研，总结了经验与成绩，揭示了问题与不足，指明了改进方向与建议。

2016~2020年，北京市建立起了中等职业教育质量年度报告制度。北京市教育委员会委托北京教科院职教所负责组织北京市各个中等职业学校编制中等职业学校教育质量年度报告，组织北京市各区教育行政部门编制各区中等职业教育年度报告。在中等职业学校质量年度报告和各区中等职业教育年度报告的基础上，组织编制北京市中等职业教育质量年度报告。中等职业教育质量年度报告制度的建立，是"十三五"时期北京市在构建中等职业教育质量保障体系方面的一项突破。

10. 推动京津冀职教协同发展，多点对口帮扶助力脱贫攻坚

"十三五"时期，北京市积极推进京津冀职业教育协同发展。2017~2020年，每年北京市都有30多所职业院校与河北省开展校际合作，涉及河北省全部11个地级市近百所职业院校。北京市派遣干部教师1389人次，支援合作地干部教师来京挂职35人次，支援合作地干部教师来京跟岗177人次，支援合作地干部教师来京培训2590人次，支援合作地学生来京访学4427人次，支援合作地学生来京参加活动373人次，北京职业院校到支援合作地举办短期培训6900人次，北京院校面向支援合作地开展学历教育（计划内项目）的在校生、招生、毕业生数分别为683人、648人和377人，促进支援合作地产教融合项目33个[①]。

---

① 侯兴蜀：《北京市"十三五"期间职业教育京津冀协同发展研究报告》（未刊稿）。

"十三五"时期，北京市中等职业学校还重点对河北、内蒙古、青海、云南、宁夏、新疆等10多个地区的职业教育开展了对口帮扶工作。2020年，北京市中等职业学校完成114个帮扶项目，派遣干部教师赴扶贫协作地区128人次，接待学生来京访学825人次，在扶贫支援地开展扶贫培训2918人次，招收扶贫协作地学生256人，完成职业教育干部教师来京挂职、跟岗和培训506人，疫情期间向扶贫协作地提供11门专业线上课程，北京市中等职业学校多点对口帮扶有力促进了这些贫困地区的脱贫攻坚。①

（三）面临的问题

1. 招生不足将持续存在

"十三五"时期，北京市中等职业教育招生数量总体上呈现下降趋势，从2016年的35483人下降为2020年的26133人，降幅达到26.35%。

依据教育部发布的《中等职业学校设置标准》（2010版）中有关师生比1∶20的标准，以2020年北京市有专任教师7407人来测算，2020年北京市中等职业学校在校生应达到148140人，如果统一按照学制3年计算，2020年北京市中等职业学校招生数量应达到49000多人。然而，2020年北京市中等职业学校实际招生人数为26133人，仅为应招生人数的53%。

按照2012~2016年北京市户籍小学生招生人数可以大体测算出2021~2025年北京市户籍初中生毕业人数。如果按照职普比3∶7和2∶8两种口径测算②，可以大致测算出"十四五"时期北京市中等职业教育每年招生人数，测算结果如表9所示。

---

① 北京市中等职业教育质量年度报告编委会：《2020年北京市中等职业教育质量年度报告》，开明出版社，2021，第79页。
② "十三五"时期北京市高中阶段教育招生职普比大致保持在3∶7的水平。随着现代职业教育体系的完善，高等职业教育的发展以及初中毕业生学生升学意愿的增强，"十四五"时期北京市高中阶段教育招生职普比有可能下降至2∶8的水平。

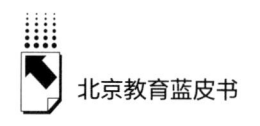

表9 "十四五"时期北京市中等职业教育每年招生人数测算

单位：人

年份	2021年	2022年	2023年	2024年	2025年
预测北京市户籍初中生毕业人数	74550	90917	98016	99685	99411
按照职普比3∶7预测中职招生数	22365	27275	29405	29906	29823
按照职普比2∶8预测中职招生数	14910	18183	19603	19937	19882

资料来源：北京市教育委员会发展规划处编《北京市教育事业统计资料》（2012~2013、2013~2014、2014~2015、2015~2016、2016~2017学年度）。

以上测算数据显示，"十四五"时期北京市中等职业教育每年招生人数最多不会超过30000人，这距北京市中等职业学校招生应达到的数量仍有一定的距离。显然，招生不足将是"十四五"时期北京市中等职业教育面临的重要问题。

2. 社会培训功能亟待强化

在学历教育招生不足的情况下，北京市中等职业教育需要育训并举，大力强化社会培训功能，拓展事业发展空间。然而，由于许多中等职业学校在办学理念上仍固守以学历教育为主体的传统办学理念，没有将社会培训视为自身的重要办学职责，学校内部的体制机制不适应育训并举的办学格局要求，缺乏激励教师积极从事社会培训的有效机制，北京市中等职业学校的社会培训潜力尚未充分发挥出来。

3. 人才培养定位面临调整

长期以来，中等职业教育人才培养目标主要定位于就业。然而，随着北京市产业升级对高层次技术技能人才的需求越来越旺，中职学生升学意愿也不断提升，有越来越多的中职毕业生不是选择就业而是选择升学，据调查2020年北京市中等职业学校学生升学率已达到73.31%[1]。北京市中等职业教育面临着由以就业教育为主向职业基础教育转型发展的任务，人才培养定位主要不再是就业导向，而是为学生升入高一级职业院校打好文化基础和专

---

[1] 北京市中等职业教育质量年度报告编委会：《2020年北京市中等职业教育质量年度报告》，开明出版社，2021。

业技能基础。北京中等职业教育人才培养定位的这种基础性转向，将要求"十四五"时期中等职业教育课程教学进行整体性、系统性的改革与调整。

4. 人才培养质量有待提升

受生源、师资、设备等多方面因素的影响，目前北京市中等职业教育人才培养质量与北京市经济社会发展的要求，及学生、家长的期待还有一定的差距。2020年6月，北京市教育委员会、北京市发展和改革委员会、北京市人力资源和社会保障局、北京市财政局联合发布的《关于深化职业教育改革的若干意见》特别强调，要"做优做精首都职业教育"，实现首都职业教育的"高质量、有特色、国际化"发展。不断提升人才培养质量，促进中等职业教育高质量发展将成为"十四五"时期北京市中等职业教育改革与发展的核心主题。人才培养质量的提升涉及学生、教师、课程、教学、设施设备、校企合作、学校管理等方面面面，需要统筹推进、综合改革。

二 北京市中等职业教育发展"十四五"展望

2021年1月，北京市第十五届人民代表大会第四次会议批准了《北京市国民经济和社会发展第十四个五年规划和二〇三五年远景目标纲要》（以下简称《纲要》），明确了"十四五"时期北京市经济社会发展的总体思路、具体目标和主要任务，为谋划"十四五"时期北京市中等职业发展提供了政策指引与依据。

《纲要》在"十四五"时期北京市经济社会发展的主要目标方面提出了六个"提升"的目标：首都功能明显提升；京津冀协同发展水平明显提升；经济发展质量效益明显提升；生态文明明显提升；民生福祉明显提升；首都治理体系和治理能力现代化水平明显提升。

《纲要》明确了"十四五"时期北京市产业发展的基本思路：按照"稳住二产、发展高端、加强融合"的思路，坚持产业基础高级化、产业链现代化，大力发展战略性新兴产业，推动高端制造业和现代服务业深度融合，筑牢以实体经济为根基的高精尖经济结构，塑造具有全球竞争力的"北京

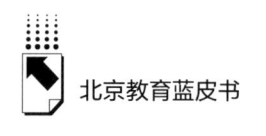

智造""北京服务"。

《纲要》还对"十四五"时期北京市职业教育发展提出了总体思路和要求：增强职业技术教育适用性。坚持面向市场、服务发展、促进就业，扎实构建符合首都功能的现代职业教育和培训体系，实现首都职业教育高质量、特色化、国际化发展。开展产教融合试点，精准对接高精尖产业、文化创意产业和城市运行服务保障行业紧缺人才需求，支持国内外龙头企业与职业院校共建100个左右工程学院及技术技能大师工作室。打造15个左右职教集团和若干世界技能大赛集训基地。推进现代学徒制和"1+X"职业技能等级证书试点。

结合北京市中等职业教育发展的现状与"十四五"时期北京市经济社会发展的形势与要求，现对"十四五"时期北京市中等职业教育发展提出如下建议。

（一）整合办学资源，推动北京市中等职业教育内涵式发展

鉴于招生不足仍将成为未来一个时期北京市中等职业学校办学面临的一个重要问题，"十四五"时期，北京市中等职业教育需要进一步整合全市办学资源，按照《北京市人民政府关于加快发展现代职业教育的实施意见》（京政发〔2015〕57号）的要求，将全市中等职业学校数量由2020年的110所整合压缩到60所左右，将全市中等职业学校在校生数量由2020年的73113人压缩到60000人左右，推动北京市中等职业教育内涵式发展。

（二）调整办学定位，推动北京市中等职业教育转型发展

1. 推动中等职业学校由以学历教育为主向育训并举转型发展

由于"十四五"时期，北京市中等职业学校学历教育仍存在招生不足的问题，因此中等职业学校在稳定学历教育规模的同时必须大力强化学校社会培训功能，面向在校学生、在职职工、现役退役军人、新型职业农民、家政从业人员、保育员等群体开展有针对性和实用性的职业培训，形成育训并

举的办学新格局。为此，需要强化落实 2019 年 10 月教育部办公厅等十四部门联合印发的《职业院校全面开展职业培训 促进就业创业行动计划》（教职成厅〔2019〕5 号）要求，深入推进中等职业教育办学理念与办学体制改革。

首先，中等职业学校管理者要树立大职教观，将社会培训纳入学校办学目标，增强开展社会培训的积极性和主动性。其次，深化学校内部绩效评价制度改革，将教师承担社会培训工作情况纳入教师工作绩效考核指标，将教师承担社会培训工作量按一定比例折算成全日制学生培养工作量，并予以物质和精神上的奖励。最后，政府主管部门加快出台增强中等职业学校培训功能的激励政策，对承担社会培训任务较重的职业院校，在原总量基础上及时核增所需绩效工资总量。

2. 推动中等职业学校学历教育由就业导向教育向职业基础性教育转型发展

随着现代职业教育体系的建设，中等职业教育在整个职业教育体系中将处于基础性地位，中等职业教育的人才培养定位将由以就业教育为主向以职业基础教育为主兼顾就业的方向转变，中等职业教育人才培养任务将转向主要为高层次技术技能人才培养奠定坚实的文化基础和技能基础。为此，需要深入推进中等职业学校开展以夯实文化基础和技能基础为重点的课程与教学改革。

第一，在现代职业教育体系的整体框架下重新思考中等职业教育课程体系的定位，对接专科高职或本科高职人才培养需要，改革调整中等职业教育课程体系。第二，切实强化中等职业学校公共基础课教学，开齐开足公共基础课。面对中等职业教育学生文化基础普遍较为薄弱的问题，在公共基础课各科教学中应采取"以新带旧"的方式，在教授新课的同时渗透相关知识基础的巩固复习，有效提升中等职业学校公共基础课的教学质量。第三，中等职业学校专业课教学以培养学生具备专业基础理论与行业基础技能为重点，强化行业通用基本技能的训练与培养，为毕业生升学或就业打下坚实的技能基础。

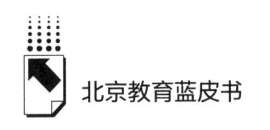

（三）深化综合改革，推动北京市中等职业教育高质量发展

其一，以立德树人为宗旨，开展"思政课程"和"课程思政"育人模式探索试验，构建"三全育人"大思政格局。其二，以工程师学院建设、技术技能大师工作室建设、职业教育集团建设、现代学徒制试点、"1＋X"职业技能等级证书试点为工作抓手，大力深化产教融合、校企合作，构建校企双主体育人模式。其三，以《职业教育专业目录（2021年）》为指引，对接专科高职与本科高职人才培养需要，调整中等职业教育人才培养标准和重构各专业课程体系，大力强化中职学生的文化基础和技能基础。其四，依托职业院校教师企业创新实践基地，严格执行专业课教师每5年必须在企业实践1年以上的制度，培养大批高素质"双师型"教师队伍，有效提升"双师型"教师在专任教师中的占比。其五，以"TAFE教育模式改革试验"和"胡格教育模式改革试验"为抓手，继续深化职业教育国际合作，总结、推广"十三五"时期这两项改革试验成果，推进中等职业教育课堂教学模式改革。其六，以中等职业学校为主体开展教学工作诊断与改进工作，健全中等职业学校教学质量内部保障体系，形成中等职业学校人才培养质量自我诊断、自我改进的有效机制。

参考文献

徐国庆：《中等职业教育的基础性转向：类型教育的视角》，《教育研究》2021年第4期。

李政：《谋高质量发展 为现代化奠基——我国职业教育"十三五"回顾与"十四五"展望》，《中国职业技术教育》2021年第10期。

周凤华、杨广俊：《新时代中等职业教育高质量发展研究》，《中国职业技术教育》2020年第30期。

B.5
北京高等教育发展回顾、形势与要求展望

杨振军 王铭*

摘 要： "十三五"时期，北京高等教育在空间布局调整、师资队伍建设、教育教学改革、稳定就业、科技创新以及质量保障等方面都取得了积极进展，实现了更高水平的普及化，在促进高校分类发展、人才培养模式改革、创新体系建设以及审核评估工作开展等方面采取了系列创新举措，积累了有益经验。"十四五"时期，面对新的形势与要求，北京高等教育需从全面落实立德树人根本任务、促进分类发展、完善治理体系和提升治理能力、改革评价制度、深化产教融合、改革人才培养模式、优化创新体系、提升科技创新和社会服务能力等方面着力，引领全国高等教育改革，率先实现高质量发展。

关键词： 高等教育 "十三五" "十四五" 北京市

一 北京高等教育"十三五"时期的成就与举措

"十三五"时期北京高等教育深入贯彻党的十九大精神，以习近平新时

---

* 杨振军，博士，北京教育科学研究院高教所副所长、副研究员，主要研究领域为高等教育政策、质量监测与评估等；王铭，博士，北京教育科学研究院高教所副研究员，主要研究领域为高等教育评估监测与改革发展。

代中国特色社会主义思想为指导，全面贯彻党的教育方针，进一步深化高等教育综合改革，全面落实立德树人根本任务，坚持内涵式发展、特色发展、差异化发展，不断提升人才培养质量和科技创新能力，为北京"四个中心"建设提供了有力的人才和智力支撑。

（一）"十三五"时期取得的成就

1. 实现更高水平的普及化

北京在全国率先实现了高等教育普及化。"十三五"以来，北京高等教育普及化程度持续提高。到2020年，北京普通高校在校生总规模达到了97.8万人，其中，研究生在校生38.67万人，普通本科在校生51.8万人，高职高专在校生7.3万人（见图1）。从招生规模来看，与"十二五"末期相比，研究生、本科生的招生规模均实现了稳步增长，其中，研究生招生规模增长较快，较"十二五"末增长了40.7%，本科生招生规模增幅相对较小。与此同时，高职高专学生规模却略有下降（见表1）。在普及化程度稳步提高的同时，"十三五"时期，北京高等教育聚焦内涵式建设，不断提升普及化质量和水平，努力满足广大市民对高质量高等教育的需求。

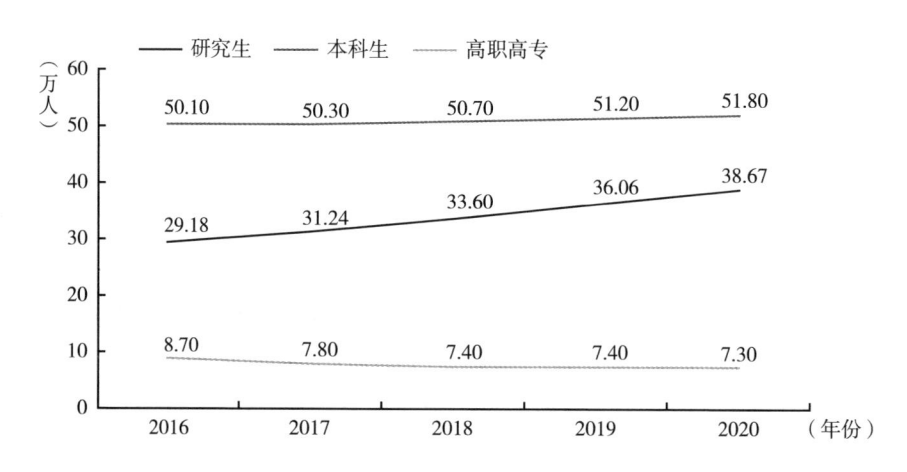

图1　"十三五"时期北京普通高校在校生数变化情况

资料来源：除特别注明外，均出自历年《北京教育事业统计资料》。

表1　北京高等教育"十二五"末与"十三五"末的规模比较

单位：万人

项目		2015年	2020年
研究生	招生数	9.5	13.4
	毕业生数	8.0	11.0
	在校生数	28.38	38.67
本科生	招生数	12.6	13.4
	毕业生数	11.5	12.2
	在校生数	49.6	51.8
高职高专	招生数	3.1	2.6
	毕业生数	3.7	2.6
	在校生数	9.8	7.3

2. 空间布局调整取得突破性进展

"十三五"时期，北京严格落实《北京城市总体规划（2016年—2035年）》，将非首都功能疏解和推动京津冀协同发展作为高校提升发展的机遇，不断优化高等教育布局，高等教育空间布局调整取得重要进展。这一时期，北京工商大学、北京城市学院、北京建筑大学等市属院校分别从中心城区迁入顺义、良乡、大兴新校区。北京理工大学、北京中医药大学、北京师范大学、中央财经大学、北京化工大学等中央部属高校的部分办学向沙河、良乡高教园区转移，北京电影学院怀柔新校区、中国人民大学通州新校区建设也在加紧推进。通过高等教育资源的有序疏解，北京已基本实现了区区有高校，部分受空间面积限制的高校获得更加广阔的发展空间。此外，北京高校还积极支持雄安大学建设，通过构建大学联盟等方式推动京津冀高等教育协同发展，在区域大格局中寻求新的发展机遇。

3. 师资队伍结构持续优化

"十三五"时期，北京高校高度重视人才队伍建设，坚持引培并举、德艺并重，加大高层次拔尖人才的引进培养力度，重视专业带头人和中青年骨干教师的培养，不断优化师资队伍结构，形成了一支数量规模满足需求、结构更趋合理、发展态势良好的教师队伍，为高校教育教学质量提升提供了坚强有力的支撑和保障。2020年，北京高校专任教师总规模达到6.6万人（见图2），比2015年增加0.6万人，提高了10%。这一时期，高校生师比呈现了先升后降的趋势，先由2016年初的17.2上升至2018年的21.1，之后快速下降到2020年16.6的水平，大大低于教育部的基本办学条件标准。

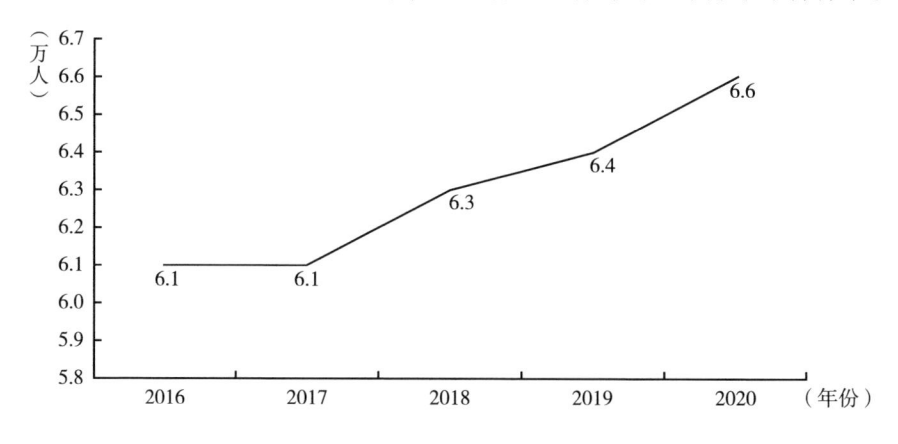

图2 "十三五"时期北京普通高校专任教师数变化情况

与此同时，高校教师队伍结构也呈现不断优化的态势。2020年，北京高校具有博士学位的教师占比达到75.3%（见图3），比"十二五"末的56.1%提升了19.2个百分点；高级职称教师占比达68.2%，比"十二五"末的60.8%提升了7.4个百分点；这一时期，北京高校中"双师型"教师、具有工程背景和行业背景的教师队伍也得到了逐步扩充（见图4），极大地满足了实践教学的需要。各高校还下大力气配足思政教师、辅导员以及各类管理服务人员，积极推进协同育人工作。教师队伍规模的不断扩大和师资队伍结构的持续优化，为北京高等教育的高水平普及化提供了有力支撑。

4. 高校发展定位进一步明确

党的十八大以来，北京高校全面深入贯彻习近平总书记关于北京工作的指示和关于教育的重要论述，毫不动摇地坚持社会主义办学方向，坚决贯彻落实党委领导下的校长负责制，以党的政治建设为统领，认真履行管党治党、办学治校主体责任，党对高校的全面领导进一步加强。北京高校坚持立足北京、服务北京、融入北京，主动对接国家和北京市经济社会发展的战略

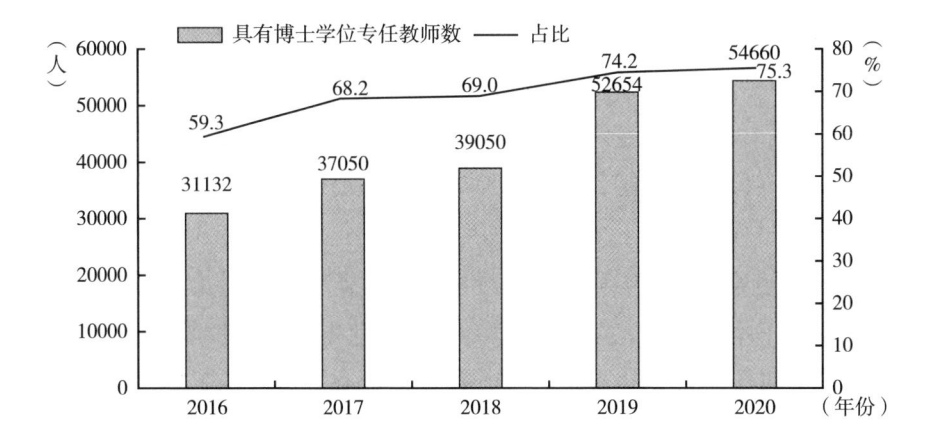

图3 "十三五"时期北京普通高校具有博士学位专任教师数及占比变化情况

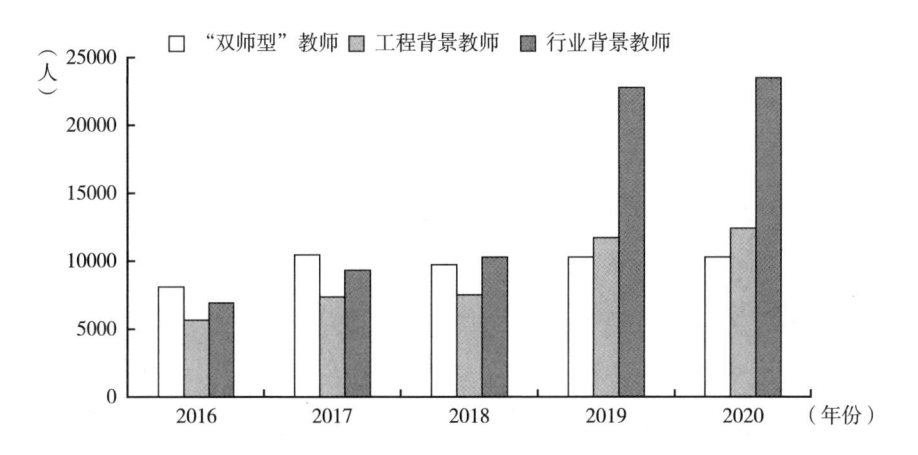

图4 "十三五"时期北京普通高校"双师型"教师和具有工程背景和行业背景教师数量变化情况

需求，优化学科专业布局，加强"高精尖"创新人才和各类高水平应用型人才培养，为北京"四个中心"建设、京津冀协同发展、"一带一路"、冬奥会等重大战略任务提供有力支撑和保障。在政策的有力推动下，北京市属高校也进一步明确高水平研究型、高水平特色型、高水平应用型和高水平技能型大学四类办学定位，高校分类发展进入了实质推进阶段，加快推动北京高校在不同层次、不同学科和不同领域争创一流。

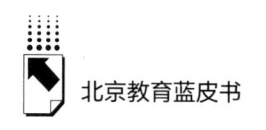

5. 教育教学改革向纵深推进

"十三五"时期，北京高校全面落实中共中央办公厅、国务院办公厅印发的《关于深化新时代学校思想政治理论课改革创新的若干意见》、"新时代全国高校本科教育工作会议"的有关精神，把思想政治教育贯穿高水平本科教育全过程，以"六卓越一拔尖"计划、一流本科专业建设、基础学科拔尖人才培养、一流本科课程建设以及"四新"建设等为抓手，全面落实立德树人根本任务，坚持五育并举，系统深化本科教育教学改革。"十三五"时期，北京高校思想政治教育工作显著加强，课程思政教学体系、教材体系、学科体系完善工作取得明显进展，"三全育人"综合改革日益走向深入。北京市属高校启动实施"双培""实培""外培"计划，积极与在京央属高校开展高水平人才交叉培养，与企业联合深化产教融合，与国外高校广泛开展国际合作，协同育人渠道得到拓展。这一时期，在北京高校中，逐渐形成了一批以荣誉学院、"5+3"等为代表的创新拔尖人才培养模式，以"3+1""2+2""1245"框架体系、通识教育+专业教育+创新创业教育"三位一体"等为代表的高水平应用型人才培养模式，以及多个跨学科领域交叉的复合型人才培养新模式。"十三五"时期，各高校积极发展"互联网+教育"、探索智能教育新形态，鼓励教师开展"以学生为中心"的教学模式创新，促进翻转课堂、混合式教学等新型教学方式更加广泛地推广。北京高校教学信息化水平的不断提升，也为抗疫时期高教战线"停课不停学"打下了坚实基础。

6. 高校毕业生就业保持稳定

"十三五"时期，北京高校毕业生规模总体呈现稳步增长的趋势，与复杂的国内外经济形势相交织，高校毕业生稳就业压力逐年加大。2020年，北京普通高校毕业生总规模达28.4万人，较"十二五"末增加了1.6万人。面对严峻的就业形势，北京高校通过引导学生更新择业观念、推动创新创业、提升就业能力、做好困难毕业生就业帮扶等针对性举措，实现了毕业生就业工作的总体稳定。2016~2019年，北京地区高校毕业生总体就业率保持在95%以上的较高水平（见图5）。2020年，面对新冠肺炎疫情的冲击，北京更是打出了促进高校毕业生就业的"组合拳"，有效保障了"稳就业"大局。

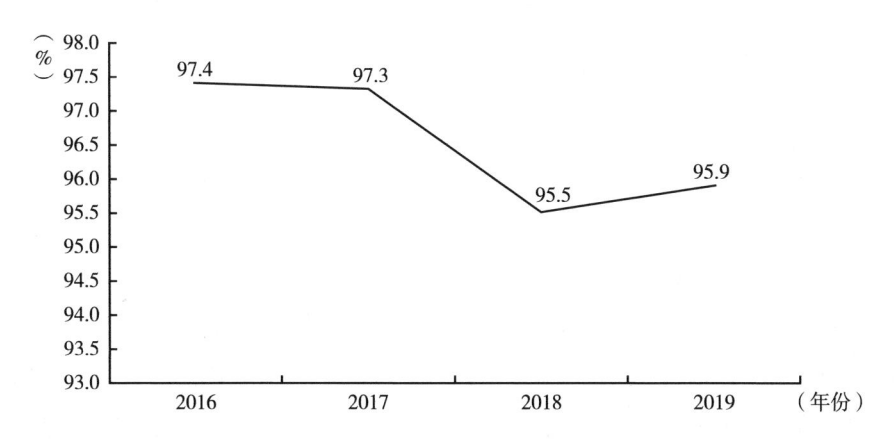

图5 "十三五"时期北京地区高校毕业生总体就业率变化情况[①]

7. 科技创新能力进一步提升

"十三五"时期，北京坚持问题导向和需求导向，围绕国家重大战略需求和北京城市战略定位，加快推进一流大学和一流学科建设，强化高精尖创新中心、北京实验室、科技成果转化中心、人文社科研究中心等创新平台体系，统筹学科方向布局，促进基础研究和应用研究协调发展，推进产教融合，高校科技创新能力和社会服务能力不断提升，产出一批创新性的成果。2019年，北京高校年发表科技论文13.1万篇，年专利申请2.0万件，有效发明专利5.9万件，专利所有权转让及许可402件，分别较"十二五"末有了较大增长，增长率分别达10.2%、48.5%、56.4%和33.1%。"十三五"时期，北京高校的"复杂机场高精度飞行校验技术及装备""中国民航数字化协同管制新技术及应用""大功率高速机电复合传动技术与装置""高性能特种粉体材料近终形制造技术及应用"等多个项目成果获得国家技术发明奖和国家科技进步奖。2020年，面对突如其来的新冠肺炎疫情，北

---

① 《北京地区高校毕业生就业质量年度报告》（2016～2019年）。

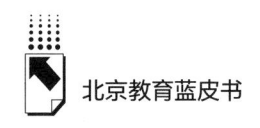

京实验室、北京高校高精尖创新中心等科技创新平台的广大科研人员，迎难而上、加速攻关，为打赢疫情防控阻击战提供更多科技支撑。

8.高标准高质量完成本科教学工作审核评估

为贯彻落实《教育部关于普通高等学校本科教学评估工作的意见》（教高〔2011〕9号）和《教育部关于开展普通高等学校本科教学工作审核评估的通知》（教高〔2013〕10号）的精神和要求，"十三五"时期，北京市教育委员会、北京市人民政府教育督导室分三个批次，高标准高质量地完成了北京市属21所高校的本科教学审核评估工作。作为推动高等教育内涵式发展的有力抓手，北京市属高校本科教学审核评估工作坚持"首善标准"，高起点定位、精细化组织、严格过程管理，取得了良好的反响。审核评估工作对于高校更新教育教学观念、巩固本科教育基础地位、强化办学特色都发挥了有力的引导作用，对于高校内部质量保障机制完善和质量文化建设也产生了有力的促进作用。

（二）"十三五"时期采取的创新举措

"十三五"时期，北京聚焦全面落实立德树人根本任务、提升高等教育对于国家和北京市经济社会发展的综合支撑能力，采取了促进分类发展、联合培养人才等系列创新举措，有力促进了北京高等教育的高质量发展。

1.促进高等教育分类发展

进入21世纪以来，随着我国高等教育逐步向大众化、普及化阶段迈进，高等学校分类发展成为迫切需要研究和解决的现实问题。"十三五"时期，北京高等教育确立了内涵式发展、特色发展、差异化发展的总体思路，逐一研究并明确市属高校办学定位，并出台《北京市属公办本科高校分类发展方案》，将北京高校明确划分为高水平研究型、高水平特色型、高水平应用型、高水平技能型四种类型，推动其在不同层次、不同学科和不同领域办出特色、争创一流。

2.持续实施"实培""外培""双培"计划

深入推进协同育人，北京启动了"实培""双培""外培"计划。"实培"计划通过本科教育教学重点实验室建设及共享实习实训基地建设，极大拓展实践教学资源，有效提升了学生实践创新能力。"双培"计划通过大力支持北京学院建设，鼓励高等学校强强联合培养人才，促进学生跨校成长成才。"外培"计划则探索了国际化人才培养新模式，培养具有国际视野和多元文化交流能力的专门人才。

3. 统筹推进北京市一流专业建设

为推动高校整合办学资源、优化专业结构、强化优势特色，建成一批强势专业、行业急需专业、新兴交叉复合专业，在积极响应国家一流大学、一流学科建设的基础上，北京市针对本科高校专业，2017年启动一流专业建设，首批在市属高校遴选50个左右一流专业进行重点建设。其中，每个专业建设周期为5年，理工农医类专业每年支持600万元，其他类专业300万元。2019年，实施北京高校第二批一流专业遴选建设，进一步将央属院校纳入统筹考虑，共面向在京部属高校和市属高校遴选了100个重点建设一流专业进行建设。北京一流本科专业遴选与建设对于引导高校重视本科教育教学工作、不断提升人才培养质量、强化办学优势和特色等产生了积极效果。

4. 打造高精尖创新中心

为加快打造高水平创新团队，提升承担国家和本市重大项目及工程的能力，形成一批重大原始创新成果，"十三五"时期北京市共认定22个北京高等学校高精尖创新中心。高精尖创新中心研究范围涵盖工程科学与新兴技术、未来芯片技术、大数据科学与脑机智能、智能机器人与系统、软物质科学与工程等领域。北京市财政对高精尖创新中心按照项目建设周期给予支持，5年为一周期，每年给予每个中心5000万~1亿元的经费投入。原则上不低于70%的经费额度要用于国际创新人才的聘用、国内创新人才资源的整合。经过"十三五"时期的建设，北京高精尖创新中心聚拢一大批高水平科研人才，均产出一批高水平科研成果。

5. 建设高精尖学科

为进一步推动高校学科建设水平提升，2019年，北京启动高校高精尖学科建设，首批遴选53所高校99个高精尖学科，每个学科在建设周期内按

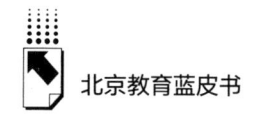

照最高5000万元的总额予以支持,引导高校切实把学科建设与学校的整体发展和能力提升结合起来,探索学科建设新路径,努力形成一批国际或国内一流的优势特色学科以及新兴前沿交叉学科,繁荣一批人文社会学科,更好地服务于首都"四个中心"、世界一流和谐宜居之都建设。

6. 研制北京版本科教学工作审核评估方案

在教育部方案基础上,北京市立足实际,按照"首善标准",形成了具有北京特色的本科教学工作审核评估方案。方案坚持了主体性、目标性、多样性、发展性和实证性五项基本原则,考察重点在教育部方案"四个度"的基础上,结合北京市实际增加了专业定位、建设和人才培养目标的达成度,成为"五个度"。在教育部方案设定的评估范围基础上,北京方案结合实际进行了适当优化调整,新增1个审核要素和15个审核要点,补充完善1个审核要素和6个审核要点。评估范围做到了六个突出,即突出高等教育立德树人的根本任务,突出人才培养的中心地位,突出以学习者为中心的人才培养模式要求,突出教师队伍建设的根本保证,突出服务区域经济社会发展的导向,突出本科教学质量保障体系"评价—反馈—改进—提升"的闭环管理。

7. 打造高校大学生创业孵化体系

创新创业是党和国家的重要政策和导向,为了落实国家政策,北京市颁布《北京高校高质量就业创业计划》等一系列文件,为大学生提供创业指导与孵化服务,促进大学生实现高质量就业创业。通过不断建设,北京市形成"一街三园多点"的高校大学生创业教育和创业孵化体系,其中"一街"即"中关村大学生创业一条街","三园"分别指的是良乡高教园、中关村软件园和北京高校大学生就业创业大厦这三个市级大学生创业园,"多点"为大学生创业园高校分园,到2019年已达25个。北京地区高校大学生创业孵化体系,业已成为首都大学生创新创业的重要支撑载体。

二 "十四五"时期面临的形势与要求

"十四五"时期是"两个一百年"奋斗目标的历史交汇期,也是我国开启全面建设社会主义现代化国家新征程、向第二个百年奋斗目标进军的第一个五年。这一时期，外部环境复杂严峻，国家改革发展面临前所未有的挑战，对于人才和科技创新提出了更高的要求。"十四五"时期，首都"四个中心"建设也进入了新的阶段，北京高等教育发展的内外部环境都发生了深刻改变，许多新的时代命题需要北京高等教育回答。

（一）信息化智能社会到来

当今世界，以人工智能、量子信息、移动通信、物联网、区块链等为代表的新一代信息技术加速应用，正在深刻改变人类的生产生活方式，以信息技术为代表的新一轮科技革命方兴未艾，产业变革正在重构全球创新版图、重塑全球经济结构。为在新一轮科技竞争和产业变革中抢占先机，创新被摆在了我国现代化建设全局中的核心位置，加快推进"互联网＋"行动计划，大力发展新兴业态，推动新一代信息技术与现代制造业、生产性服务业等的融合创新，促进国民经济提质增效升级。作为培养创新人才的重要基地和基础研究、原始创新的主力军，高校应在人工智能、量子信息、移动通信、物联网、区块链等基础前沿和战略性领域率先突破，成为国家创新体系建设的重要力量。面对"互联网＋"等新的需求，高校也要及时明确人才培养规格，调整升级学科专业，改革人才培养模式，加快培养各类紧缺人才。同时，高等教育自身也应加快建设智慧教育，以新一代信息技术来支撑服务教育教学。

（二）经济发展形势复杂严峻

"当今世界正处于百年未有之大变局"。受新冠肺炎疫情、大国博弈以及逆全球化浪潮的影响，全球经济复苏前景充满了不确定性，我国经济发展面临巨大的下行压力。"十三五"时期，受全球经济下行和营改增收入划分改革、大规模减税降费、主动实施减量发展等政策的持续影响，加上2020年突发疫情的冲击，北京财政收入增速逐年放缓，财政收支平衡面临空前的

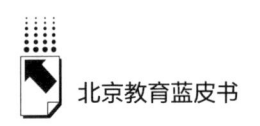

压力[1]。可以预见的是，随着非首都功能疏解以及雄安新区建设的加快推进，在京企业及分支机构等的迁移势必对北京市的产业发展、财政收入的格局产生重大影响，而城市副中心建设、举办冬奥会、改善民生、优化公共服务等刚性支出持续增加，财政收支平衡的压力短期内有增无减。北京高等教育必须做好继续"过紧日子"的准备，更加精打细算地谋求新发展。

（三）京津冀协同发展深入推进

京津冀协同发展是以习近平同志为核心的党中央在新的历史条件下作出的重大决策部署，"十三五"时期，京津冀协同发展在产业疏解、交通一体化、环境保护等领域取得了重要进展。"十四五"时期，京津冀地区面临着提升国际竞争力和影响力，引领和支撑全国经济社会发展的艰巨使命，以及协同发展将进一步走向深入的问题。高等教育凭借其在人才培养、科技创新和社会服务等方面的独特功能，成为京津冀协同发展的重要资源整合对象和战略支撑力量，高等教育协同发展成为推进京津冀协同发展的必然要求。"十三五"时期，京津冀高校在组建集团或联盟、校长挂职、师资研修、学生联合培养、专业共建、实训基地共享、科研教研等方面进行了一些探索，也取得了一定的积极效果，但是这些偏形式化的合作与社会期待有较大差距，资源整合优化的广度和深度有待加强，这与《京津冀协同发展规划纲要》提出的一体化目标仍有较大差距[2]。如何真正发挥"1+1>2"的协同效应，实现区域高等教育创新发展成为重要课题。

（四）推动高等教育高质量发展

党的十九大报告明确了中国特色社会主义进入新时代的历史方位，提出了我国社会主要矛盾已经转化为人民日益增长的美好生活需要和不平衡不充

---

[1] 北京市财政局办公室：《北京财政收支保持稳定年均增速3%，收入质量和效益持续提升》，《北京日报》2021年1月28日。
[2] 张喜才、房风文：《基于利益相关者的京津冀高等教育协同发展机制构建》，《中国成人教育》2019年第20期。

分的发展之间的矛盾的科学判断，提出优先发展教育事业，把建设教育强国作为实现中华民族伟大复兴的基础工程。在这一时代背景之下，中国高等教育面临的主要矛盾，也相应地转变为人民日益增长的对公平优质高等教育的需求与其发展不平衡不充分之间的矛盾。推进高质量教育体系建设成为"十四五"时期我国教育改革发展的重要统领。

对于北京高等教育而言，不平衡不充分的矛盾仍然较为突出。一方面，央属高校与市属高校发展的不平衡，公办与民办高校的不平衡，本科教育与高职教育的不平衡，以及教育实力与城市定位发展的不平衡等表现明显；另一方面，高校办学空间不足、体制机制不畅、办学活力等仍然束缚发展，人才培养质量、科技创新能力、社会服务能力与经济社会发展的需要，仍有较大差距。"十四五"时期，北京高等教育发展已经进入普及化的高级阶段，进一步提升北京高等教育现代化水平，必须全面分析和把握北京高等教育发展中的不平衡不充分问题，率先建设高质量教育体系，全面支撑中国特色和谐宜居之都建设。

三 北京高等教育"十四五"发展展望

展望"十四五"时期，北京高等教育要准确把握新发展阶段，深入贯彻新发展理念，以办好人民满意的教育作为工作的出发点和落脚点，全面落实立德树人根本任务，构建更加开放多元的高等教育体系，优化结构、强化内涵，进一步提高高等教育普及化发展水平，提升科技创新能力和社会服务水平，努力实现高质量发展。

（一）全面加强党的领导，落实立德树人根本任务

习近平总书记指出，"办好我国高等教育，必须坚持党的领导"，党的全面领导是新时代推进高校改革和发展的根本保证。"十四五"时期，北京高等教育系统要全面贯彻落实习近平新时代中国特色社会主义思想和党的十九大精神，坚持党的政治引领，始终把立德树人成效作为检验高校一切工作

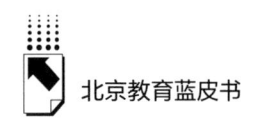

的根本标准,坚持五育并举,按照首善标准,培养全面发展的社会主义建设者和接班人与担当民族复兴大任的时代新人。

(二)完善配套措施,深入推进高等教育分类发展

促进高校分类发展成为北京迫切需要解决的现实问题,《北京市属公办本科高校分类发展方案》的出台对于市属高校加快内涵式发展、特色发展、差异化发展产生了有力的推动。"十四五"时期,应该在方案基础上,加快研制和出台相配套的高校分类发展实施细则,发挥政策引领和资源配置在引导高校科学定位、特色发展中的基础性作用,在政策支持、财政投入、招生计划分配、学科专业设置、绩效评价等各个方面综合施策,建立起完备的分类支持体系,才能有效地引导高校各安其位,并在不同层次、不同领域办出特色、争创一流。

(三)推进治理体系和治理能力现代化

十九届五中全会要求"坚持和完善中国特色社会主义制度,推进国家治理体系和治理能力现代化。""十四五"时期,北京向高水平教育现代化迈进,北京高等教育要坚持目标导向,以改革创新为根本动力,积极探索符合教育规律和学校特质的内外部治理模式。在强化高校规范管理的同时,聚焦重点领域、关键环节,在经费使用、职称评聘、教师引进、科研管理、出国管理等方面赋予高校更多自主权,破解长期束缚高校发展的各类体制机制问题,激发高校办学活力。北京高校也要瞄准"一流建设"目标,不断强化内部治理体系和治理能力建设,不断强化管理效能。

(四)深化评价制度改革,建设高素质教师队伍

如何形成教师人人尽展其才、好老师不断涌现的良好局面,是新时期高等教育高质量发展必须回答的关键问题。其中,评价制度发挥了有力的指挥棒作用。2020年中共中央、国务院印发了《深化新时代教育评价改革总体方案》,对教育评价改革进行了系统性设计,成为深化新时代教育

评价改革的纲领性文件。北京高等教育要在教师评价制度改革方面积极探索，一方面，改进科研评价，坚决破除教师评价与奖励中"唯论文、唯帽子、唯职称、唯学历、唯奖项"倾向，推行代表性成果评价、探索长周期评价、同行专家评议；另一方面，进一步扭转"重科研轻教学"的不良倾向，逐渐建立"富有时代特征、彰显中国特色、体现世界水平的教育评价体系"，引导教师回归育人本分，激励更多优秀教师成为"大先生"。

（五）进一步深化产教融合，改革人才培养模式

产教融合是应用型人才培养的必由之路。"十四五"时期，为了满足对高素质应用型人才的需要，北京需进一步调整优化学科专业结构，建立紧密对接高精尖产业链、创新链的学科专业体系，加快重点领域急需紧缺人才培养。支持校企在实训基地、学科专业、教学课程建设和技术研发等方面稳定开展合作。要发挥城市承载、行业聚合和企业主体作用，鼓励企业依托或联合高校设立产业学院和企业工作室、实验室、创新基地、实践基地，逐步提高行业企业参与办学程度。支持行业企业参与"有趣、有用、有效"的课堂革命，推行面向企业真实生产环境的任务式、项目化培养模式。支持企事业单位承担学生实践和实习实训功能，完善产教融合实践教学体系建设。重点建设一批产教融合创新示范区、产教融合型行业、产教融合型企业，努力建设产教融合型城市。

（六）持续优化创新体系，不断提升科技创新和社会服务能力

在大国博弈的背景下，科技创新能力愈来愈成为综合国力竞争的焦点和主要决定力量。北京高校在基础前沿领域、重要战略领域，积聚了较强的创新潜力。"十四五"时期，需进一步优化创新体系建设，全面提升科技创新引领能力，加快成为国家和北京市创新发展的战略支撑力量。北京要进一步统筹推进"双一流"建设，围绕国家、区域发展重大需求，优化资源配置，构建系统高效的北京高校科技创新平台体系；尊重创新规律，促进学科间进一步融合发展，形成一批国际或国内一流的优势特色学科以及新兴前沿交叉

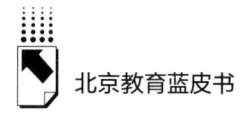

学科，完善北京高校高层次创新人才培养体系；优化高校创新环境，营造创新氛围，激发创新动力和活力。引导高校以"双一流"建设为引领，辐射带动相关学科专业水平提升，形成重点明确、层次清晰、结构协调、互为支撑的学科专业体系，实现人才培养、科学研究、社会服务和文化传承等功能的有机融合，更好地服务北京"四个中心"建设和京津冀协同发展等国家战略。

参考文献

国家统计局社会科技和文化产业统计司、科学技术部创新发展司：《中国科技统计年鉴》（2016~2020），中国统计出版社，2016~2020。

北京市财政局办公室：《北京财政收支保持稳定年均增速3%，收入质量和效益持续提升》，《北京日报》2021年1月28日。

张喜才、房风文：《基于利益相关者的京津冀高等教育协同发展机制构建》，《中国成人教育》2019年第20期。

《北京地区高校毕业生就业质量年度报告》（2016~2019年）。

《北京高等教育质量报告（本科）》（2016~2020年）。

B.6
北京市特殊教育发展基础、形势与关键

杜媛　孙颖　陈瑛华*

摘　要： 为推动"十四五"时期北京市特殊教育高质量发展，通过系统梳理"十三五"时期北京市特殊教育在战略地位、普及水平、内涵式发展以及保障机制等方面的发展基础，分析面临的新发展形势，包括国家教育发展赋予的新使命、北京市特殊教育发展的新命题、国际特殊教育发展的新经验以及科技迅猛发展推动新变革等，提出"十四五"北京市特殊教育发展关键：统筹推进特殊教育高质量发展，统筹各学段特殊教育协调发展，统筹加强各领域制度建设。

关键词： "十四五"时期　特殊教育　北京

特殊教育是国民教育体系的重要组成部分。2019年，北京市委、市政府发布的《首都教育现代化2035》将"残疾儿童少年都享有适宜的教育"作为推进首都教育现代化具体发展目标之一。"十四五"时期是北京市全面推进教育现代化的关键时期，具有承前启后、继往开来的历史意义。本报告通过回顾和总结过去五年北京市特殊教育发展基础，分析与研判"十四五"时期北京市特殊教育发展面临的形势，为北京市"十四五"时期特殊教育政策的制定和实施提供参考。

---

* 杜媛，博士，北京教育科学研究院副研究员，主要研究领域为特殊教育政策与质量评价；孙颖，北京教育科学研究院副研究员，主要研究领域为特殊教育政策；陈瑛华，北京教育科学研究院助理研究员，主要研究领域为特殊教育质量评价。

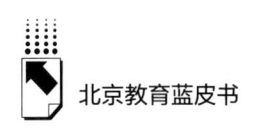

一 北京市特殊教育发展的基础

（一）战略地位

党和国家历来高度重视特殊教育发展。2010年，《国家中长期教育改革和发展规划纲要（2010—2020年）》提出，特殊教育是促进残疾人全面发展、帮助残疾人更好地融入社会的基本途径。2017年，党的十九大报告提出"办好特殊教育"，并提出"弱有所扶""幼有所育""学有所教"等"七有"的民生保障需求。《教育法》《残疾人保障法》《残疾人教育条例》等法律法规对保障残疾儿童平等接受教育权利做出了明确规定。《中国教育现代化2035》将"残疾儿童少年享有适合的教育"列为主要发展目标之一。从近十年国家主要发展规划战略要求来看，特殊教育是支持残疾人平等参与社会、增加残疾人福祉、推进社会公平正义的重要途径，是社会文明进步的重要体现，一直以来都是中央关心、社会关注、百姓关切的教育民生问题。

北京市一直将特殊教育发展作为全市教育改革关键领域。2013年，北京市政府办公厅颁布《北京市中小学融合教育行动计划》（京政办函〔2013〕24号），将融合教育确立为推进特殊教育发展的重要工作思路和工作内容。"十三五"时期，北京市全面落实教育部等七部门联合印发的《第二期特殊教育提升计划（2017—2020年）》，由市教委、市发改委、市卫计委、市财政局等八部门共同印发《北京市特殊教育提升计划（2017—2020年）》，立足首都"四个中心"功能定位，坚持融合发展理念，强化融合教育主体地位，将特殊教育发展纳入教育领域综合改革进程，在巩固成果、补齐短板、提升优势的同时，不断加大政策倾斜和支持保障力度，让北京特殊教育改革发展成果更多、更公平地惠及包括残疾儿童少年在内的所有特殊需要群体，推进北京特殊教育现代化，促进和谐宜居之都建设。

(二)普及水平

1. 残疾儿童少年义务教育"就近、优先"入学得到有力保障

"十三五"时期,北京市为切实解决适龄残疾儿童少年招生入学工作中底数不清问题,保障残疾儿童少年接受义务教育的权利,按照"全覆盖""零拒绝"的思路,每年下发义务教育阶段入学工作的意见;义务教育招生统一要求保障残疾儿童少年"就近"入学,突出"优先"原则,当片区内优质学位紧张时,优先保障符合入学条件的残疾儿童少年,并推动全市各区对适龄残疾儿童少年入学情况实行动态监测,强化"穿透式"监管,随时掌握每一名残疾儿童的安置情况,精准落实"一人一案"入学要求,确保适龄残疾儿童少年"应入尽入"。统计数据显示,"十三五"期间,北京市义务教育阶段特殊教育在校生数量保持稳定(见表1),入学率持续稳定保持在99%以上[1],由2016年的99.1%[2]提高至2020年的99.9%以上[3],在全国处于领先水平。

表1 北京市义务教育阶段特殊教育在校生数变化

单位:人

年份	合计	小学阶段	中学阶段
2016	6758	4374	2384
2017	6302	4035	2267
2018	6265	3910	2355
2019	6812	4210	2602
2020	7145	4445	2700

资料来源:《教育部教育事业统计资料_各地基本情况(北京)》(2016~2020年)。

---

[1] 孙颖、王善峰、杜媛、朱振云:《聚焦高质量发展,办好首都人民满意的特殊教育》,《中国特殊教育》2021年第6期。
[2] 徐建姝:《聚焦供给侧结构改革,深入推进融合教育发展》,《现代特殊教育》2016年第6期。
[3] 孙颖、王善峰、杜媛、朱振云:《聚焦高质量发展,办好首都人民满意的特殊教育》,《中国特殊教育》2021年第6期。

2. 残疾儿童学前三年基本教育康复服务全面开展

"十三五"期间，北京市统一部署破解入园难问题，市委、市政府主管领导统筹督导普教和特教幼儿园建设，通过特教学校附设幼儿园、每个学区增设 1~2 所融合幼儿园等多种方式，扩增学位。2018 年，北京市人民政府办公厅印发《北京市关于完善残疾儿童康复服务制度的意见》（京政办发〔2018〕49 号），要求"加强学前特殊教育基地建设，不断提升残疾儿童康复与学前教育融合水平。鼓励普通幼儿园接收残疾儿童就近入园，不断扩大特殊儿童随班就读的服务范围。"并重申了"优化残疾儿童入学环境，优先保障残疾儿童就近入学"等要求[1]。到 2020 年，全市基本实现残疾儿童学前三年基本教育康复服务全覆盖。

3. 残疾学生接受高中阶段教育的机会不断增多

"十三五"期间，北京市按照就近适宜原则，依据学业水平和发展需求科学安置学生，支持特殊教育学校开展以职业教育为主的高中阶段教育。2020 年，北京市政府印发《关于深化育人方式改革，推进普通高中多样化特色发展的意见》，规定残疾学生高中阶段教育以职业教育为主，有能力有意愿接受普通高中教育的残疾学生，可就近就便申请入学。同时，着力发展以职业教育为主的高中阶段特殊教育，稳步扩大资源供给，支持特殊教育学校向高中阶段延伸，增设相关专业；支持中等职业学校举办特殊教育教学班。到 2020 年，全市各区均至少有 1 所接收残疾学生的高中阶段学校，高中阶段在校残疾学生有 709 人，较 2016 年增加了 82 人（见表 2），增长 13.1%。

表 2 北京市高中阶段特殊教育在校生数变化

单位：人

年份	合计	普通高中	中等职业技术学校	特殊教育学校
2016	627	75	55	497
2017	606	91	58	457
2018	555	79	82	394

---

[1] 北京市人民政府办公厅：《北京市关于完善残疾儿童康复服务制度的意见》（京政办发〔2018〕49 号）。

续表

年份	合计	普通高中	中等职业技术学校	特殊教育学校
2019	604	82	98	424
2020	709	119	147	443

资料来源：北京市特殊教育研究指导中心：《北京市特殊教育事业发展报告》（2016~2020年）。

4. 残疾人接受高等教育机会稳步增多

北京市积极落实教育部会同中国残联制订的《残疾人参加普通高校招生全国统一考试管理规定》，根据残疾考生情况和需要，为残疾考生参加高考提供平等机会和盲文试卷等合理便利，对符合国家录取标准的实行"零拒绝"，帮助残疾人圆大学梦，并积极落实教育部与中国残联联合印发的《关于开展残疾大学生辅助器具适配助学行动的通知》，为残疾大学生适配轮椅、助行器等基本辅助器具，并为残疾大学生提供学业、生活支持和帮助。2020年，全市有1所高校设有特殊教育学院，建有1所市级高等融合教育资源支持中心，在校残疾大学生（含本科和专科）有620人，比2016年增加23人。

（三）内涵发展

1. 融合教育专业服务质量不断提高

"十三五"时期，北京市努力做到不断满足残疾儿童少年教育需求，着力从政策保障、专业支持、社会环境建设等方面，聚焦供给侧结构性改革，积极推进融合教育发展。[①]

一是学校融合教育工作机制进一步完善。北京市创新地在普通学校建立了融合教育推行委员会，委员会由各校校长担任负责人，成员包括学校融合教育管理干部、特殊需要学生班主任教师、资源教师、特殊需要学生家长代表以及普通学生家长代表等，切实提高了普通学校保障残疾学生优质教育权

---

① 徐建姝：《聚焦供给侧结构改革，深入推进融合教育发展》，《现代特殊教育》2016年第6期。

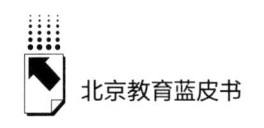

益的主体责任和融合教育能力。2020年，全市义务教育阶段开展融合教育的中小学校共948所，占全市义务教育阶段学校的71.9%。[1] 调查结果显示，约60%的开展融合教育的普通中小学校成立了融合教育推行委员会。[2] 全市义务教育阶段特殊需要学生融合教育比例达70%以上，较2016年增加5个百分点。[3] 此外，全市就读于特教学校的残疾学生均享有"双学籍"，普通教育与特殊教育转衔机制更加畅通。

二是融合教育专业支持服务实体建设持续推进。在市级层面，"十三五"时期，成立了北京市特殊教育研究指导中心这一跨学科、多功能的市级特殊教育专业支持保障部门，中心设在北京教育科学研究院，实现了普特基教研统筹管理。在区级层面，全市16个区均建立区级特殊教育中心，成立了区域特殊教育专家委员会，指导、支持本区域特殊教育发展；在学区层面，全市创新性地建立了72个市级示范性学区融合资源中心，兜底保障每个学生享有专业支持；[4] 在学校层面，根据需求在普通中小学校增建资源教室，招收随班就读学生5人以上的普通学校已全部建有资源教室，至2020年全市共建有资源教室377间，较2016年增加80余间。

三是融合教育四级教研体系不断扩大。北京市在原有中小学融合教育教研组的基础上，聚焦融合教育实践中的重点和难点问题，创建了自闭症儿童教研组、特殊需求儿童评估与支持工作组，市级教研员团队涵盖全市16个区的120余名融合教育骨干教师。在市级教研的引领下，各区特殊教育中心、自闭症教育基地、学区融合教育资源中心等进一步组建服务本区域、本学区的教研团队，以教研促融合教育内涵式发展。

---

[1] 孙颖、王善峰、杜媛、朱振云：《聚焦高质量发展，办好首都人民满意的特殊教育》，《中国特殊教育》2021年第6期。
[2] 孙颖、王善峰、杜媛、朱振云：《聚焦高质量发展，办好首都人民满意的特殊教育》，《中国特殊教育》2021年第6期。
[3] 徐建姝：《聚焦供给侧结构改革，深入推进融合教育发展》，《现代特殊教育》2016年第6期。
[4] 孙颖、王善峰、杜媛、朱振云：《聚焦高质量发展，办好首都人民满意的特殊教育》，《中国特殊教育》2021年第6期。

2.特殊教育内涵式发展水平明显提升

一是高质量落实国家课程方案与课程标准。依据国家三类特殊教育学校课程标准（2016年版），结合北京市特殊教育发展的基础与特色，"十三五"期间，北京市高位建构落实国家课程标准的顶层设计，研制了北京市《盲校课程实施指导意见》《聋校课程实施指导意见》《培智学校课程实施指导意见》，引导各特殊教育学校研究推进国家课程标准的校本化，为培智学校《生活语文》《生活数学》《生活适应》《劳动技能》四个学科提供课程本位评估标准，通过教研、科研、学生评价等多种措施推进个别化课程体系的实践，实现每一个学生都有适宜的学习目标和课程。配合国家课程方案与课程标准的落地，北京市还组织开发了面向盲、聋、培智三类特殊教育学校的优质特殊教育课程资源，初步建成了北京市特殊教育资源网，为特殊教育学校学生的日常教育和康复提供了重要支持，并在2020年新冠肺炎疫情"停课不停学"期间指导特殊需要学生居家线上学习和康复。

二是面向自闭症儿童的教育研究与实践得到加强。作为国内较早关注和开始自闭症儿童教育及研究的地区之一，北京市针对自闭症及情绪行为障碍儿童逐年增多的趋势，在"十三五"期间统筹建立了自闭症儿童教育教研组，带领全市加强自闭症儿童教育研究，着力提高对普通教育学校自闭症儿童通用学习设计的指导。在市级特殊教育专项经费的支持下，北京市根据全市特殊教育资源分布情况，在自闭症谱系儿童高发地区、全市"三城一区"（中关村科学城、怀柔科学城、未来科学城及北京经济技术开发区）等重点发展地区，布局建设了15个示范性自闭症与情绪行为障碍儿童教育康复训练基地，让自闭症儿童在家门口就能接受优质教育康复。与此同时，区特教中心、学区融合教育资源中心也为区域内自闭症儿童所在普通学校提供巡回指导与支持，指导学校为自闭症学生制定个别化教育计划，通过多方协作与资源整合为自闭症儿童提供教育康复支持与服务。

三是区域间优质资源辐射和均衡发展机制初步建立。"十三五"时期，在北京市教委的总体筹划和北京市特殊教育研究指导中心的指导下，东城区、西城区、海淀区和朝阳区的优质特殊教育学校牵头，成立了四个城乡结

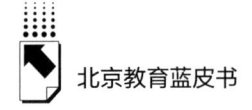

合、区域统筹的特殊教育发展联盟,[①] 通过联合教研、校际业务交流、专业人员跨区执教与指导等多种方式,并统一组织远郊区和山区等地区的部分特教教师,以全脱产方式为主进入市区优质特教学校跟班进行体验式学习,实现了区域之间的联动帮扶。特殊教育发展联盟成立三年多以来,各联盟校的学校建设、课程建设、教师队伍建设特色明显,取得了预期的效果。[②]

(四)保障机制

1. 特殊教育专业教师队伍建设不断优化

一是特殊教育专业师资培养培训工作不断推进。"十三五"时期,北京市属高校北京联合大学特教学院的特殊教育专业毕业生前往普通中小学担任融合教育师资的比例稳步提升,年均招收特殊教育专业硕士10人左右,较2016年提高近1倍。全市特殊教育学校专任教师队伍不断扩大,2020年,全市特殊教育学校共有专任教师1044人,占特殊教育学校教师总数的81.7%,专任教师占比较2016年提高了4个百分点;特殊教育学校教师队伍专业水平不断提高,全市具备本科及以上学历的特殊教育学校专任教师占专任教师数的95.9%,较2016年提高了3.3个百分点(见表3)。北京市还初步规划、构建了分类、分层与分岗相结合的特殊教育教师培训模式。到2020年底,实现了所有特殊教育学校教师完成不少于360课时、获得36学分的继续教育目标。

表3 北京市特殊教育学校专任教师队伍结构变化

单位:人,%

年份	教师数	专任教师数	专任教师占比	本科及以上学历专任教师数	本科及以上学历专任教师占比
2016	1334	1036	77.7	959	92.6

---

① 教育部基础教育司:《北京市:坚持以市级统筹为主要手段 不断推动首都特殊教育优质均衡发展》,教育部网站,2021年4月20日,http://www.moe.gov.cn/s78/A06/A06_ztzl/ztzl_gdtsjyal/202004/t20200427_447150.html。
② 孙颖、王善峰、杜媛、朱振云:《聚焦高质量发展,办好首都人民满意的特殊教育》,《中国特殊教育》2021年第6期。

续表

年份	教师数	专任教师数	专任教师占比	本科及以上学历专任教师数	本科及以上学历专任教师占比
2017	1272	993	78.1	935	94.2
2018	1226	966	78.8	919	95.1
2019	1234	993	80.5	949	95.6
2020	1278	1044	81.7	1001	95.9

资料来源：《教育部教育事业统计资料_各地基本情况（北京）》（2016~2020年）。

二是融合教育专业师资团队不断壮大。全市统筹建立了以特殊教育学校教师为骨干，以资源教师和随班就读教师为主体，以巡回指导教师为指导，以送教上门教师为补充的五类特殊教育师资队伍，推动在融合教育学校形成了"1+N+1"专业教师团队，即1名班主任+多学科教师+1名巡回指导教师或资源教师，并在教师继续教育中不断加强对普通学校教师融合教育基本理念、知识与技能的培训。2020年，全市共有普通学校资源教师435人，专职资源教师82人，专职资源教师较2016年增加了38人，增长86.3%；全市共有巡回指导教师262人，较2016年增加了175人，其中，专职巡回指导教师36人，较2016年增加了15人，增长71.4%。[①]

2. 特殊教育经费和条件保障投入进一步增加

一是提高义务教育阶段特殊教育生均公用经费标准。"十三五"期间，北京市义务教育阶段特殊教育学校学生以及普通学校随班就读学生的生均公用经费标准达到12000元/（生·年），显著高于其他省市。北京市还进一步扩大了特殊教育学校、普通中小学校随班就读学生的生均公用经费列支范围，涵盖为学生购买专业助教、生活保育、康复训练、就业辅导等基本服务。

二是持续投入市级特殊教育专项经费。"十三五"期间，在财政支出下行压力较大的情况下，北京市财政对特殊教育保持投入力度不减，按照特教特办的原则持续投入特殊教育专项经费用于支持自闭症儿童教育基地建设、

---

① 北京市特殊教育研究指导中心：《北京市特殊教育事业发展报告》（2016年）（2020年）。

市级示范性学区融合教育资源中心建设等。

三是积极推进残疾儿童少年十五年免费教育。惠及学前至高等教育阶段所有残疾学生的全覆盖资助体系进一步完善，学前至高中阶段的残疾儿童少年在"三免两补"的基础上增加至"四免多补"，即免杂费、免教科书费、免住宿生的住宿费、免伙食费，补交通费、特殊学习用品费和校服费。

二 "十四五"时期北京市特殊教育面临的发展形势

（一）国家教育发展赋予新使命

1. 高质量教育体系建设的新要求

当前，我国经济社会已转向高质量发展阶段，人民日益增长的美好生活需要和不平衡不充分发展之间的矛盾是当前社会主要矛盾，新的发展阶段和当前社会主要矛盾对"十四五"时期教育发展也提出了新的要求，要求我们必须把高质量摆在教育发展更为突出的位置，着力建设高质量教育体系。特殊教育是教育事业的重要组成部分，是高质量教育体系不可或缺的重要环节。面对新阶段、新理念、新格局，"十四五"期间，特殊教育的发展也需要坚持以人民为中心的发展理念，坚持立德树人，促进包括残疾儿童少年在内的每一名有特殊教育需要儿童的德智体美劳全面发展，健全特殊教育体系，完善特殊教育保障机制，补齐特殊教育短板，完善高质量特殊教育体系。

2. 特殊教育发展的新任务

党的十九大以来，党中央、国务院先后印发了关于学前教育、义务教育、普通高中改革发展以及教师队伍建设等方面的重要文件，为新时期基础教育的改革发展描绘了新的蓝图，提供了强大动力。2020年，教育部颁布《关于加强残疾儿童少年义务教育阶段随班就读工作的指导意见》，对新时代加强随班就读工作进行了全面部署。2021年，国务院下发了《关于印发"十四五"残疾人保障和发展规划的通知》，从保障残疾人民生、促进残疾人全面发展的全局高度，对"十四五"时期我国残疾人事业发展做出整体规划和总体部署，明确提出了"加快残疾人教育事业发展，健全残疾人教育体系""健全随班就读支持保障体系，大力推进随班就读""完善特殊教育保障机制，促进特殊教育高质量发展"等具体任务，这就需要进一步加大对特殊教育的倾斜力度，充分利用北京市特殊教育的发展基础，承担起高质量特殊教育体系建设的重任。

（二）区域特殊教育发展提出新命题

1.特殊教育公共服务资源亟待"双增量改革"

随着有特殊教育需要的儿童青少年数量的增长、障碍类型的增多，当前北京市特殊教育发展正同时面临着融合教育资源配置严重缺乏及非义务教育阶段资源供给不足的问题，需要同步解决有特殊需要学生在非义务教育阶段"上好学"以及在特殊教育学校和普通教育学校都能"上好学"的问题。

在开展融合教育的普通学校，具有特殊教育专业背景的融合教育专业支持教师数量不足，学校一直未明确设置针对特殊学生的特殊教育资源教师岗位，部分学校即使有特殊教育专业教师也是按照学科教师设置岗位，没有充分发挥其专业优势；融合教育发展水平区域间不平衡等问题突出。此外，非义务教育阶段融合教育的需求逐年增加，需提前布局、有效保障。

在特殊教育学校，各校普遍缺乏针对残疾学生康复需求的康复训练师、行为分析师、教具辅具开发师等特殊专业岗位教师，不能满足学生残疾程度日益增重的实际需求。学前和高中阶段特殊教育学位供给总量不足的问题将进一步加剧，特殊教育学校同样面临幼儿康复师、职业教育专业教师等非义务教育阶段师资的缺乏。

2.特殊教育公共服务能力有待进一步提升

一是特殊教育专家委员会的作用尚未充分发挥，部分区的特殊教育专家委员会存在与特教学校、特教中心权责不清，融合教育支持保障有待提高等问题。二是特殊教育干预的适宜性有待提高，对特教学校残疾学生和随班就读学生个案的评估筛查、干预过程和实施效果缺乏支撑材料，个案评估分析、支持服务方案的设计质量有待提升①，对特殊需要学生开展分层教学、分类教学在课程、教学、评价调整和学校系统变革等方面都亟待进一步加强。三是普通学校教师融合教育专业素养普遍有待提高，巡回指导教师和资源教师尚无明确任职资格标准，以兼职为主且流动性较大，特殊教育素养有待进一步提高。四是针对普通学校自闭症及情绪行为障碍学生的个性化支持系统还需加强，现行较普遍应用的助教陪读人员的管理规范性与有效性问题还亟待解决。

3. 特殊教育现代治理体系建设仍处于起步阶段

一是特殊教育保障机制有待进一步完善和规范，特殊教育发展联盟机制、市—区—学区—学校四级融合教育支持保障体系的功能定位和协同机制均有待进一步完善和规范，区域特殊教育中心专业工作人员、巡回指导教师、特殊教育资源教师、送教上门教师等各类特殊教育专业教师的编制核准、工作量核定和待遇落实等方面还需要教育、财政、编办、人事等相关部门加强协调。二是跨部门跨领域协同发展和协同创新机制还有待进一步完善，有关部门之间的互联互通信息共享机制，学校、家庭、社会的协同共育，对特殊教育发展的专项督导和质量监测等工作均需进一步加强。

（三）国际特殊教育发展提供新经验

1. 促进教育公平和提高教育质量被置于国际公共教育政策体系的优先地位

联合国2030年可持续发展议程确立了到2030年世界教育发展的总目标，即确保包容和公平的优质教育，让全民终身享有学习机会，并提出确保残疾人等弱势群体平等获得各级教育和职业培训；建立和改善兼顾儿童、残疾和性别平等的教育设施，为所有人提供安全、非暴力、包容和有效的学习环境等具体目标，对各个国家特殊教育战略规划出台和政策制定产生积极影响。

---

① 北京市特殊教育研究与指导中心：《北京市特殊教育专业服务实体调研评估工作报告》，2019。

2.以标准为引领全面提升融合教育质量

新西兰设有独立的教育审查委员会，制定专门的融合教育质量评价标准，并以标准为引领系统推进融合教育[1]；我国香港地区教育部门也制定了《照顾学生个别差异的共融校园指标》[2]，帮助学校对照指标开展自我评估，并根据自我评估的结果制定学校发展规划、发展目标，促进学校在政策、文化和措施上的不断自我完善。

3.聚焦儿童实际获得，提供有针对性的经费支持和专业支持

新西兰政府根据特殊需要儿童的需求程度，设立了多项资助项目，并建立了按学生需求分类资助、学校统筹使用的运作模式，为具有高需求的学生直接提供由学校和家长共同申请、拨付到校的专项经费资助，用于增聘教师、助教、购买必要的助学教具等[3]。美国2017年由最高法院通过的恩德鲁（Endrew）判决，明确了衡量个别化教育计划的重要标准是"适合儿童发展环境、取得进步"，必须衡量和报告儿童实现年度目标的进展情况，促进儿童实质性发展。[4]

4.多种渠道为普通学校补充特殊教育专业师资

英国、新西兰等国家明确要求普通学校必须设立特殊教育协调员岗位。葡萄牙要求在学校内部成立学习支援中心，协调相关的人力和物力资源，为普通班级教师提供支持。[5] 新加坡在普通学校中设立"学习与行为支持联盟

---

[1] New Zealand Education Review Office, Inclusive practices for students with special needs in schools, 201601, https://www.ero.govt.nz/publications/inclusive-practices-for-students-with-special-education-needs-in-schools/introduction/.

[2] 《照顾学生个别差异——共融校园指标》，2008年8月，http://www.edb.gov.hk/FileManager/TC/Content_6596/indicators-082008_tc.pdf。

[3] New Zealand Ministry of Education, Overview of Ongoing Resource Scheme, New Zealand Ministry of Education Website, 2020-01-13, https://minedu.cwp.govt.nz/school/student-support/special-education/ors/overview-of-ors/.

[4] Supreme Court of the United States, Endrew F. v. Douglas County School District re-1, 2017-03-22, https://www.supremecourt.gov/opinions/16pdf/15-827_0pm1.pdf.

[5] Ines Alves, "International inspiration and national aspirations: inclusive education in Portugal", International journal of inclusive education 2019, 23 (7-8): 862-875.

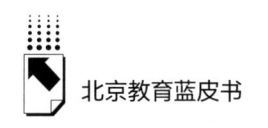

教育者"岗位，由教育部直聘，为普通中小学校教师提供专业支持。[1] 我国香港地区也参照英国模式，将特殊教育协调员岗位扩充为特殊教育统筹主任，并在特殊教育统筹主任的领导下建立专门的学生支持组。

（四）信息技术迅猛发展推动新变革

当前，新一轮科技革命加速推进，以人工智能、区块链、云计算、大数据、5G等为主导的新技术不断兴起，并在教育中不断普及和渗透，也改变着特殊教育的形态。科学技术的创新和变革，拓展了特殊教育的新领域，推动了特殊教育方式的转变，也为特殊教育教学提供了新工具和新手段。信息技术可以支持教学内容的呈现、模拟、放大，为学生创造更多亲身体验感知的机会，还能够推动高质量的信息共享、业务协同、智能服务以及混合式学习、人机交互学习等新型学习方式，促进学生与他人的交往，培养学生融入社会的能力。因此，推动人工智能、互联网等新技术与特殊教育的深度融合，发挥信息技术在促进教育公平和实现优质教育资源广泛共享、提高教育质量上的独特作用，是"十四五"时期北京特殊教育改革发展的重要内容之一。

三 "十四五"时期北京市特殊教育发展的关键举措

"十四五"时期，北京市特殊教育发展需要抓住机遇、超前布局，按照"以推动高质量发展为主题，以深化供给侧结构性改革为主线，以改革创新为根本动力，以满足人民日益增长的美好生活需要为根本目的"[2] 要求，践行建设高质量特殊教育体系的新使命。

---

[1] Singapore Disabled People's Association, Achieving inclusion in education, Singapore Disabled People's Association website, 2018, https://www.dpa.org.sg/wp-content/uploads/2018/08/Incusion-in-Education2.pdf.
[2] 李天顺：《面向"十四五"，深化特殊教育供给侧改革》，《现代特殊教育》2021年第1期。

（一）推进特殊教育高质量发展

1. 全面提升融合教育质量

全面落实《教育部关于加强残疾儿童少年义务教育阶段随班就读工作的指导意见》，压实普通学校融合教育主体责任，进一步完善普通中小学校推进融合教育的常态化机制，推进普通学校物理环境无障碍建设和校园无障碍文化建设，增强对随班就读学生教育的适宜性和有效性，针对学生需求制订个别化教育教学方案，实施通用学习设计、差异化教学与个别化指导，做好课程教学调适。进一步加强学区融合教育资源中心、自闭症儿童教育康复训练基地建设，全面推进融合教育专业支持体系建设。征集遴选随班就读优秀教学案例，鼓励通过优秀论文、主题班会等多种形式展示鲜活的实践事迹，通过个别化教育推动普通学校适宜性教育改革。

2. 深化特殊教育学校教育教学改革

全面落实特殊教育国家课程方案和课程标准，积极构建具有首都特色的特殊教育学校课程体系，增强课程的丰富性和选择性。围绕残疾儿童少年需求特点，坚持以儿童发展为中心，加强德智体美劳全面育人，提高面向残疾儿童少年的体育和美育适切性，进一步发挥劳动综合育人功能，加强残疾儿童少年的劳动技能培养和职业体验教育。支持学前教育机构设计和实施丰富的生活化、游戏化课程，实行面向残疾儿童的保育、康复与教育相结合，促进儿童健康快乐成长。加强残疾人职业教育课程资源建设，鼓励职业院校开发适合残疾学生的校本课程资源。

3. 切实加强特殊教育教研队伍建设

落实《教育部关于加强和改进新时代基础教育教研工作的意见》，加强对特殊教育教研工作的领导和支持。一是各区把适合从事特殊教育（融合教育）教研工作的优秀教师优先调配到特殊教育教研队伍，解决好各区缺乏专职特殊教育教研教师的问题。二是加强特殊教育教研队伍建设，通过教研员队伍培训、运用多种形式和跨区域联动的方式，在解决问题的过程中提升特殊教育教研员的专业水平和教育教学指导能力。

4. 提高自闭症儿童教育的有效性

充分发挥区特教中心、区融合教育资源中心和自闭症儿童教育基地的专业支持作用，为自闭症儿童评估认定、课程教学、个别化训练、家校合作等提供指导。进一步完善自闭症儿童助教陪读制度，为自闭症儿童随班就读提供支持。研究制订自闭症儿童学习发展指南，开发自闭症儿童教育课程资源。

5. 系统完善特殊教育质量保障体系

建立以发展素质教育为导向的特殊教育质量评价体系，构建特殊教育学生综合素质评价体系，全面考查学生德智体美劳发展情况，并突出对学生个别化发展需求，如社会适应能力、心理生理矫正补偿等方面的综合评价。创新适合特殊教育学生的评价方法，建立特殊教育学生综合素质评价档案，建立特殊学生综合素质评价报告制度，为特殊教育学生参与日常作业、练习及考试提供支持，在各类学业评价、升学考试中为特殊教育学生提供合理便利。健全特殊教育学校办学质量评价标准，建立健全特殊教育教学督导评价制度。建立特殊需要学生教育评估服务制度。进一步规范送教上门工作机制，提高送教上门质量。

6. 全面加强特殊教育教师队伍建设

扩大特殊教育专业师范生培养规模，配足配齐特殊教育学校康复类等各类教师，每一个学区至少配备1名融合教育协调员和融合教育巡回指导教师，每一所学校（园）至少配备1名专职特殊教育资源教师或驻校支持教师。提高特殊教育教师专业素养，探索建立特殊教育专业教师资格认证制度，将一定比例的特殊教育和融合教育的通识内容列入中小学校（幼儿园）校（园）长和全体教师继续教育和相关培训中，加强对普通教师的融合教育专业素养培养。不断完善特殊教育教师的激励机制，建立健全中小学校从事融合教育工作的教师考核机制，提高特殊教育教师职业吸引力和职业地位。

（二）统筹各学段教育协调发展

1. 全面提高残疾儿童学前教育普及程度

市、区政府科学统筹配置学前特殊教育资源，整体合理规划布局学前特殊教育教学点，积极发展学前融合教育，优先在公办幼儿园设立特殊教育资源教室或附设特殊教育班，接收能够适应普通保育教育的残疾幼儿入园。扩大学前教育优质学位供给，鼓励特殊教育学校附设幼儿园或学前部。建立健全特殊儿童早发现、早评估、早干预制度，通过多种形式为特殊幼儿提供适宜的保育教育和康复训练。

2.**加快发展以职业教育为主的高中阶段教育**

支持普通高中推进无障碍环境建设，推进残疾学生在普通高中和中等职业学校随班就读，让更多残疾学生进入普通高中和中等职业学校继续接受教育。支持特殊教育学校举办中职班（部），开设适合残疾人学习的专业，探索实行以学分制为基础的弹性学制。推动普通中等职业学校对口帮扶特殊教育学校，做好校际合作、校企合作，建好实习实训基地，探索符合残疾人发展特点的中国特色学徒制，实现"招工即招生、入企即入校"企校双师联合培养。

3.**增加残疾人接受高等教育和继续教育的机会**

统筹市属高校的特殊教育资源，积极推进高等融合教育，支持普通高校扩大面向残疾学生的专业设置，招收符合录取标准的残疾考生。支持市属普通高校和市、区开放大学等面向残疾学生开展继续教育，探索适合残疾人的线上线下相结合的继续教育教学模式，建立个人学习账号和学分累计制度，为残疾学生提供多样化、便利化的学习服务，畅通残疾人终身学习通道。

（三）完善各领域制度建设

1.**健全特殊教育经费投入长效机制**

进一步提高义务教育阶段特殊教育学生生均公用经费标准。明确高中阶段特殊教育生均公用经费标准，原则上不低于义务教育阶段标准。将特殊教育学校中职班的生均经费或公用经费及学生补助等纳入特殊教育经费保障体系，适当提高接受中等职业教育的特殊教育学生生均拨款标准。全面实施残疾儿童少年十五年免费教育。

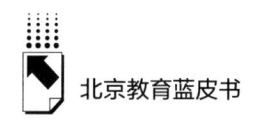

2.完善特殊教育专业支撑机制

充分发挥特殊教育专家委员会作用，完善特殊需要学生教育鉴定评估标准，提高科学性，制定区级特殊教育专家委员会运行与管理的指导手册，指导各区实践。完善市、区、学区、学校四级特殊教育教研工作体系，健全各级特殊教育教研机构，充实教研队伍，在教研质量上下大功夫，及时解决教师在教学过程中遇到的困难。建立从学前教育到高中阶段特殊需要学生的鉴别、评估、安置、教育及相关服务、转衔等各环节的协同保障机制。

3.创新特殊教育管理和服务方式

健全3~18岁特殊儿童信息数据库，开通"北京市特殊教育综合服务平台"并正式运行使用，实现全市特殊需要学生的筛查、诊断、教育、康复、资助等数据共通共享。加速推进特殊教育学校数字校园建设。不断充实面向学生、教师和家长的优质特殊教育资源，迭代升级北京市特殊教育资源网。推进特殊教育教学、管理等与信息技术深度融合。

4.加强家庭、学校、社会协同共育

在组织领导、发展规划、资源保障上突出特殊教育的重要地位，完善特殊教育统筹工作机制，形成市政府统筹推进、教育行政部门牵头、相关部门协作、各区政府联动的工作格局。拓宽全社会共同参与特殊教育管理、评价和服务的渠道，积极探索利用社会资源促进特殊教育发展，建立和规范向专业机构购买特殊教育服务的机构引入标准、服务过程管理和质量评价。

参考文献

孙颖、王善峰、杜媛、朱振云：《聚焦高质量发展，办好首都人民满意的特殊教育》，《中国特殊教育》2021年第6期。

徐建姝：《聚焦供给侧结构改革，深入推进融合教育发展》，《现代特殊教育》2016年第9期。

北京市人民政府办公厅：《北京市关于完善残疾儿童康复服务制度的意见》，2019年1月7日。

教育部基础教育司:《北京市:坚持以市级统筹为主要手段 不断推动首都特殊教育优质均衡发展》,教育部网站,2021年4月20日,http://www.moe.gov.cn/s78/A06/A06_ztzl/ztzl_gdtsjyal/202004/t20200427_447150.html。

北京市特殊教育研究与指导中心:《北京市特殊教育专业服务实体调研评估工作报告》,2019。

李天顺:《面向"十四五",深化特殊教育供给侧改革》,《现代特殊教育》2021年第1期。

《照顾学生个别差异——共融校园指标》,2008年8月,http://www.edb.gov.hk/FileManager/TC/Content_6596/indicators-082008_tc.pdf。

New Zealand Education Review Office, Inclusive practices for students with special needs in schools, 201601, https://www.ero.govt.nz/publications/inclusive-practices-for-students-with-special-education-needs-in-schools/introduction/。

New Zealand Ministry of Education, Overview of Ongoing Resource Scheme, New Zealand Ministry of Education Website, 2020-01-13, https://minedu.cwp.govt.nz/school/student-support/special-education/ors/overview-of-ors/.

Supreme Court of the United States, Endrew F. v. Douglas County School District re-1, 2017-03-22, https://www.supremecourt.gov/opinions/16pdf/15-827_0pm1.pdf.

Ines Alves, "International inspiration and national aspirations: inclusive education in Portugal", International journal of inclusive education 2019, 23 (7-8): 862-875.

Singapore Disabled People's Association, Achieving inclusion in education, Singapore Disabled People's Association website, 2018, https://www.dpa.org.sg/wp-content/uploads/2018/08/Incusion-in-Education2.pdf.

B.7 新发展阶段北京学习型城市高质量发展的路径和策略

史 枫 张翠珠 林世员 桂 敏 邢贞良*

摘 要： "十三五"期间，北京学习型城市建设在服务网络、资源整合、人员队伍、信息化建设等方面取得了显著成就，同时也面临着法制保障不健全、政府统筹力度降低等诸多问题。"十四五"时期，北京学习型城市建设面临着新的形势和挑战，国际学习型城市建设呈现新趋向，国内各地学习型城市建设积极推进，北京的经济社会发展尤其是老龄化加速对学习型城市建设提出新要求。基于此，"十四五"时期北京学习型城市建设要建立市、区层面的顺畅沟通协调机制，加快推进终身教育立法，探索"互联网+学习型城市"建设新模式，推动不同类型学习成果的认证、积累和转换，通过体制和机制创新，构建起服务首都全民终身学习的教育体系。

关键词： "四个中心"建设 "互联网+"学习型城市 北京市

学习型城市建设的提出，既是构建服务全民终身学习的教育体系和建设学习型社会的需要，更是城市在新的发展阶段推进发展战略转变的选

---

* 史枫，北京教育科学研究院终身学习与可持续发展教育研究所所长、副研究员；张翠珠，北京教育科学研究院终身学习与可持续发展教育研究所副研究员；林世员，北京教育科学研究院终身学习与可持续发展教育研究所助理研究员；桂敏，北京教育科学研究院终身学习与可持续发展教育研究所助理研究员；邢贞良，北京教育科学研究院终身学习与可持续发展教育研究所副研究员。

择。北京市2007年颁布《大力推进首都学习型城市建设的决定》，文件明确了北京学习型城市建设的目标、思路和保障措施。经过多年的努力，北京市从完善终身教育体系和终身学习服务体系、推进学习型组织建设、营造终身学习的环境和氛围入手，大力推进学习型城市建设。它既是"终身学习"和"全民教育"思想的延伸，也是城市发展观念变革带来的必然产物。[①]

一 "十三五"时期北京学习型城市发展状况

2016年北京市教工委、教委等十四个部门联合印发了《北京市学习型城市建设行动计划（2016—2020年）》，通过十项工程的整体推进，北京市学习型城市建设在整体规划上更加系统，城教融合越来越紧密，对学习型城市的认识逐渐深入，学习型城市建设的具体推进路径越来越清晰，制度保障也进一步增强，北京学习型城市建设服务北京经济社会发展的能力和水平进一步提升，面向全体市民提供学习服务的终身教育体系基本建立。

（一）取得的主要成就

1.学习型城市服务网络与基地建设得到加强

通过建立健全社区教育网络推动学习型城市建设，是北京市开展学习型城市建设的重要渠道。目前北京市的市—区—街道（乡镇）—社区（村）社区教育四级网络体系基本健全。目前全市共有市级开放大学1所，区一级社区机构（社区学院、社区教育中心、职教中心）办学单位19所，街道（乡镇）社区教育学校（成人学校）377所。

在加强办学实体机构建设的同时，北京市也十分注重学习型城市、社区教育指导机构的建设。早在学习型城市建设之初，北京市即依托北京教育科

[①] 〔英〕诺曼·朗沃斯：《学习型城市、学习型地区、学习型社区：终身学习与地方政府》，欧阳忠明等译，中国人民大学出版社，2016。

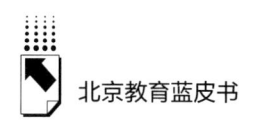

学研究院、北京师范大学、清华大学共同建立研究基地，分别成立了北京市学习型城市建设研究中心、首都学习型社会研究院和北京市组织学习与城市治理创新研究中心三家市级层面的研究机构，共同开展学习型城市建设的相关研究工作。2016年10月，北京市依托北京开放大学成立"社区教育指导服务中心"，其主要职能是为社区教育提供业务指导和专业服务，研制社区教育课程和学习活动标准等，指导区县、街道（乡镇）、居（村）三级社区教育办学实体建设和业务工作。

2. 整合社会资源，为市民学习提供丰富资源

不断加大与社会资源的合作力度，共建特色学习品牌。东城区先后与北京大学、孔庙国子监博物馆、北京中医医院、故宫博物院举办"北京大学国子监大讲堂""四时五行话养生健康大讲堂""故宫讲坛"，均获得"全国终身学习品牌项目"。丰台职业与成人教育集团发挥桥梁纽带作用，与区民政局合作，开展养老管理人员培训1100人次，服务区域老龄事业发展；与区文委合力打造"书香丰台"品牌阅读活动，市民年均参与5万多人次；与区妇联合作，开展"丰台最美家庭"评选，传承文明家风，弘扬正能量；与区人力社保部门、区农委、区残联合作开展培训，服务军转干部、失业人员、新型农民和残疾人创业就业。

大学图书馆面向公众开放受到社会的关注和呼吁。依据教育部发布的《普通高等学校图书馆规程（修订)》的规定，有条件的高校图书馆应向社会开放。《北京市图书馆条例》也提出，鼓励学校、科研机构以及社会团体、企业、事业单位的图书馆（室）对社会开放。[1] 2012年首都图书馆联盟成立，26所在京高校加入首都图书馆联盟时许下"逐步对公众免费开放"的承诺，但是在实际执行中，仍然存在着诸多的障碍和门槛。[2]

3. 学习型城市人才队伍建设成效明显

为加强学习型城市建设人才支撑，加快培养推进学习型社会建设的骨干

---

[1] 《北京市图书馆条例》，http：//www.beijing.gov.cn/zhengce/dfxfg/201905/t20190522_56537.html。
[2] 《北京市高校图书馆开放有门槛》，《北京日报》2016年8月10日，http：//news.xinhuanet.com/local/2016-08/10/c_129218727.htm。

力量，北京市教委联合相关企业挖掘和利用各自资源和优势，合力打造了"北京市学习指导师培训项目"，充分发挥职成教育机构的师资资源优势，精心选拔和培养了三批"学习指导师"，他们带着学习成果回到各自工作岗位后，成为推进北京学习型城市建设工作的重要力量。该项目为国内首创，学习指导师将成为推动学习型城市建设的火种，发挥"引擎"和"发动机"的作用，参与市民终身学习活动策划、社区课程研发、个性化学习、学习资源获取指导等学习服务工作。

除市级层面加强人才队伍建设外，北京市各区在开展学习型城市建设过程中，也结合各区实际进行人才队伍建设。文教助理队伍是东城区社区教育最具特色的专业团队，这支队伍充分利用自身专业优势和特长，在社区组织开展形式多样的学习培训和文体活动，提升居民文化知识水平和生活质量，促进家、校、社区三结合。

4. 打造"互联网+终身学习体系"，信息化建设见成效

学习型城市信息化建设初见成效，基本迈入了应用整合的门槛，离构建一个"开放、共享、交互、协作"的"人人皆学、处处可学、时时能学"泛在学习环境越来越近。"互联网+终身学习体系"的建设，不仅能满足群体规模的学习需求和个性化、人性化的学习需求，实现"包容和公平的全民优质教育和终身学习"的价值追求，还可以在以互联网为代表的现代信息技术支撑下实现教育生态的重新搭建，助力"智慧北京"建设，为北京学习型城市建设增添活力。

北京市教委打造的学习网络平台是依托北京开放大学建好的终身学习系统——京学网，部分区也设有区级的终身教育学习平台，具体如表1所示。

表1 北京市终身教育学习网站一览

项目	网站名称	网站地址
市级	京学网	http://www.bjlearning.cn/
东城	东城·学网	http://dongcheng.bjlearning.cn/
西城	学习型西城	http://www.westcityedu.com/

111

续表

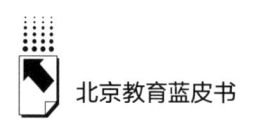

项目	网站名称	网站地址
朝阳	朝阳区社区教育网	http://www.cycedu.com/
海淀	中关村学院网站	http://www.zgcxy.bjedu.cn/
丰台	北京市丰台区学习城市网	http://www.bjftstudy.com:8502/
石景山	石景山业余大学网站	http://www.sjsyd.com.cn/
门头沟	门头沟学习型城市网	http://mtg.bjlearning.gov.cn/mtgxxxcs/index.htm
房山	房山教育信息网	http://www.fangshan.bjedu.cn/
顺义	顺义学习网	http://www.shyxue.com/
大兴	兴学网	http://www.bjdxxxw.cn/
平谷	平谷学习网	http://www.pgce.org.cn/

5. 项目丰富多彩，打造了诸多终身学习品牌

各区的学习项目丰富多彩，有针对青少年的职业体验活动，有针对老年人的生活志趣类课程，有针对职工继续教育的职业技能提升类课程，有针对新市民的素养和生活技能类课程。课程内容辐射面很大，有家风家教类、创新创业类、书法绘画类、医学保健类、实用技能类，如果将所有各区的课程都统筹进行分享，几乎能满足所有市民的学习需求。在丰富课程体系的基础上，各区注意结合地域特色和地域优势，形成自身独有的品牌。中关村学院作为海淀区社区教育的龙头校，与区域内155家高新企业合作，联合打造了全国首个"创新创业教育实践基地"。顺义以家庭教育创品牌，建立"共谋、共建、共享、共生"的家校社新型关系，打造了中小幼全学段、家校社全方位的区域教育共同体。西城则将自身的地域资源，如天文馆、博物馆、茶馆等对市民开放，获得了好评，2016年，西城北京天文馆的"流动天文馆"获得"全国特别受百姓喜爱的终身学习品牌项目"荣誉。

（二）存在的主要问题

学习型城市建设是一个持续的过程，推进北京市学习型城市建设在一些具体环节上需要进一步加强，尤其是在终身教育服务体系健全上还存在一些短板，比如市民终身学习"立交桥"还没有完全建立，学历、非学历、职业资格证书之间的转换通道还不顺畅，灵活开放、衔接互通的终身教育体系还需要进一步完善。应该能够看出，这些短板都反映了北京市在终身教育关键制度建设上的薄弱环节。

1. 立法与政策问题

学习型城市建设是城市发展战略的选择，与整个城市发展密切相关，它需要市委、市政府的高度认可和大力推动，尤其是需要立法的推动。在国内，上海、河北、太原、宁波等省市颁布了《终身教育促进条例》，成都颁布了《成都市社区教育促进条例》，为学习型城市建设谋求稳定的保障制度和机制。相比较而言，在立法方面北京要落后。

2. 政府统筹有待提高

学习型城市创建需要各方合作，教育部门在其中能够起到的作用有限，而目前北京的学习型城市建设过重依赖于教育部门。尤其是随着北京建设学习型城市工作领导小组的撤销，各区也在相继撤销区级层面的学习型城市建设统筹协调机制，北京市学习型城市建设的政府统筹力度进一步弱化，严重影响了工作的推进。

3. 各类学习资源整合共享机制不健全

各类教育和社会资源没有建立有效的共建共享机制，面向广大市民的使用率不高，市民社区学习的积极性和参与度不高。仅仅依靠教育机构的资源难以支撑北京学习型城市建设，需要充分整合各类机构的资源，使之进入学习型城市建设体系。在建立各类教育学分积累、转换和认证制度，促进不同类型学习成果互认和衔接上存在制度性的制约。

4. 发展不平衡问题较为突出

从推进学习型城市建设的整体情况来看，16个区之间的发展存在较大的差异性，这种差异性体现在许多方面，从学习型城区建设整体规划的角度，延庆、顺义等区出台了专门的规划，其他区没有；学习型城区示范区的建设也有待于进一步加强。

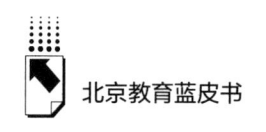

二 "十四五"时期北京学习型城市建设形势分析

(一)北京经济社会发展

从经济角度看,2019年全年实现地区生产总值35371.3亿元,三次产业结构为0.3∶16.2∶83.5①,而《北京统计年鉴2019》的统计数据显示,三次产业结构在2016年为0.5∶19.3∶80.2,在2017年为0.4∶19.0∶80.6,在2018年为0.4∶18.6∶81.0。从三次产业从业人员分布角度看,2018年全市有从业人员1237.8万人,其中第一产业从业人员45.4万人,占比为3.7%;第二产业从业人员182.2万人,占比为14.7%;第三产业从业人员1010.2万人,占比为81.6%。②从三次产业的国民生产总值占比、从业人员分布占比两项数据来看,北京市三次产业的发展顺序为第三产业、第二产业、第一产业。

从人口角度看,截至2019年末,全市常住人口2153.6万人,其中城镇人口1865万人,占常住人口的比重为86.6%;常住外来人口745.9万人,占常住人口的比重为34.6%。从年龄来看,0~14岁人口226.7万人,占比为10.5%;15~59岁人口1555.6万人,占比为72.3%;60岁及以上人口371.3万人,占比为17.2%。③

从经济社会发展角度来看,北京的经济发展持续向好,三次产业在整个经济格局中的作用也十分明显,尤其是吸引就业方面第三产业吸收了80%以上的就业人口。学习型城市建设的着力点也要精准对接第三产业发展需求,尤其是不断提升职业教育专业布局和产业发展的契合度。

---

① 北京市统计局:《北京市2019年国民经济和社会发展统计公报》,http://tjj.beijing.gov.cn/tjsj_31433/tjgb_31445/ndgb_31446/202003/t20200302_1673343.html。
② 北京市统计局:《北京统计年鉴2019》,http://202.96.40.155/nj/main/2019-tjnj/zk/indexch.htm。
③ 北京市统计局:《北京市2019年国民经济和社会发展统计公报》,http://tjj.beijing.gov.cn/tjsj_31433/tjgb_31445/ndgb_31446/202003/t20200302_1673343.html。

从人口发展角度看，尽管自"十三五"以来，北京市常住人口规模持续下降，但是60岁及以上老年人口持续增加（见图1）。2019年，60岁及以上人口占常住人口的17.24%，65岁及以上人口已经占常住人口的11.4%，人口老龄化程度已经比较严重。随着老年人口的不断增加，老年教育要成为学习型城市建设的重要方面。

图1 "十三五"以来北京人口变化情况

（二）"四个中心"建设

"十四五"时期是北京深入推进"四个中心"建设的关键时期，学习型城市建设与"四个中心"建设有着密切的联系。建设学习型城市有利于助推政治中心功能发挥，可以有力促进北京服务中央的功能发挥，依靠学习转变思想观念，加快宣传中央的各项政策，落实各项任务部署，做好中央政务功能服务和首都政治安全保障工作；建设学习型城市，依靠学习促进北京建成超大城市治理体系典范，从依法治理到以德治理，最后要推进依学治理，将建设学习型社会作为社会治理的重要方式。

学习型城市建设也要服务文化中心建设。学习型城市建设，为提高全体市民的生活品质，丰富文化、精神生活做出了贡献；激发城市的创新活力，塑造了城市文明新形象；为北京经济建设和社会发展提供了有力的智力支持

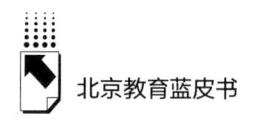

和人力资源保障；为北京建设和谐城市、创新城市、文化城市、绿色可持续发展城市奠定了基础。

科技创新最终要依赖于人才和人的创新，社会化学习网络为终身教育整合教育资源提供了条件，教育信息技术为终身教育信息平台提供了技术支撑，广泛的各类组织学习和市民个人学习为城市和谐发展、不断创新提供了内在动力和智力支撑。科技创新中心建设与学习型城市具有先天的契合关系。学习型城市的三大支柱学习型组织建设为科技创新中心提供实体和原动力、城市创新体系为科技创新提供环境和保障、终身教育和学习服务体系为科技创新提供人才和智力支撑。

北京建设国际交往中心离不开学习型城市建设的支撑。北京市民是国际交往中心的一扇窗口，北京市民的人文素养营造了国际交往中心的软环境。实现北京良好人文环境的重点在于教育，学习型城市工作的推进为市民素养的提升提供必要的支持。通过学习型城市的创建，养成市民的良好品德，形成北京人特有的文化气质，传递北京人应有的素养，推进北京从经济城市变成一个具有人文气息，并且更具魅力的城市。

（三）国际学习型城市建设的新趋向

在学习型城市运动出现较早的英国，学习型城市的相关项目已经大大缩减，宣称自己为学习型城市的地区也变少，英国学习型城市的网站也因缺少资助停止了更新。英国各个城市推进学习型城市建设的目的不一，有些城市是出于宣传自己的目的，有些城市是为了整合当地不同行业部门的教育资源（由于中央集权力量增大，许多地方不能协调当地的部分教育资源），当然也有些城市是为了通过学习和培训为当地经济发展提供足够的劳动力。比如，格拉斯哥市提出建设学习型城市的口号，目的是关注教育弱势群体，通过教育改变格拉斯哥落后、环境恶劣的坏印象；谢菲尔德市是为了改变当地经济的发展模式，通过发展创意产业来解决重工业消失后的就业问题等。GNLC成员斯旺西市制定了一个以创业精神为重点的学习型城市计划以促进该地区的投资和创造就业机会，同时发展一种经济增长模式，确保包括贫困社区居民在内的所有人都能从繁荣中受益。

随着资助经费的减少，欧洲的许多其他城市即便有终身教育方面的资助，也会将资助投入对经济发展更加有实际价值的技能培训领域。世界上其他国家，比如澳大利亚的阿德莱德市（Adelaide），其学习型城市建设的重要目的是宣传城市来发展当地的教育市场，初衷已有所不同。当年提出建设学习型城市口号的城市有许多已经不再提此口号，英国中央政府也不如1997年新工党上台之后对终身教育的重视程度大，现在的英国联合政府，更多地将公共资金用于支持技能培训，更加突出了终身教育的经济功能。

作为高福利国家，瑞典的经济发展一直相对稳定，为社会的繁荣和文化教育事业的发展奠定了坚实基础，也为学习型城市的创建提供了良好的保障。奥斯卡·奥尔森作为发起人创建的瑞典学习圈，是为有共同志向的人"讨论问题与学习知识"的交流圈子，不仅吸引了一定规模人群的积极参与，而且这种灵活的学习方式得以迅速在社区和社会组织中广泛传播。

（四）国内学习型城市建设的进展

国内一些地区和城市采取一系列重要举措，积极推进终身学习立法、建立学习型城市建设联盟，推动学习型城市建设取得重要进展。

1. 推进终身教育立法，为学习型城市建设奠定法律基础

学习型城市建设是一项复杂的系统工程，它的推进和施行离不开相关立法的保障。国内已有多个省市如福建省、上海市、河北省、成都市等实现了终身教育和社区教育的立法（见表2），另有一些省市如河南省启动制定《河南省终身教育促进条例》，山东省开展"山东省终身教育条例"立法工作。地方性法规的相继出台，为学习型城市建设提供了法律保障，如《成都市社区教育促进条例》规定，"社和区（县）人民政府应当加强对社区教育的领导，将社区教育纳入国民经济和社会发展规划"，并要求建立多部门共同参与的社区教育联席会议制度，以此为学习型城市建设奠定坚实的法律基础。

表 2　国内终身教育立法及相关立法情况

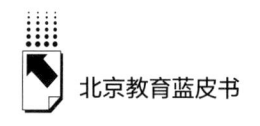

省市	发文年份	发文机构	文件名称
福建省	2005	福建省人大常委会	《福建省终身教育促进条例》
上海市	2011	上海市人大常委会	《上海市终身教育促进条例》
太原市	2012	太原市人大常委会	《太原市终身教育促进条例》
河北省	2014	河北省人大常委会	《河北省终身教育促进条例》
宁波市	2014	宁波市人大常委会	《宁波市终身教育促进条例》
成都市	2016	成都市人大常委会	《成都市社区教育促进条例》
西安市	2019	西安市人大常委会	《西安市社区教育促进条例》

2. 建立管理体制与协调机制，为学习型城市建设提供组织保障

学习型城市建设涉及城市管理与发展的方方面面，需要建立统筹协调机制，形成完善的管理体制，统筹推进学习型城市建设，提供组织保障。各城市在推进学习型城市建设的过程中，大多组建了由一位市委、市政府主要领导负责，各个相关政府部门组成的领导协调机构，共同推进学习型城市建设。上海在市级层面成立了由市委、市政府等13个部门组成的上海市学习型社会建设与终身教育促进委员会（办公室设在市教委），负责对学习型城市建设的统筹、规划、决策、指导，形成了多方参与、共同推进的工作格局。杭州市建立了由市委书记任主任，13个区、县（市）和21个市直有关部门主要负责人为成员的工作领导小组、指导委员会，办公室设在市委宣传部。成都市建立了市学习型城市和社区教育联席会议制度，形成了市教育局、终身教育处、社区大学、社区学校四级管理体制。

3. 推动学习资源的汇聚、共享和开放

学习型城市建设面向城市居民的各类人群、面对不同学习群体的多元化学习需求，需要整合各类教育资源、提供教育服务。各城市在推进学习型城市建设过程中充分挖掘正式教育机构、非正式教育机构的教育资源，把所有可资利用的教育资源都整合到学习型城市建设的体系中。上海市建设的"上海市民终身学习体验基地"，整合了多方资源，呈现了资源联动、辐射拓展的特点。长沙市图书馆、科技馆、文化馆、博物馆和体育场馆等公共场馆开展"学习开放日""主题活动日""专题讲座"等活动,为市民提供终身学习服务。

4. 探索建立学习成果认证与转换制度

2013年11月,中共中央印发的《关于全面深化改革若干重大问题的决定》指出:"试行普通高校、高职院校、成人高校之间学分转换,拓宽终身学习通道"。为此,国家开放大学率先启动了继续教育学习成果框架建立、制度建设、认证单元标准和体制机制等方面的系统研究。许多普通高校也在探索实行学历教育取向的校际相同层次、相近课程间的学分互认和资源共享。上海、天津、沈阳、杭州、江苏、慈溪等城市也在积极探索建立市民学习成果的认定、积累和转换制度,建立市民"学分银行"管理运行机构,开发相关课程和资源,初步具备了为市民学习者提供账户开设、学分积累、部分学习成果认定、转换与激励功能。尤其是广东省已经建成了本省的终身学习资历框架,重庆市也在推进资历框架的建设。北京市应该把资历框架建设作为学习型城市建设的重要基础制度加以重视。

5. 发挥了社会组织在创建学习型城市中的作用,推动治理创新

截至2018年底,全国共有社会组织81.7万个,其中社会团体366234个,基金会7034个,民办非企业单位444092个。[①] 这些社会组织在学习型城市、学习型社会建设过程中通过不同渠道以不同方式发挥了重要作用。

在各级政府的鼓励、支持和引导下,各城市正在加快培育社会组织,努力发挥它们在学习型城市建设中的积极作用。同时,不断提升社会组织品质内涵,创新工作思路,汇聚多方资源,打造服务平台,为创建学习型城市提供服务。如浙江省温州市通过商会、行业协会及民间非营利性组织,承接项目、购买服务;温州市共青团组织围绕青年社会组织的发展需求,寻求政府与社会组织的互利互惠关系,形成了项目评选型、赛会承接型、基金扶持型、公益创投型、政府购买型等引导青年社会组织承接政府服务的五条路

[①] 中华人民共和国民政部:《2018年民政事业发展统计公报》,http://images3.mca.gov.cn/www2017/file/201908/1565920301578.pdf。

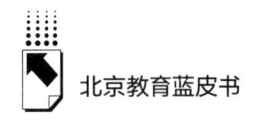

径。社会组织和社会团体正在成为学习型城市建设的重要力量。

6. 搭建数字化学习平台，为市民终身学习搭建平台和服务网络

实现教育与现代信息技术的深度融合已经成为当前我国教育信息化的主要目标，更是我国教育综合改革的重要任务。为了为市民提供灵活、便捷的终身学习服务，学习型城市建设过程中我国充分利用现代信息技术搭建数字化学习平台，充分整合资源，为市民终身学习搭建平台和服务网络。

成都市以成都社区大学为龙头，继续完善"成都市终身学习教育资源库"和"成都市民终身学习公共服务平台"，已形成"1库N网"公共服务平台架构，如成都市民终身学习平台、蓉城先锋家园党员教育网、中小学教师继续教育网、成都华文学习在线等。每年常态化更新资源2000多门，通过购买、自建等方式，学习资源容量达20T，内容涵盖职业培训、休闲教育、基础教育、成人学历教育等25个大类，平台学员注册数近100万人，年服务市民超过1亿人次。长沙市依托长沙广播电视大学，2010年建设了长沙终身教育学习网，有效实现了四级网络的互联互通和线上学习资源的共建共享。目前，长沙终身教育学习网拥有4421门各类学习课程，市民注册人数近42万人，学习访问达2200万人次，学时量为91998493，点击量达到22369644次。在2016年全国社区教育网站排名评比中，长沙终身教育学习网实名注册人数在全国排名第三，点击率排名第四。

（五）教育改革创新的未来形势

尽管学习型城市建设不仅仅是一个教育问题，但是国家和北京市关于未来教育的规划图景仍然在很大程度上影响着北京市学习型城市建设在"十四五"时期的发展目标和具体路径。

1. 国家层面的教育未来规划

《中国教育现代化2035》和《加快推进教育现代化实施方案（2018—2022年）》是教育在未来一段时期改革发展的纲领性文件，对于我国未来15年中长期的教育规划和短期内的具体推进有相对详细的指导。其中《中国教育现代化2035》所提出的"加快推进教育现代化、建设教育强国、办好人民满意的教育"总体指导思想,对于北京市学习型城市建设具有同样的指导意义;其"加快建成伴随每个人一生的教育,努力为每个人在人生不同时期提供丰富多样的学习机会、开放优质的学习资源、灵活便捷的学习方式、绿色友好的学习环境"的基本原则也应该成为北京市学习型城市建设的基本遵循;其所提出的"建成服务全民终身学习的现代教育体系"应该成为北京市学习型城市建设的基本价值追求,北京市的学习型城市建设应该致力于在北京市域内建立服务全体北京市民终身学习的教育体系;其所提出的十项战略任务为北京市学习型城市建设具体路径的选择指明了方向,尤其是"构建服务全民的终身学习体系""加快信息化时代教育变革"等战略任务对于北京市学习型城市建设具有很强的指导意义,如何借助现代信息技术构建服务北京全体市民的终身学习体系,应该成为"十四五"北京学习型城市建设的重要方向。

2. 北京市层面的教育未来规划

与国家层面的教育规划文件相对应,北京市层面也相应制定了《首都教育现代化2035》和《加快推进首都教育现代化实施方案(2018—2022年)》两份规划文件,这两份文件同样对"十四五"北京市学习型城市建设有重要意义。其中《首都教育现代化2035》所提出的"提供更加公平高质量的教育,增强人民群众教育获得感,引领具有首都特点、中国特色、世界水平的现代教育发展"为北京市学习型城市在"十四五"期间的建设提供了全方位指导,北京学习型城市建设也要着力增强人民群众的获得感,建成首都特点、中国特色、世界水平的学习型城市,满足全民终身学习需求,推进人人皆学、处处能学、时时可学。其所提出的十二项战略任务为"十四五"时期北京市学习型城市建设指明了路径方向,其中所提出的"健全学校家庭社会三育人工作机制""建立广义教育资源观""扩大教育供给""京津冀协同""'互联网+'教育服务体系"等都为"十四五"时期北京市学习型城市建设指明了具体的路径,尤其是"构建融通便捷的终身教育体系"战略任务,提到的搭建终身学习立交桥、完善全民终身学习制度环

境、完善终身教育服务平台三项具体任务，也应该是"十四五"期间北京学习型城市建设的重要任务。

三 "十四五"北京学习型城市建设的核心策略

（一）发展思路

"十四五"时期北京学习型城市建设要以习近平新时代中国特色社会主义思想为指导，深入贯彻落实全国教育大会和北京教育大会精神，紧密对接"四个中心"建设，服务北京城市功能定位，落实城教融合战略，以统筹协调建设机制的改革创新为龙头，以现代信息技术的广泛、充分应用为核心，构建对接城市发展战略、覆盖全市16个城区和全体市民的融通便捷的终身教育体系；为学习型城市建设和市民终身学习奠定相对坚实的法制基础，以资历框架制度、学分银行制度、质量保障制度为基础，搭建市民终身学习"立交桥"。

（二）发展目标

经过五年建设，重新建立北京学习型城市建设的顺畅沟通协调机制，在横向上建立主管副市长牵头、各委办局深度参与、定期召开会议协调学习型城市建设的沟通协调机制；在纵向上依托北京市社区教育指导中心、区级社区教育指导中心建立纵向沟通衔接机制。进一步完善四级社区教育服务体系，推动区、街道（乡镇）、社区（村）三级社区教育机构的建设。充分整合资源，扩大教育供给，构建服务全体市民终身学习的资源支持体系。以现代信息技术为支撑，形成"互联网+"学习型城市建设的新模式和新路径。推进教育制度创新，推进构建融通便捷的终身教育体系。

（三）"十四五"时期改革与发展任务、措施

1. 进一步提升学习型城市建设定位

学习型城市建设是提高城市居民素质、提升城市综合竞争力的需要，也

是现代城市发展的内在要求，它是城市发展战略与发展路径的转变。学习型城市建设不仅是城市在发展过程中应对面临的问题与挑战的手段，更是城市发展的新阶段、新高度。这是北京学习型城市建设在"十四五"期间必须坚持的定位。在明确这一定位的前提下，要进一步明确新时代北京学习型城市建设的内涵，从城市发展史、现代城市管理学、城市社会学以及其他视角进一步阐释学习型城市的内涵，尤其要明确学习型城市建设的本质在于构建服务城市区域内全民终身学习的教育体系。

2. 建立新时期学习型城市建设沟通协调机制

适应北京市建设学习型城市工作领导小组取消的客观现实，在不增加编制、不新设机构的前提下，建立健全北京学习型城市的沟通协调机制；在横向上建立分管副市长牵头的委办局联席会议制度和协调制度，定期召开会议研究解决学习型城市建设的重大关键问题，指导全市学习型城市建设的宏观规划；在纵向上加强社区教育指导中心建设，形成市社区教育指导中心、区社区教育指导中心的纵向衔接机制，加强社区教育指导中心的组织、制度建设。通过建设，充分整合各方力量，形成资源聚合优势，推动学习型城市建设。

3. 推进北京市终身教育或终身学习立法工作

要从根本上解决当前北京市学习型城市建设中的基础性、关键性问题，充分服务"四个中心"建设，就必须重视终身教育或终身学习的专门立法工作。而通过终身教育立法推动学习型城市建设在新阶段的持续发展已经是国内诸如上海等城市的先行经验。目前，北京学习型城市建设由宏观架构阶段进入了系统重新设计的新阶段，所面临的发展环境和发展瓶颈也更为复杂和多元。而这一系列问题如果缺少专门法律的支撑很难得到解决。推进北京市终身教育或终身学习立法工作已经是关系到北京市学习型城市建设和改革发展的重要事项。

4. 探索"互联网+"学习型城市建设新模式

在学习型城市建设过程中充分利用现代信息技术，促进学习型城市资源整合，探索形成"互联网+"学习型城市建设的新路径、新方法和新机制，

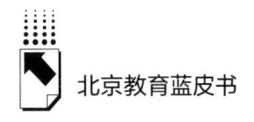

形成"互联网+"时代北京学习型城市建设的新模式,也是新阶段北京学习型城市建设所应采取的重要措施。通过学习型城市建设新模式的探索,一是可以充分整合学习型城市建设的各类资源,聚合城市区域内各类优质资源;二是可以创新资源的配置模式,打破资源的组织属性,构建适合市民个人学习的资源配置模式,真正服务市民的个性化学习;三是可以创新市民的学习模式,基于现代信息技术创新学习方式和支持服务方式,能够很好地提升市民的学习体验和效果。

5. 以资历框架为基础构建学习成果认证、积累和转换制度

北京学习型城市建设的价值定位在于建成服务全体市民终身学习的教育体系,这需要灵活开放的教育制度支撑。而资历框架制度是灵活开放的教育制度中最为基础和核心的制度,建立资历框架是终身教育体系建设的制度创新,是一项基础性、先导性的工作。北京有些区在开展学习型城区建设的过程中已经进行学分积累和转换的试点,但是这些探索和实践并没有形成全市统一的标准和规则。当前广东省已经建立了地方性终身教育资历框架标准,沟通了普通教育、职业教育和继续教育三大领域。北京要充分借鉴国际国内经验,结合北京实际建立地方资历框架标准,以此为基础构建学习成果认证、积累和转换制度,为融通便捷的终身教育体系奠定制度基础。

6. 充分整合资源,扩大教育供给

拓展继续教育渠道。立足城市发展和市民需求,进一步发挥全市丰富的资源优势,整合利用文化馆、图书馆、影剧院、博物馆、科技馆、档案馆、体育场馆等社会文化机构资源。鼓励高等学校、职业院校、社区学院面向行业企业开展多层次、多形式、多类型的职工继续教育,为在职人员提供职业能力提升渠道。支持面向退役军人和武警官兵、进城务工人员、转岗人员、城乡待业人员、残疾人、农村实用人才、新型职业农民等社会群体,提供多样化教育与培训项目。

增强社区教育供给。引导高等学校、职业学校和社会力量共同参与社区教育,培育多元办学主体,形成分布均衡、高效便捷的社区教育体系,为社区居民提供丰富、优质、多样化的教育服务。进一步加强市民终身学习基

地、职工继续教育基地、新型职业农民培训基地建设，同时建立机制使基地充分运行和发挥作用。

大力发展老年教育和家庭教育。结合多层次养老服务体系建设，大力发展老年教育，优先发展社区老年教育，鼓励更多社会力量参与老年教育服务机构建设，为老年人提供就近就便、优质多元的教育服务。构建家庭教育的社区支持服务体系，完善社区家庭教育的师资队伍和课程建设，探索多元的家庭教育实施渠道。

7. 深入实施学习型城市建设监测工作

开展学习型城市建设监测工作，是引导和推动学习型城市建设的重要抓手。要组织专家团队，充分研究国际学习型城市监测已有指标框架，结合北京学习型城市建设实际，尽快研究制订具有国际水准、首都特点的学习型城市监测指标体系；搭建科学的学习型城市监测工作机制，良好的工作机制是顺利开展学习型城市监测的重要保障，要统筹建立监测工作的专家团队、工作团队、数据填报统计平台，尤为重要的是建立市、区两级的工作互动机制；形成学习型城市监测结果使用机制，探索建立将监测结果与各区学习型城市建设政策支持相结合的机制，引导各区不断提升学习型城市建设水平。

参考文献

邱德峰、钟长婷、于泽元：《新时代学习型城市建设的基本要点与未来走向：基于〈麦德林宣言〉的启示》，《教育科学论坛》2021年第12期。

程豪、李家成、匡颖、张伶俐：《反思与突破：学习型城市建设的高质量发展》，《开放教育研究》2021年第4期。

国卉男：《学习型城市治理体系和治理能力现代化建设：理论指南与行动计划》，《教育发展研究》2021年第3期。

王永刚：《发达国家学习型城市建设比较研究与启示》，《成人教育》2020年第4期。

殷丙山、韩世梅、董昭岭：《互联网＋学习型城市建设：北京行动与反思》，《开放

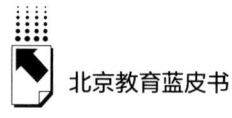

学习研究》2019年第1期。

刘雅婷、叶笑寒、黄健、高小军：《学习型城市建设：全部门与跨部门的协同治理——UIL终身学习国际咨询论坛概述》，《教育发展研究》2019年第1期。

赵华：《基于政策分析的学习型城市建设保障机制探析》，《终身教育研究》2018年第4期。

王仁彧：《学习型城市建设的国际比较与标准认定》，《职教论坛》2017年第22期。

专题篇

B.8
2021年北京市公众教育满意度调查报告

赵丽娟 卢珂 王玥*

摘 要： 本报告对来自北京市各区的1887所幼儿园、1481所中小学及18所职业高中的36307名学生家长，982名人大代表、政协委员，8303名校（园）长、教师，1990名督学，共计47582名公众，采用网络调查方式，从政府统筹、学校办学、师资队伍、教育效果四个方面及"双减""五项管理"政策落实情况进行了调查。调查结果显示，2021年北京市及各区教育工作整体情况得到公众的广泛认可；"双减"及"五项管理"政策实施之初得到公众的较高评价，但家长尚存顾虑；公众对义务教育均衡发展状况的评价有所提升，但优质教育资源供给还不能满足公众的教育需求；公众对教师队伍素质提出更高期望。本报告在上述分析基础上给出提升北京教育满意度的政策建议。

---

* 赵丽娟，北京教育科学研究院副研究员，主要研究领域为教育督导、教育评价；卢珂，博士，北京教育督导评估院副研究员，主要研究领域为教育经济与管理、教育政策；王玥，北京教育督导评估院助理研究员，主要研究领域为心理测量与评价。

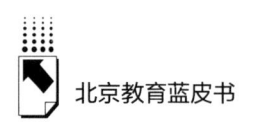

关键词： 公众教育满意度　网络调查　北京市

为了解和掌握公众对北京市及各区教育工作的意见和建议，2021年北京教育科学研究院受市教委委托连续第13年开展北京市公众教育满意度调查，以期通过全面分析公众对16个区及燕山地区、经开区的教育满意度，了解公众对公共教育服务的获得感和满意度。

2021年是我国"十四五"开局之年。7月24日，中共中央办公厅、国务院办公厅出台《关于进一步减轻义务教育阶段学生作业负担和校外培训负担的意见》，是党中央、国务院对教育工作作出的重大战略部署。减轻学生作业负担和校外培训负担（以下简称"双减"）是教育战线贯彻新发展理念、构建新发展格局、推进高质量发展、促进学生健康成长的重大举措。北京作为首善之区和国家"双减"政策的试点城市，8月14日，北京市委办公厅、北京市人民政府办公厅印发了《北京市关于进一步减轻义务教育阶段学生作业负担和校外培训负担的措施》。在这样的背景下，及时了解和掌握公众对北京市及各区教育工作在哪些方面满意、对哪些方面不满意，以及对市、区教育工作有哪些意见和建议，对于科学决策、精准施策的意义和价值更为凸显。

一　调查基本情况

（一）调查内容

本次调查在往年基础上，基于调查目标，本着科学规范、突出重点、关注热点的原则，在保持问卷主体部分基本稳定的情况下，紧密结合最新政策文件要求、北京市教育改革发展现状及历年开展满意度调查积累的经验予以调整、优化和完善。一是坚持政策导向，补充完善调查内容，主要增加对"双减""五项管理"情况的调查，包括对课后服务、校外培训规范治理、作业布置与批改等方面的调查，政府统筹维度还增加了减轻教师负担情况调查；此外，结合最新文件，调整了个别指标的表述。二是突出重点，精简评价要素。结合往年调查实施过程中发现的调查题目较多、答题时间较长等问题，对题目总量进行精简压缩，对部分调查内容过细的题目进行整合或删减。调查内容主要包括公众对政府统筹、学校办学、师资队伍、教育效果四个方面教育工作的满意度及"双减""五项管理"政策落实等情况的专项调查，共计32个二级指标53项评价要素。

（二）调查方法

1. 调查方式

通过网络调查方式收集数据，采用发送短信通知调查对象在线填答问卷方式，调查于2021年9月10~30日进行。

2. 调查对象及抽样方法

公众群体由学生家长、人大代表和政协委员、校（园）长和教师、督学四类群体构成。采用分层随机抽样方法抽取学生家长、校（园）长和教师样本，分层变量包括学段、学校（幼儿园）办别及所在地域等，根据2020~2021学年段教育专业统计资料中北京基础教育学生、教师总数，按照有限总体的样本量计算公式，不超过1.05%的抽样误差，计算出学生家长、校（园）长和教师的总样本量，再根据各区各学段学生和教师实际人数确定各层样本量；各区人大代表和政协委员（教科文卫体领域）、督学全员邀请填答。

3. 统计分析方法

对于封闭题收集到的定量数据，运用SPSS统计软件进行分析处理。通过赋值和加权方法计算公众对各项指标的满意度得分和综合得分。将"满意"赋值为100分，"比较满意"赋值为80分，"一般"赋值为60分，"不太满意"赋值为40分，"不满意"赋值为20分。学生家长、人大代表和政协委员、校（园）长和教师、督学四类公众群体的权重采用德尔菲法，并结合相关文件要求确定。

对于开放题收集到的定性信息，运用内容分析法和归纳法，将所收集到

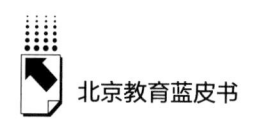

的公众意见和建议进行编码和归类，在此基础上统计分析公众的意见和建议分布情况。

（三）样本分布

2021年共调查了来自全市各区的1887所幼儿园、1481所中小学及18所职业高中的36307名学生家长，982名人大代表、政协委员，8303名校（园）长、教师，1990名督学，共计47582个有效样本。其中，学生家长、校（园）长和教师样本所在学校分布符合北京市及各区中小学校的公办民办、城乡分布特征，能够代表北京市及各区家长、校（园）长和教师总体，详见表1。

表1 学生家长、校（园）长和教师样本分布情况

单位：名，%

类别		学生家长		校（园）长和教师	
		样本量	比例	样本量	比例
学段	幼儿园	8617	23.7	2038	24.5
	义务教育	24233	66.7	5014	60.5
	普通高中	2640	7.3	758	9.1
	职业高中	817	2.3	493	5.9
合计		36307	100.0	8303	100.0
办学类型	公办	25435	70.0	5418	65.2
	民办	1438	4.0	354	4.3
	缺失值	9434	26.0	2531	30.5
合计		36307	100.0	8303	100.0
地域	城区	30047	82.8	6578	79.3
	镇区	4030	11.1	1140	13.7
	乡村	2230	6.1	585	7.0
合计		36307	100.0	8303	100.0
区	东城区	2161	6.0	575	6.9
	西城区	3237	8.9	729	8.8
	朝阳区	5372	14.8	1194	14.4
	丰台区	2511	6.9	593	7.1
	石景山区	956	2.6	242	2.9

续表

类别		学生家长		校(园)长和教师	
		样本量	比例	样本量	比例
区	海淀区	6565	18.2	1232	15.0
	门头沟区	556	1.5	169	2.0
	房山区	2138	5.9	439	5.3
	通州区	2848	7.8	585	7.0
	顺义区	1858	5.1	399	4.8
	昌平区	2361	6.5	566	6.8
	大兴区	2085	5.7	512	6.2
	怀柔区	754	2.1	193	2.3
	平谷区	847	2.3	267	3.2
	密云区	935	2.6	252	3.0
	延庆区	582	1.6	192	2.3
	燕山地区	176	0.5	71	0.9
	经开区	365	1.0	93	1.1
合计		36307	100.0	8303	100.0

二 调查结果

(一)总体情况

1.公众对北京市教育工作满意度综合得分为85.7分[①],达到"比较满意"水平,比上年增加4.3分,比2016年("十三五"初期)增加了1.9分

从四类公众群体来看,满意度得分均达到"比较满意"水平;其中,督学的满意度最高(90.9分),学生家长的满意度相对较低(83.9分)(见图1)。

从四个维度来看,满意度均达到"比较满意"水平,其中,对师资队

---

① 此处为公众满意度综合得分,其中,学生家长、人大代表和政协委员、校(园)长和教师、督学四类公众群体的权重分别为50%、15%、20%、15%,该权重通过德尔菲法,收集41位专家两轮意见,并参考教育部《县域义务教育均衡发展督导评估暂行办法》确定。

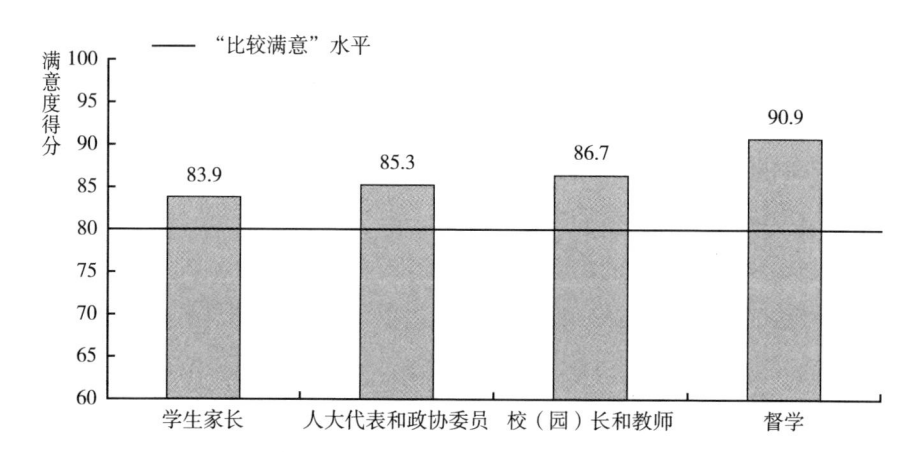

图1　2021年北京市四类公众群体教育满意度调查结果

伍的满意度最高（89.2分），之后为学校办学（88.9分）、教育效果（86.2分），政府统筹维度的满意度最低（82.2分）（见图2）。

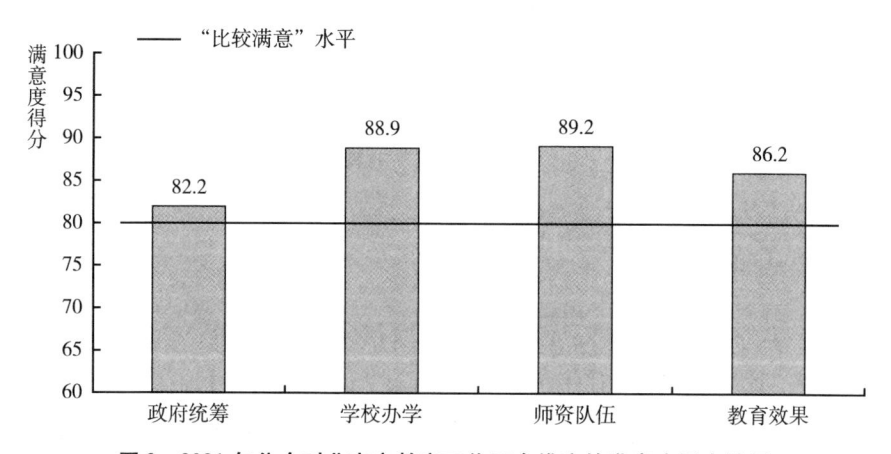

图2　2021年公众对北京市教育工作四个维度的满意度调查结果

从北京市各城市功能区①来看，四个区域的公众满意度均达到"比较满

---

① 见《北京市"十一五"时期功能区域发展规划》第三部分四大功能区域发展规划：首都功能核心区（东城区、西城区、原崇文区、原宣武区）、城市功能拓展区（朝阳区、海淀区、丰台区、石景山区）、城市发展新区（昌平区、通州区、顺义区、大兴区、房山区）、生态涵养发展区（门头沟区、平谷区、怀柔区、密云区、延庆区）。

意"水平,生态涵养发展区公众满意度最高,首都功能核心区、城市发展新区、城市功能拓展区公众的满意度没有显著差异(见图3)。

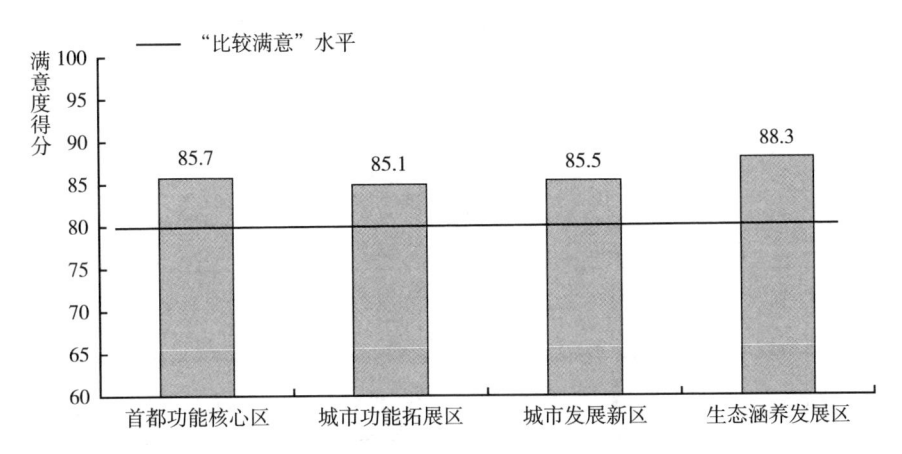

图3 2021年北京市各城市功能区公众教育满意度调查结果

从北京市各学段来看,各学段学生家长、校(园)长和教师满意度均达到"比较满意"水平,其中,职业高中学生家长的满意度最高,初中学生家长的满意度最低;幼儿园园长和教师的满意度最高,普通高中校长和教师的满意度最低(见图4)。

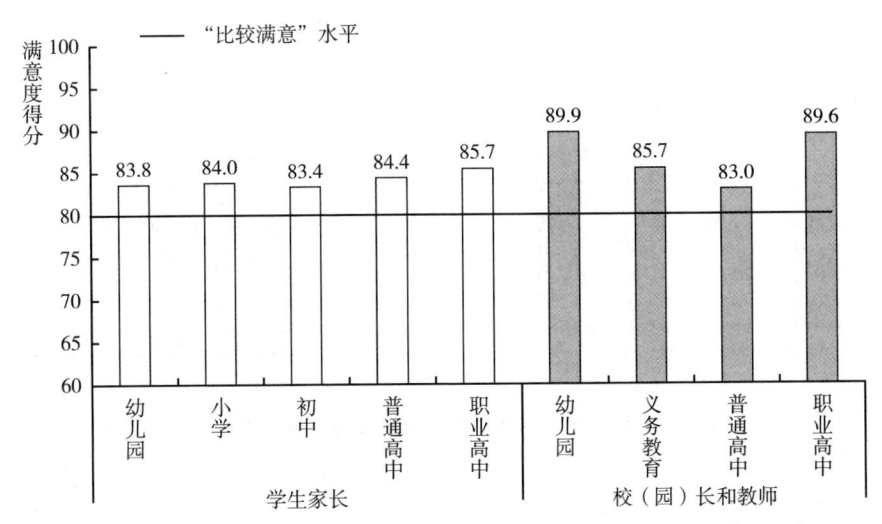

图4 2021年北京市各学段学生家长、校(园)长和教师教育满意度调查结果

从北京市不同地域①学校来看，城区、镇区、乡村学校的学生家长、校（园）长和教师满意度均达到了"比较满意"水平，镇区学生家长的满意度最高，显著高于城区；镇区校（园）长和教师的满意度显著高于城区和乡村（见图5）。

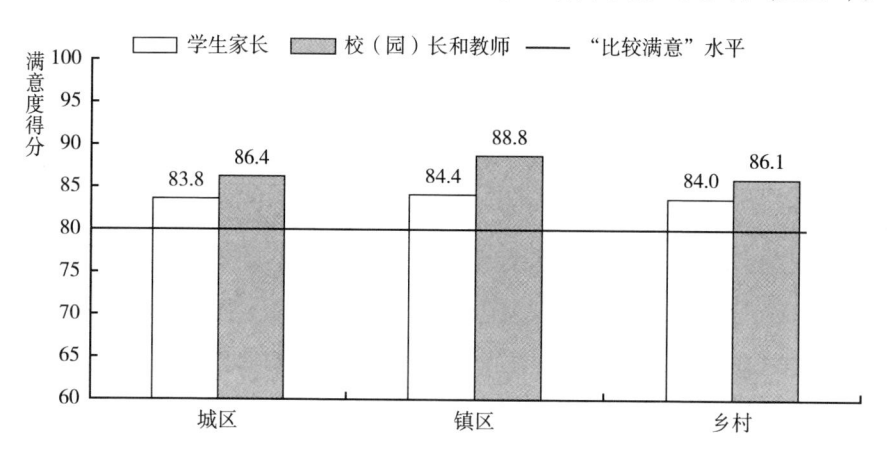

图5 2021年北京市不同地域学校（幼儿园）学生家长、校（园）长和教师教育满意度调查结果

从北京市不同户籍看，京籍和非京籍学生家长的满意度均达到了"比较满意"水平，非京籍学生家长的满意度显著高于京籍学生家长（见图6）。

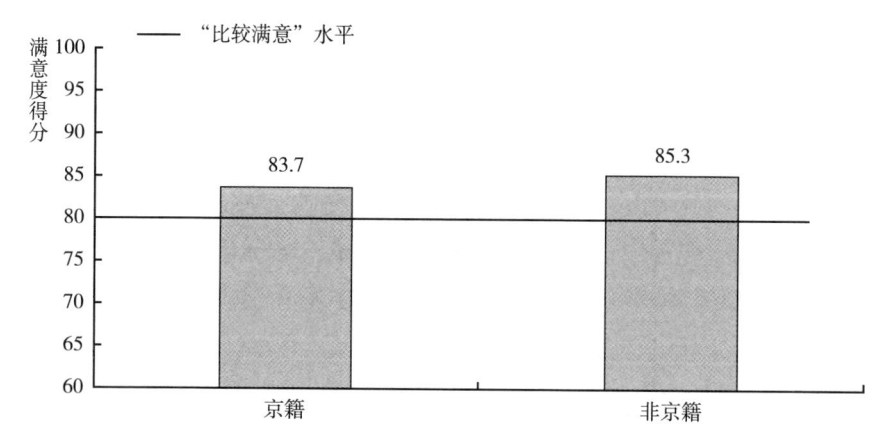

图6 2021年北京市不同户籍学生家长教育满意度调查结果

---

① 依据教育事业统计资料对于学校地域的划分，分为城区、镇区、乡村三类。

2. 各区教育工作满意度均达到"比较满意"水平

各区教育工作的满意度综合得分在84.1分至92.8分之间,均达到"比较满意"水平。

各区四类公众群体的满意度均达到"比较满意"水平。学生家长的满意度得分在82.2分至89.6分之间;人大代表和政协委员的满意度得分在80.6分至95.9分之间;校(园)长和教师的满意度得分在84.8分至95.3分之间;督学的满意度得分在88.4分至97.4分之间。

3. 公众满意度高的方面

教育收费规范状况、课程开齐开足情况、学校(幼儿园)安全状况、学校体育锻炼一小时保障情况、师生关系等方面得到了公众认可,满意度较高,尤其是教育收费规范状况均排在四类群体满意度首位。值得一提的是,课程开齐开足情况、学校体育锻炼一小时保障情况首次得到了学生家长、校(园)长和教师、督学的较高认可;此外,学校(幼儿园)安全工作也得到了学生家长、人大代表和政协委员、督学的较高认可;师生关系得到了学生家长、人大代表和政协委员、校(园)长和教师的较高认可;教育信息公开状况也得到了人大代表和政协委员、督学的较高认可(见表2)。

表2 2021年公众教育满意度位居前五名的指标

单位:分

排序	学生家长	人大代表和政协委员	校(园)长和教师	督学
1	教育收费规范状况(92.0)	教育收费规范状况(92.1)	教育收费规范状况(96.0)	教育收费规范状况(96.7)
2	学校(幼儿园)安全状况(88.7)	学校(幼儿园)安全状况(89.8)	学校体育锻炼一小时保障情况/幼儿园户外活动(94.0)	学校体育锻炼一小时保障情况/幼儿园户外活动(95.7)
3	课程开齐开足情况(88.4)	教育信息公开状况(87.8)	课程开齐开足情况(93.6)	教育信息公开状况(94.5)
4	师生关系(87.5)	小学入学办法(87.8)	教师的工作态度和责任心(92.5)	学校(幼儿园)安全状况(94.5)
5	学校体育锻炼一小时保障情况/幼儿园户外活动(87.0)	师生关系(87.7)	师生关系(92.3)	课程开齐开足情况(94.0)

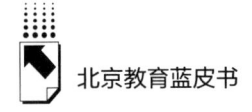

从"十三五"以来的公众教育满意度调查结果来看，教育收费规范状况、学校（幼儿园）安全状况、师生关系、教师的工作态度和责任心、学生对学校的喜欢程度的评价得分连年保持高位稳定，历年得分均在85分以上，一直深受公众好评。此外，值得一提的是，公众对幼儿园入园难缓解情况的评价几年来提升幅度最大，2021年公众满意度得分为82.7分，比2016年提升了9.2分；公众对学校（幼儿园）周边环境的满意度也提升了6分，达到81.4分。

4. 公众满意度低的方面

四类群体对社会资源用于学生教育情况、义务教育校际师资水平的均衡状况的评价得分排名均处后五位；同时，学生家长还对义务教育校际办学条件的均衡状况、校外培训机构规范治理情况、小升初入学办法满意度较低；人大代表和政协委员还对幼儿园入园难缓解情况、教师教育教学水平、学校对学生德智体美劳全面发展的培养效果评价较低；而校（园）长和教师、督学对本区政府减轻教师负担情况[①]、区政府或教育行政部门对学校的评价[②]均排名末两位，且校（园）长和教师对学校的设施设备条件、督学对学校的心理健康教育工作的满意度也排在后五位（见表3）。

表3 2021年公众教育满意度后五名的指标

单位：分

排序	四类公众群体			
	学生家长	人大代表和政协委员	校（园）长和教师	督学
1	社会资源用于学生教育情况(68.4)	社会资源用于学生教育情况(79.8)	本区政府减轻教师负担情况(63.4)	本区政府减轻教师负担情况(83.6)

[①] 根据中共中央办公厅、国务院办公厅印发的《关于减轻中小学教师负担进一步营造教育教学良好环境的若干意见》要求，针对区政府和教育部门规范与中小学教育教学无关事项、统筹规范精简相关报表填写工作、统筹规范督查检查评比考核事项、社会事务进校园、抽调借用中小学教师等情况，对校（园）长和教师、督学进行了调查。

[②] 根据中共中央、国务院印发的《深化新时代教育评价改革总体方案》中关于各级党委和政府要坚持正确政绩观，坚决纠正片面追求升学率倾向要求，对本区政府或教育行政部门对学校的评价是否主要是看学生的考试成绩和升学率，对校（园）长和教师、督学进行了调查。

续表

排序	四类公众群体			
	学生家长	人大代表和政协委员	校(园)长和教师	督学
2	义务教育校际师资水平的均衡状况(71.2)	义务教育校际师资水平的均衡状况(81.4)	区政府或教育行政部门对学校的评价(70.5)	区政府或教育行政部门对学校的评价(85.7)
3	义务教育校际办学条件的均衡状况(74.8)	幼儿园入园难缓解情况(82.3)	社会资源用于学生教育情况(76.1)	社会资源用于学生教育情况(86.0)
4	校外培训机构规范治理情况(76.6)	教师教育教学水平(82.9)	学校的设施设备条件(76.9)	学校心理健康教育工作(86.7)
5	小升初入学办法(76.7)	学校对学生德智体美劳全面发展的培养效果(83.1)	义务教育校际师资水平的均衡状况(79.8)	义务教育校际师资水平的均衡状况(87.3)

从"十三五"以来的公众教育满意度调查结果来看，社会资源用于学生教育情况、义务教育校际师资水平的均衡状况、义务教育校际办学条件的均衡状况、义务教育学校学生睡眠时间达标情况的评价得分基本处于低位徘徊状态，多年排名后五位，但义务教育校际办学条件的均衡状况、义务教育校际师资水平的均衡状况两项指标的评价得分几年来提升幅度较大，分别提升了5.0分和4.6分。应注意到，学生家长对于义务教育校际教师队伍、办学条件的均衡状况仍未达到"比较满意"水平，校（园）长和教师对校际教师队伍的均衡状况的满意度也不高（见图7）。

对于义务教育均衡发展满意度低的原因，通过开放题分析发现，公众反映区域之间、城乡之间和校际仍存在较大差距，公众对师资均衡的呼声较高。对于统筹社会资源用于教育满意度低的原因，追问调查和对开放题分析的结果显示，公众主要反映区内博物馆/图书馆/运动馆等资源少、开放的资源少、场馆开放时间不能满足学生需求、场馆布局不合理等，与往年基本一致。对于减轻教师负担满意度低的原因，开放题结果显示，部分校（园）长和教师反映与教学无关的事项过多，应减少一些不必要的社会活动或重复

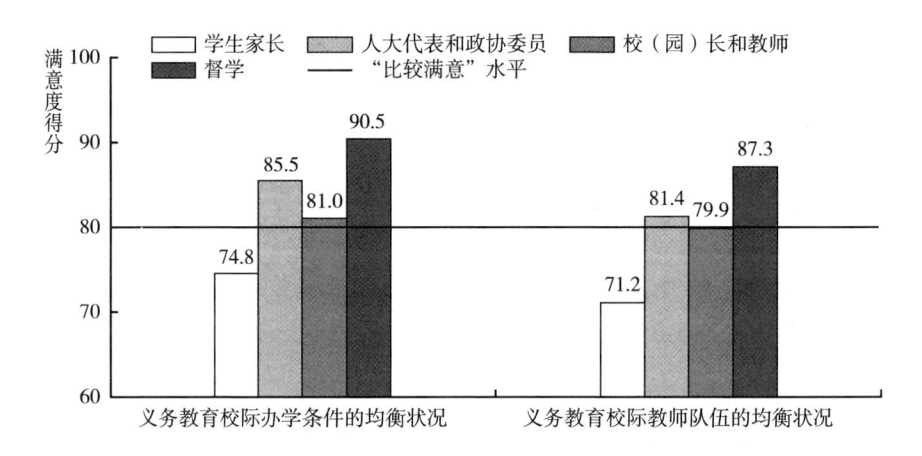

图7 2021年不同公众群体对义务教育均衡发展状况的评价得分比较

性工作，让教师能够安心教学；此外，还有部分教师提出"双减"后，希望引进第三方课后服务机构，在丰富学生课后服务的同时减轻教师负担。

（二）重点关注指标调查结果

1. 公众对"双减""五项管理"①政策实施情况整体评价较高，但学生的睡眠时间达标情况仍不乐观

公众对"双减""五项管理"政策的实施情况评价整体较高，除义务教育学校学生睡眠时间达标情况外，其余均达到了80分的"比较满意"水平，尤其是公众对学校对学生的手机管理情况、学校（幼儿园）推荐课外读物情况两项指标的评价均达到90分以上；义务教育学校布置的课后作业形式、课后作业布置与批改情况、提供的课后服务及课后作业量达标情况得到学生家长的较高认可（得分分别为87.8分、83.3分、80.9分和80.2

---

① 《教育部关于印发〈中小学生课外读物进校园管理办法〉的通知》（教材〔2021〕2号）、《教育部办公厅关于加强中小学生手机管理工作的通知》（教基厅函〔2021〕3号）、《教育部办公厅关于进一步加强中小学生睡眠管理工作的通知》（教基厅函〔2021〕11号）、《教育部办公厅关于加强义务教育学校作业管理的通知》（教基厅函〔2021〕13号）、《教育部办公厅关于进一步加强中小学生体质健康管理工作的通知》（教体艺厅函〔2021〕16号）。

分），但公众对义务教育学校学生睡眠时间①达标情况的评价得分仅74.0分，尤其是学生家长的评价得分仅65.6分，尚有较大改进空间。此外，校外培训机构规范治理情况得到督学、校（园）长和教师以及人大代表和政协委员的较高认可（得分分别为90.1分、84.4分、83.3分），但学生家长的评价得分较低（76.6分），未达到"比较满意"水平（见表4）。

表4 2021年公众对"双减""五项管理"政策实施情况的评价调查结果（按得分高低排序）

单位：分

序号	调查内容	学生家长	人大代表和政协委员	校(园)长和教师	督学	公众总体
1	学校对学生的手机管理情况	98.1	—	93.0	93.0	96.0
2	学校(幼儿园)推荐课外读物情况	95.6	—	89.6	93.0	93.7
3	义务教育学校布置的课后作业形式	87.8	—	—	—	87.8
4	义务教育学校课后作业布置与批改情况	83.3	—	90.9	89.5	86.2
5	义务教育学校提供的课后服务	80.9	—	80.9	90.1	82.5
6	校外培训机构规范治理情况	76.6	83.3	84.4	90.1	81.2
7	义务教育学校课后作业量达标情况	80.2	—	—	—	80.2
8	义务教育学校学生睡眠时间达标情况	65.6	—	86.0	86.1	74.0

进一步分析发现，不同城市功能区学校的学生家长对"双减"相关工作的评价存在一定差异，生态涵养发展区义务教育阶段学生家长对睡眠时间达标情况、体育锻炼一小时保障情况、学校提供的课后服务、校外培训机构规范治理情况的评价明显高于其他区域，尤其是较明显高于首都功能核心区，但首都功能核心区家长对不存在简单重复性作业形式、不存在惩罚性作业形式两项指标的认可度明显高于其他区域，尤其是较明显高于生态涵养发展区。

---

① 2018年8月30日，教育部、国家卫健委等八部门制定的《综合防控儿童青少年近视实施方案》规定：保障孩子睡眠时间，确保小学生每天睡眠10个小时、初中生9个小时、高中阶段学生8个小时。

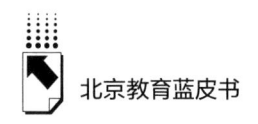

虽然义务教育学校课后作业量达标[①]情况得到家长的较高认可，但仍分别有10.7%的小学生家长和21.3%的初中生家长反映孩子作业时间超过了政策规定的时间要求；城区学生家长对课后作业量达标情况的认可度低于其他区域（见表5）。

表5　2021年义务教育阶段家长对学生睡眠时间、课后作业量达标情况的评价调查结果

单位：分

调查内容	学段 小学 1~2年级	学段 小学 3~6年级	学段 初中	区域 首都功能核心区	区域 城市功能拓展区	区域 城市发展新区	区域 生态涵养发展区	地域 城区	地域 镇区	地域 乡村
睡眠时间	67.6		61.6	61.0	62.9	69.5	74.1	64.5	73.4	74.1
课后作业量	89.1	81.9	72.8	78.7	79.3	81.7	82.0	79.9	82.6	81.5

对学校提供的课后服务不太满意或不满意的原因做了进一步的调查，结果显示，学生家长不满意的原因主要在于课后服务的质量有待提高，如形式不够多样化、课程内容不够丰富、作业完成效果不好等；校（园）长和教师对课后服务不满意的原因主要在于课后服务增加了教师负担。

2. 七成以上义务教育阶段学生家长反映孩子参加校外培训班，目的主要是满足孩子学习兴趣、培养孩子特长、提高成绩等；校外培训班依然存在一次性收取跨度超过3个月费用等违规现象

76.4%的义务教育阶段学生家长反映学生参加校外班，其中分别有42.9%、42.1%、35.8%、31.3%的家长反映学生参加了英语、艺术类、数学、体育类的校外班，排名前四位（见图8）。半数左右参加校外班的学生家长反映主要是为了满足孩子学习兴趣、培养孩子的特长，31.3%的家长反

[①] 中共中央办公厅、国务院办公厅《关于进一步减轻义务教育阶段学生作业负担和校外培训负担的意见》规定：学校要确保小学一、二年级不布置家庭书面作业，可在校内适当安排巩固练习；小学三至六年级书面作业平均完成时间不超过60分钟，初中书面作业平均完成时间不超过90分钟。

映主要因为孩子成绩不好想提高学习成绩，23.6%的家长反映主要为了应对升学考试（见图9）。

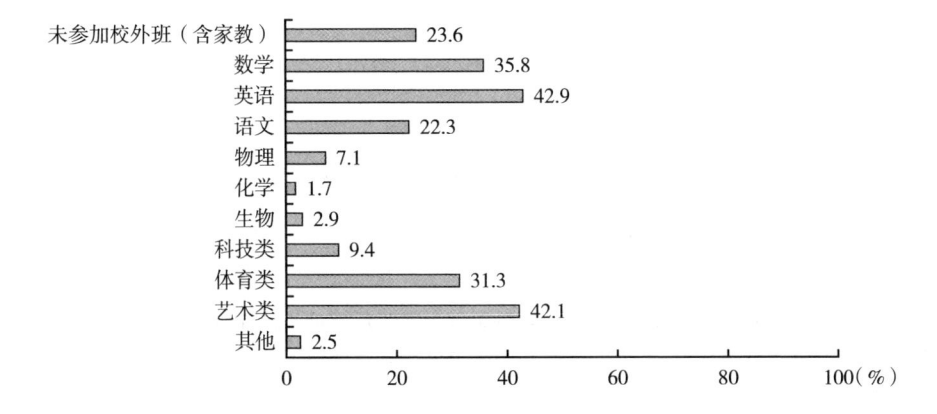

图8 2021年北京市义务教育阶段学生参加校外培训情况调查结果

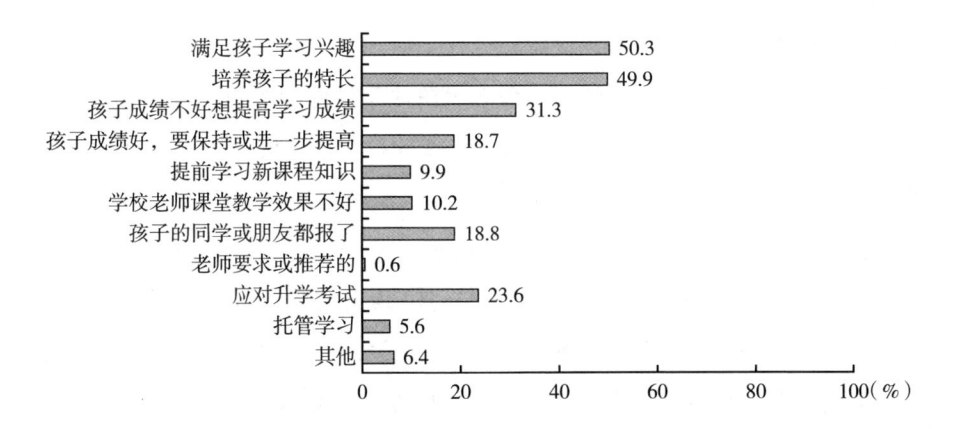

图9 2021年北京市义务教育阶段学生参加校外培训的目的调查结果

针对参加校外班的学生家长，调查了校外培训机构规范治理情况。调查显示，33.8%的家长反映校外班还存在一次性收取时间跨度超过3个月的费用现象，21.0%的家长反映学科类培训还存在课程内容超前超纲超进度现象。此外，分别还有超过10%的家长反映校外班存在与实际情况不符的广告宣传、孩子参加过培训机构组织的选拔性考试（见图10）。

违规现象	比例(%)
存在一次性收取时间跨度超过3个月的费用	33.8
存在与实际情况不符的广告宣传	13.3
学科类培训存在课程内容超前超纲超进度现象	21.0
参加过培训机构组织的选拔性考试	10.1

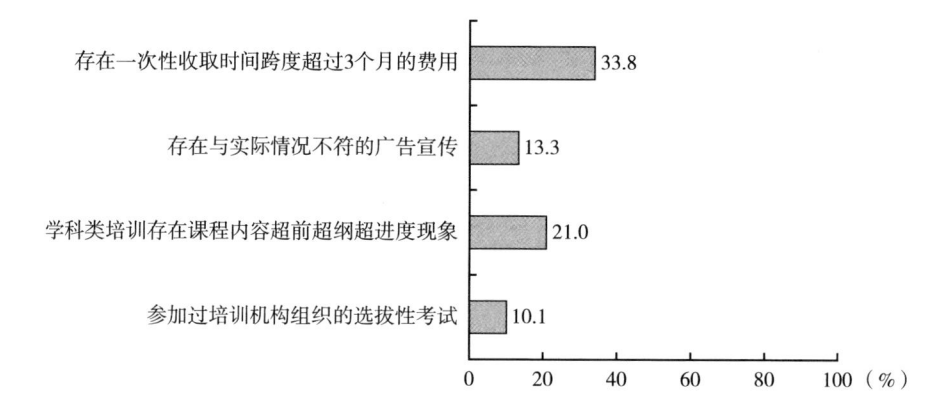

图10　2021年义务教育阶段学生家长认为校外培训机构存在违规办学现象的比例

3. 部分公众仍对义务教育阶段学生课业负担感受较重，认为导致课业负担重的原因主要在于升学考试压力大、社会以考试分数和升学率作为评价学生/学校的主要标准、家长要求高等

总体上，14.4%的公众认为义务教育阶段学生课业负担较重，这些公众中有42.8%认为重在学校课业负担，有35.6%认为学校和校外课业负担都重，21.6%认为是校外课业负担重。

从不同群体来看，11.0%的学生家长、26.1%的人大代表和政协委员、16.7%的校（园）长和教师和10.4%的督学认为义务教育阶段学生的课业负担"很重"或"较重"（见图11），多数（56.5%）学生家长认为重在学校的课业负担，其他群体主要认为学校和校外的课业负担都重（见图12）。

公众认为导致义务教育阶段学生课业负担重的原因主要在于升学考试压力大、社会以考试分数和升学率作为评价学生/学校的主要标准、作业多或作业难、家长要求高等，不同群体调查结果略有差异，特别应引起关注的是超过半数（53%）的校（园）长和教师认为全区统考和质量监测是导致学生课业负担重的三个主要原因之一（见图13）。

4. 公众对学校规范办学、教师遵守职业道德方面的评价

学校违规办学和教师违反职业道德现象仍在一定范围内存在。10.4%

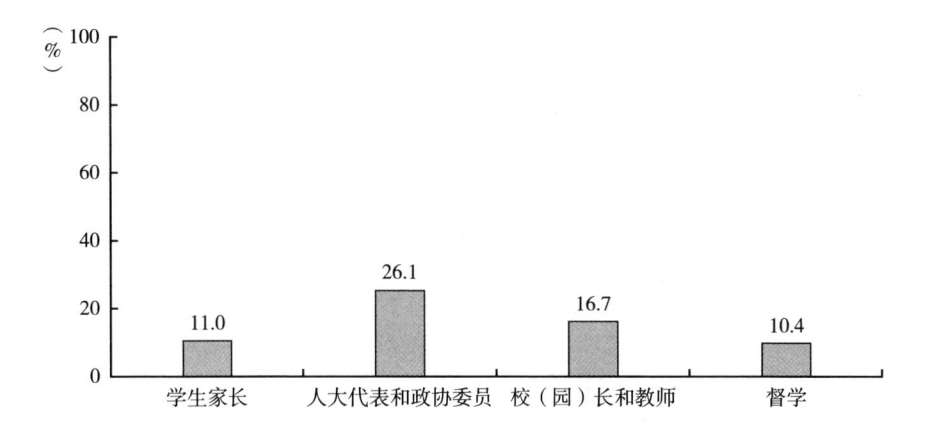

图 11　2021 年不同公众群体认为义务教育阶段学生课业负担
"很重"或"较重"的比例调查结果

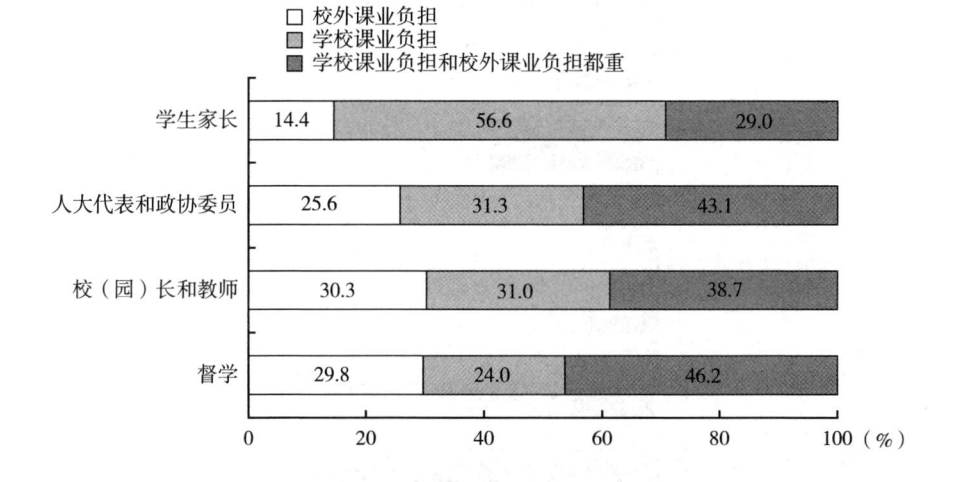

图 12　2021 年不同公众群体认为义务教育阶段
学生课业负担重在哪里的调查结果

的学生家长、5.0%的校（园）长和教师及4.2%的督学认为义务教育阶段学校或班级仍存在公布学生考试成绩排名现象；7.5%的学生家长、3.2%的校（园）长和教师及7.1%的督学认为义务教育阶段学校存在开设重点班、实验班现象；5.3%的学生家长、校（园）长和教师认为幼儿园存在

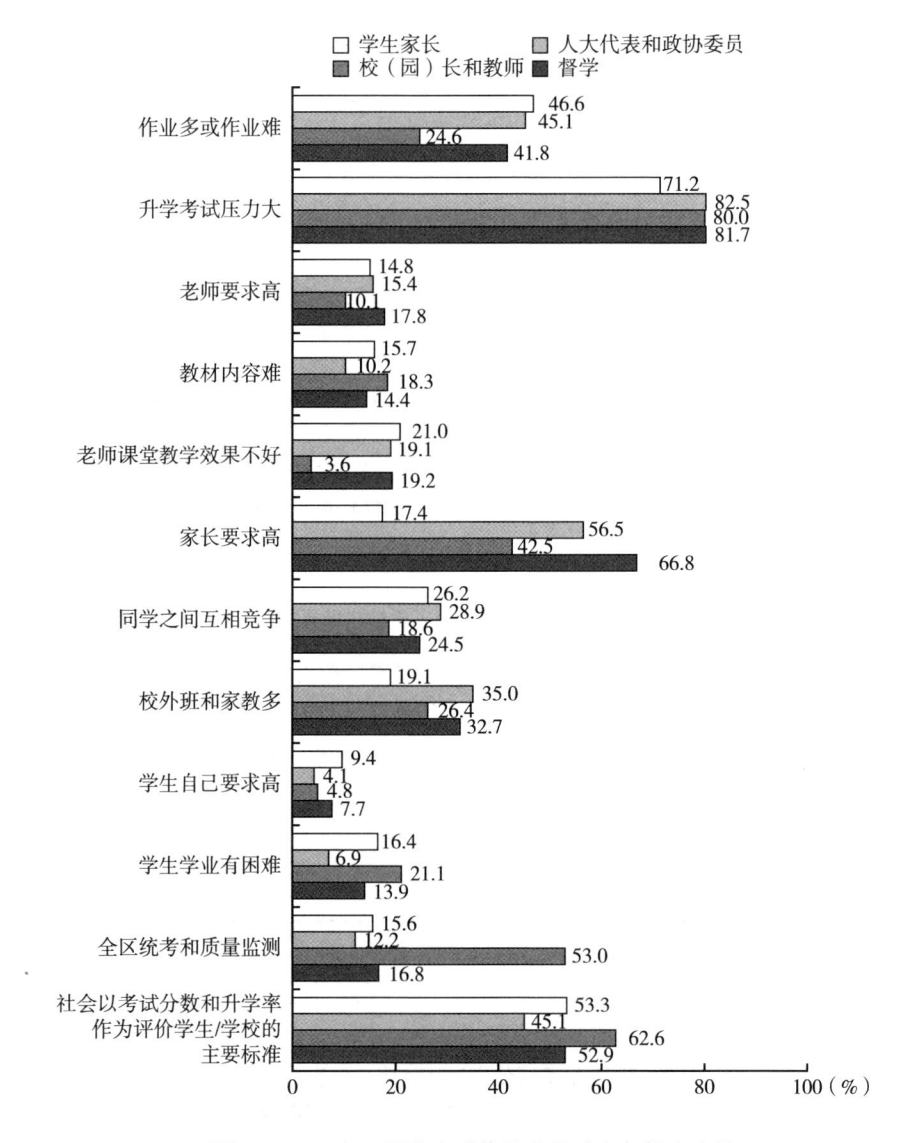

图 13 2021年不同公众群体认为导致义务教育阶段
学生课业负担重的原因调查结果

小学化倾向。此外，还有公众认为学校还存在教师体罚和变相体罚学生现象，学校不能保证学生每天一小时体育锻炼现象，义务教育阶段学校寒暑假、周末及法定节假日违规补课现象，教师有偿补课现象（见表6）。

表6 2021年公众认为存在违反规范办学和师德要求的现象比例

单位：%

序号	调查内容	四类公众群体			
		学生家长	人大代表和政协委员	校（园）长和教师	督学
1	学校不能保证学生每天一小时体育锻炼现象	4.0	—	1.5	0.4
2	义务教育阶段学校寒暑假、周末及法定节假日违规补课现象	2.0	—	2.6	2.5
3	义务教育阶段学校或班级公布学生考试成绩排名现象	10.4	—	5.0	4.2
4	义务教育阶段学校开设重点班、实验班现象	7.5	—	3.2	7.1
5	教师体罚和变相体罚学生现象	3.6	—	1.9	1.6
6	教师有偿补课现象	1.1	—	1.6	2.6
7	幼儿园小学化倾向	5.3	—	5.3	—

与2020年相比，各公众群体认为义务教育存在违反规范办学和师德要求现象的百分比均有所下降，尤其是督学认为义务教育阶段学校开设重点班、实验班现象存在的百分比下降了4.5个百分点，学生家长认为义务教育阶段学校寒暑假、周末及法定节假日违规补课现象存在的百分比下降了4.0个百分点，学生家长、督学、校（园）长和教师认为义务教育阶段学校或班级公布学生考试成绩排名现象存在的百分比也分别下降了3.1个百分点、2.6个百分点和2.9个百分点（见图14）。

（三）公众对教育工作的意见和建议

本调查以1道多项选择题和1道开放题的形式收集了公众对区域教育工作的意见和建议，主要调查结果如下。

1. 公众认为统筹区内社会资源用于学生教育、提升教师队伍水平、提高教师福利待遇是教育工作亟须加强的三个方面

对于多选题给出的十项工作［调整优化本区学校（幼儿园）布局、提升教师队伍水平、学校（幼儿园）周边环境治理、统筹区内社会资源

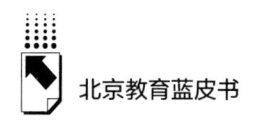

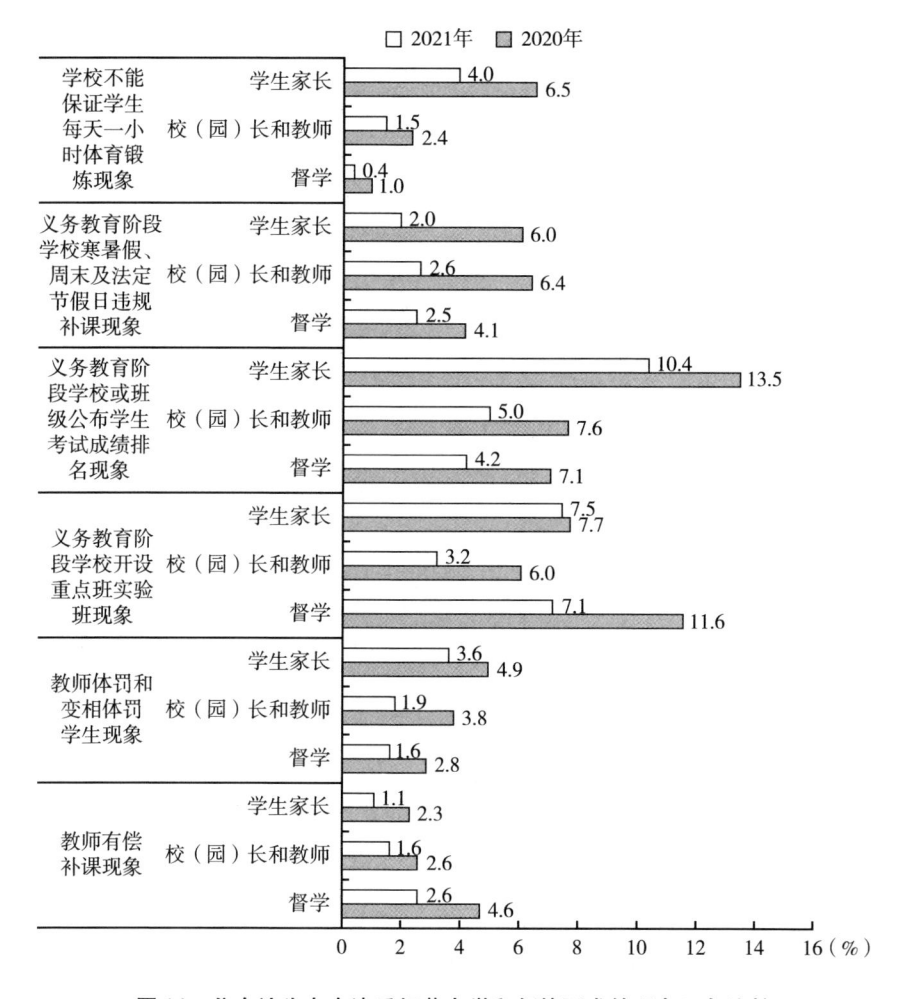

图 14　公众认为存在违反规范办学和师德要求的现象两年比较

用于学生教育、缩小义务教育阶段学校之间办学水平的相对差距、规范学校办学减轻学生课业负担、促进学生全面发展、提高教师福利待遇、加强家校协同育人、提高学生餐饮质量］，78.9%的校（园）长和教师、56.2%的督学认为亟须提高教师福利待遇；60%以上的人大代表和政协委员、督学认为亟须提升教师队伍水平；半数以上的学生家长认为亟须统筹区内社会资源用于学生的教育，近五成的家长认为亟须促进学生全面发展（见表7和图15）。

表7 2021年公众认为教育工作亟须加强的三个方面（多选题）

单位：%

排序	四类公众群体			
	学生家长	人大代表和政协委员	校（园）长和教师	督学
1	统筹区内社会资源用于学生的教育（54.2）	提升教师队伍水平（61.8）	提高教师福利待遇（78.9）	提升教师队伍水平（60.1）
2	促进学生全面发展（46.7）	调整优化本区的学校（幼儿园）布局（40.1）	统筹区内社会资源用于学生的教育（41.5）	提高教师福利待遇（56.2）
3	提升教师队伍水平（44.3）	统筹区内社会资源用于学生的教育（38.8）	缩小义务教育阶段学校间办学水平的相对差距（29.9）	统筹区内社会资源用于学生的教育（34.9）

2. 公众对加强师资队伍建设、均衡教育资源、减轻教师负担等方面的意见和建议较多

本次调查共收集到25877条公众对教育工作的意见和建议，其中学生家长19881条、人大代表和政协委员557条、校（园）长和教师4655条、督学784条。经分类编码统计发现，加强师资队伍建设是四类群体意见和建议最为集中的方面，意见和建议条数均排在各主体的前四位；学生家长、人大代表和政协委员、督学对均衡教育资源的意见和建议较为集中；人大代表和政协委员、校（园）长和教师、督学对教师福利待遇、减轻教师负担的意见和建议也较为集中，均排在三类主体意见的前五位。此外，学生家长对招生入学办法、学校伙食问题、家校沟通与合作的意见和建议也排名前五位；校（园）长和教师对教师管理、加大教育投入以改善教育设施条件的意见和建议较多；人大代表和政协委员对增强学生综合素质、学习兴趣的培养意见和建议也较多；督学对统筹规划教育布局的呼声也较高（见表8）。

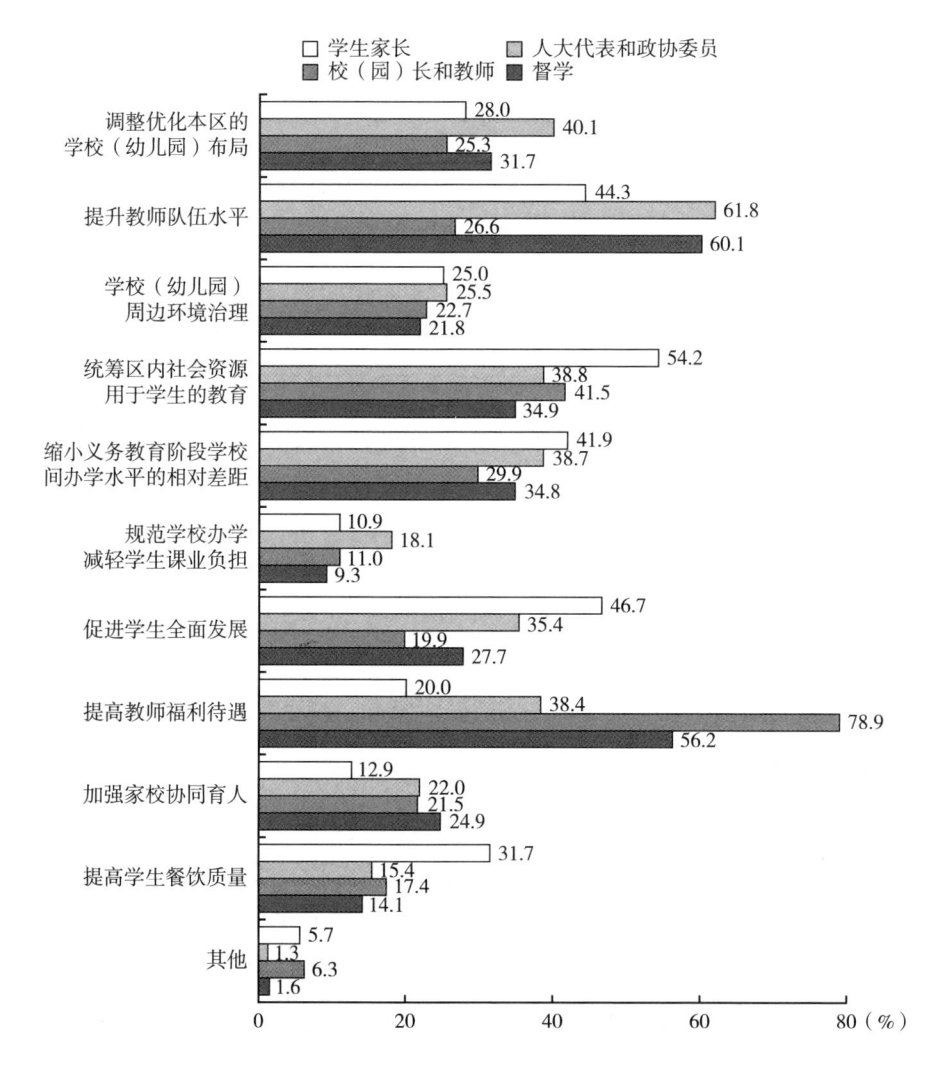

图 15　2021年公众认为教育工作亟须加强的方面

表8　2021年公众对教育工作的意见和建议集中的前五项

排序	四类公众群体			
	学生家长	人大代表和政协委员	校(园)长和教师	督学
1	招生入学办法	加强师资队伍建设	教师福利待遇	加强师资队伍建设
2	学校伙食问题	教师福利待遇	减轻教师负担	教师福利待遇
3	加强师资队伍建设	均衡教育资源	教师管理	减轻教师负担

续表

排序	四类公众群体			
	学生家长	人大代表和政协委员	校(园)长和教师	督学
4	均衡教育资源	增强学生综合素质、学习兴趣的培养	加强师资队伍建设	统筹规划教育布局
5	家校沟通与合作	减轻教师负担	加大教育投入以改善教育设施条件	均衡教育资源

三 主要结论及政策建议

(一)主要结论

1. 2021年北京市及各区教育工作整体情况得到公众广泛认可

2021年公众对北京市及各区教育工作比较满意,无论是学生家长、人大代表和政协委员还是校(园)长和教师、督学,对政府统筹、学校办学、师资队伍、教育效果四个维度的满意度均达到"比较满意"水平,且不同学段、不同地域学校的学生家长、校(园)长和教师的满意度也均达到了"比较满意"水平;非京籍学生家长的满意度显著高于京籍,镇区和乡村学校的学生家长的满意度高于城区,教育公平得到较好体现。近几年的教育热点难点问题——义务教育入学政策、入园难缓解情况等均得到公众的认可。

2. "双减""五项管理"政策实施之初得到公众的较高评价,但家长尚存顾虑

开学第一个月的调查显示,学校对学生的手机管理情况,学校推荐课外读物情况,义务教育学校布置的课后作业形式、课后作业布置与批改情况,学校提供的课后服务及课后作业量达标情况得到公众的较高评价,但学生的睡眠时间达标情况仍不乐观,家长反映超过三成的学生睡眠时间不足,公众对义务教育阶段学生的课业负担感受仍较重。开放题分析可看出,家长意见和建议主要集中在"双减"措施下的顾虑和担心,作业少了担心孩子所学

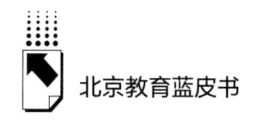

知识得不到巩固，学校不设重点班、实验班了如何实现分层教学达到更好教学效果，没有考试和排名如何了解孩子的学习情况，以及对课后服务的时间安排和质量、校外培训机构治理的意见等。

3. 公众对义务教育均衡发展状况的评价有所提升，但优质教育资源供给还不能满足公众的教育需求

调查结果表明，公众对区域内义务教育校际办学条件的均衡状况、师资水平的均衡状况的评价较"十三五"初期有较大提升，但区域间、城乡间、学校间仍存在较大差距，特别是家长对师资水平均衡的呼声较高，优质教育资源供给的不平衡不充分问题尚未得到有效解决。

4. 公众对教师队伍素质提出更高期望

北京市师资队伍整体水平得到了大多数公众的认可，但在多选题和开放题征集公众对加强和改进教育工作的意见和建议时，公众对于加强师资队伍建设（包括增加师资数量、提高师资质量）的呼声仍然很强烈，提升教师队伍水平是公众认为教育工作亟待加强的首要方面，也反映了师资队伍在教育事业发展中的重要作用。

（二）政策建议

1. 创新教育治理方式和手段，精准施策，扎实推进"双减"政策措施落实见效

"双减"对学校管理水平和教师能力都提出了挑战。加强对"双减"工作的督导检查，对于学校的作业布置与批改，加强对作业统筹、分层作业、作业多样化及如何发挥作业的诊断功能等方面的指导和培训，针对不同区域采取有针对性的措施，尤其是加强对生态涵养发展区、农村学校教师作业设计的指导和培训。在课后服务上，已有研究表明，提升课后服务满意度的关键在于学生的参与意愿，意愿更强的学生其家长的满意度也显著更高，而影响学生参与意愿的主要着力点为课后服务的内容，为此，应进一步健全课后服务机制，在资金和师资力量上保障课后服务质量。同时，创新课后服务模式，针对学生对于多样化课后服务的需求，政府可通过购买公共服务方式来提升课后服务的多样性；针对课后服务师资不足问题，区教育主管部门可建立"课后服务教师资源库"，通过招聘遴选部分乐于开展课后服务的专兼职教师，经审查合格后纳入"课后服务教师资源库"，学校可根据实际服务能力、办学特色自行选择所需项目的教师，实现区域内优质课后服务资源共建共享；对于校外培训机构，进一步加强培训机构在收费时间跨度、课程内容及上课时间等方面的规范治理；同时，进一步规范学校办学，杜绝义务教育阶段学校变相公布考试成绩排名和设重点班、实验班等现象。

2. 深度实施校（园）长和教师交流轮岗、集团化办学等优质资源共享政策，强弱项补短板，切实推进义务教育优质均衡发展

进一步推动各级政府和部门切实履行教育职责，扎实推进义务教育优质均衡发展。市级层面，在"双减"背景下，深入推进教师交流轮岗、城乡教育一体化等相关政策和措施实质性落地，加大教育投入，逐步缩小区域间、城乡间的师资、办学条件等方面的差异；同时，全面掌握各区义务教育优质均衡推进过程中面临的问题和挑战，统筹规划全市义务教育优质均衡发展区创建工作，以点带面大力推进全市义务教育优质均衡发展。区级层面，深度推进中小学集团化办学，充分发挥优质教育资源的引领和辐射作用，持续扩大优质教育资源覆盖面，缩小区域内城乡间、学校间的差距；对照国家《县域义务教育优质均衡发展督导评估办法》相关要求，全面把握本区义务教育学校的资源配置水平及校际差异，科学合理配置教育资源，精准帮扶薄弱地区和学校；全面落实校（园）长、教师轮岗交流政策，形成按需定岗的"优化式"流动、依据需求的"双向流动"，从而缩小学校间的师资差异，促进义务教育优质均衡发展。

3. 进一步提升教师队伍整体水平，建立合理评价导向，建设首都高水平师资队伍

各级政府应多措并举进一步提升教师队伍整体水平，尤其是加强乡村地区和薄弱学校教师队伍能力提升；此外，政府及教育行政部门应当建立起科学合理的评价导向，进一步完善学校和教师评价制度，摒弃仅依学生分数和升学率评价学校和教师绩效的倾向；同时，进一步统筹规范督查检查评比、

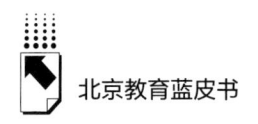

社会事务进校园等带来的非教学性事务，减轻教师负担。多措并举，全面建设高水平的首都师资队伍。

参考文献

张志勇：《"双减"格局下公共教育体系的重构与治理》，《中国教育学刊》2021年第9期。

付卫东、周威、刘杰：《中小学课后服务满意度及影响因素分析——基于东中西部6省（区）32个县（区）的调查》，《中国电化教育》2021年第10期。

赵婀娜：《人民时评：教师轮岗助力"双减"落地》，2021年10月29日，https：//news.eol.cn/yaowen/202110/t20211029_2169562.shtml。

B.9 "十四五"时期北京市区级教育发展若干重点领域政策走向分析

雷 虹*

摘　要： "十四五"时期，北京市将加快向高水平教育现代化迈进，这离不开各区对规划的贯彻落实和创新探索。本报告从全面育人、资源配置、信息技术与教育融合、教师队伍建设四个重点领域对"十四五"时期北京市区级推进教育高质量发展的主要思路、重点举措进行了分析。各区在"五育"并举全面育人方面，将重点构建一体化德育并增强实效性，大力提升学校体育和美育水平，强化劳动教育的有效实施；在保障学位供给和优化资源配置方面，将多途径增加学位供给，努力提升现有资源承载力，加快推进优质资源横向拓展、纵深供给；在推进信息技术与教育深度融合方面，将加强统筹规划，推进信息基础设施升级，促进信息技术赋能教与学的方式变革，利用信息技术促进教育治理能力提升；在建设高素质专业化创新型教师队伍方面，将集中于推动教师育人的综合能力全面提升，多种途径优化教师补充机制和创新机制，盘活教师存量资源。

关键词： 教育发展　"十四五"　政策走向　北京市

"十四五"时期，我国踏上全面建设社会主义现代化国家的新征程，北

---

* 雷虹，北京教育科学研究院副研究员，主要研究领域为教育战略规划、教育政策。

京市将按照中央的部署，在加强党对教育全面领导的基础上，立足首都城市战略定位，加快建设高质量教育体系，构建首都教育发展新格局，全面提升教育现代化水平。北京教育规划目标的实现离不开各区的贯彻落实和创新探索。本报告对"十四五"时期北京各区因地制宜推进本区域教育高质量发展的主要思路、重点举措和有益探索进行比较分析，从而为北京市"十四五"时期教育高质量发展提供重要参考。

一 "五育"并举全面培养时代新人

习近平总书记提出培养德智体美劳全面发展的社会主义建设者和接班人。"十四五"期间，北京市各区必须在"五育"并举全面育人方面有所作为，重点针对长期以来疏于德育、弱于体育和美育、缺于劳育的问题，推进立德树人回归社会、家庭和生活。

（一）构建一体化德育并增强德育实效性

新时代德育强调深入开展理想信念教育和爱国主义教育，深化"三全育人"理念，构建大中小幼一体化德育体系。北京市各区对于如何传承红色文化、开展红色教育，如何构建新时代大中小幼一体化思政课程有更加科学的谋划。

1. 积极利用红色资源全面强化理想信念教育

东城区和房山区对于赓续红色文化、开展红色教育的探索比较具有典型性。东城区积极探索利用本区红色资源推进红色教育的新方式，采用"绘制东城区红色文化教育地图"、开发红色文化线上课程等，逐步构建政府主导、多部门协同、"1＋10＋N"联动（1指东城区教育研修学院学术引领，"10"指东城区8个学区的10所中小学先行实践探索，"N"指各校结合自身实际参与实践）、线上线下并行、中小学一体化的理想信念教育方式[①]。房山区也提出要系统整合利用区域优秀文化资源，切实推进文化育人、培根

---

① 唐琪：《北京市东城区：沉浸红色东城 赓续革命精神》，2021年10月11日，https：//baijiahao.baidu.com/s？id＝1713309326208726997&wfr＝spider&for＝pc。

铸魂，主要路径包括：创设和优化载体，支持学区、教育集团（联盟）、学校开展区域文化特色课程建设，推进文化育人示范基地和示范校建设；积极推进区域优秀文化融入教育系统党建和组织文化建设，融入学科教学和综合实践，融入教师队伍师德建设，融入校园文化建设，全方位助力学校德育。

2. 着力构建大中小幼一体化德育体系

德育的有效开展必须根据学生的认知规律和心理发展阶段性，做好大中小幼教育的有机衔接。对于区级如何更好地构建大中小幼一体化德育体系，东城区、海淀区的策略具有代表性。例如，东城区探索构建中小幼一体化思政课堂，将思政课程转化为课程思政，实施教师课程思政引领计划，与北京理工大学、清华大学等高校合作创建服务本区的思政课程基地和基础教育思政教师培训基地[1]，积极落实立德树人根本任务。海淀区积极推进大中小学思政课一体化建设，主要路径包括：以课题研究为载体，建立内部贯通、市区联动、基础教育与高等教育协同推进的工作机制；打通学段壁垒，在全国率先成立"大中小思政课一体化建设教研组"；设立思想政治理论课教师培训基地，建立大中小学一体化教师培养机制；研制学业标准，建立课程一体化设计、实施与评价的工作机制。[2] 此外，各区普遍关注"三全"育人，强调着眼全员、全过程、全方位，将德育工作渗透到每个学科、每个活动、每个班级、校园每个角落。

（二）大力改进体育和美育

为服务学生全面发展、增强综合素质，北京市各区坚持"健康第一"和以美化人的教育理念，进一步丰富学校体育和美育供给、强化师资队伍建设和资源保障、健全评价机制等，扎实提升体育和美育的育人水平。

---

[1] 唐琪：《北京市东城区：沉浸红色东城 赓续革命精神》，2021年10月11日，https://baijiahao.baidu.com/s?id=1713309326208726997&wfr=spider&for=pc。

[2] 中共海淀区教育工委、海淀区教委：《推进大中小学思政课一体化建设，海淀的经验你get到了么？》，2020年9月14日，https://www.sohu.com/a/418403206_120209831。

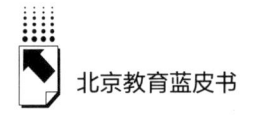

1. 丰富课程供给和提升教学效果

北京市各区强调要做到开齐开足开好体育和美育课程。进一步丰富课程内容供给，首先是课程时间按政策要求落实，特别是体育课程时间将做到小学阶段学校每周开设 5 节体育课，初中阶段学校每周至少开设 4 节体育课，高中阶段学校每周至少开设 3 节体育课，确保学生每天校内不少于 1 小时体育锻炼；其次是增加课程内容的供给，如体育既要指导学生掌握基本运动技能和必要的健康知识，又要因地制宜将足球、篮球、排球、田径、游泳、体操、武术、冰雪运动等形式多样的专项运动引入体育课程中，美育除了传统的音乐和美术课以外，还鼓励将书法、舞蹈、戏剧等纳入美育课程内容。为了提升体育和美育的效果，关注"教会""勤练""常赛"，从而促进全体学生兴趣的培养和习惯的养成。

2. 强化资源保障和师资队伍建设

聚焦学校体育和美育的改革要求，北京市各区都重视按照相关标准加快配齐用好满足体育和美育教学和实践需求的设施设备。在办学空间紧张、节约经费的情况下，鼓励和支持条件允许的学校合理利用地下、楼顶等空间建设体育场馆，学校在改造和建设规划时要留足学生开展体育活动的空间、美育活动的空间；支持有条件的学校建设游泳馆和室内体育馆；鼓励学校探索与周边学校、社区等的公共体育场馆、美育活动场所共享资源。推进体育和美育改革，必须加强相关教师队伍建设。首先，配齐配强中小学体育和美育教师。加强体育和美育教师的补充和培训，全面提升教师的综合素养和执教能力，支持有条件的学校与相关专业机构等社会力量合作，为中小学提供体育和美育教育教学服务。根据体育和美育教师新的工作要求，完善相关教师绩效工资和考核评价机制，使体育和美育教师在职务职称晋升、评选表彰等方面与其他学科教师享受同等待遇。

3. 健全相关评价机制

北京市各区都将在"十四五"期间改革体育和美育的评价机制，强化对体育和美育的刚性要求。在体育方面，建立对学生日常参与、体质监测和专项运动能力测试相结合的体育教学质量评价机制，切实推进儿童青少年近视防控机制的落位和指标任务的完成，做好肥胖学生干预指导，建立一生一案，不断降低肥胖率；在美育方面，探索将中小学生艺术素质评价纳入学生素质评价和学校教育教学质量评价；探索将体育和美育工作纳入教育发展水平评估指标体系、考试制度改革、督导评价内容等。

（三）推进劳动教育有效开展

随着劳动教育列入学生全面发展的培养体系之中，新时代党的教育方针得到丰富。中央多次强调必须切实发挥劳育的综合育人功能。"十四五"期间，北京市各区都明确提出要落实中央部署，加强劳动教育，重点做好优化劳动教育课程设置、强化劳动教育的综合实施。

1. 优化劳动教育课程设置

在中小学开足开好劳动教育必修课，平均每周不少于1课时，在职业学校开设劳动专题教育必修课，不少于16学时。组织学生参加日常生活劳动、生产劳动和服务性劳动，培养学生正确的劳动价值观和良好的劳动品质。为了加强劳动教育的统筹实施，房山等区还提出将积极推动劳动课程内容与通用技术、地方课程和校本课程等有关内容的必要统筹，引导其他课程有机融入劳动教育内容。在中小学生课外校外活动中安排劳动实践，小学1~2年级每周不少于2小时，其他年级不少于3小时，每学年设立以集体劳动为主的劳动周。面向全体学生组织开展丰富多元的劳动技能和劳动成果展示、劳动竞赛等活动。将劳动素养，特别是动手实践内容纳入学生综合素质评价，纳入对政府、教育部门和学校的督导评估中。加强劳动教育教师队伍建设，采用专兼职相结合，充分挖掘学校现有师资的特长并与社会专业力量积极合作，共同保障师资供给和提升育人水平。

2. 强化劳动教育的综合实施

为落实好劳动教育的育人目标，北京市各区都将加强政府统筹并探索构建学校、家庭、社会协同推进作为主要路径之一。具体而言，家庭劳动教育要日常化，发挥基础作用，注重培养学生必要的生活技能；学校劳动教育要规范化，发挥主导作用，培养学生系统掌握必要的劳动技能；社会劳动教育

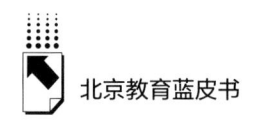

要多样化，发挥支持作用，充分利用企事业单位、社会机构、乡镇（街道）和社区等社会资源，为学生参加志愿服务和公益劳动提供丰富的渠道。加强劳动教育实践基地建设，充分发挥本区社会大课堂资源单位作用，推动学工学农实践活动深入开展；充分利用现有综合实践基地、青少年校外活动场所、职业院校和普通高等学校劳动实践场所，建立健全开放共享机制。

二 保障学位供给和优化资源配置

"十四五"时期，北京市基础教育资源供给面临学位缺口和优质资源配置的双重供给压力。核心区、中心城区，以及近郊区和远郊区的部分人口密集地区学位供给问题比较突出，全市将加快中小学学校建设，预期新建、改扩建和接收居住区教育配套中小学150所左右，到2025年完成后将新增学位16万个左右[1]。相对核心区而言，非核心区扩展优质教育资源的任务更重，全市将加强优质教育资源市级统筹，在城市副中心、三城一区、大兴国际机场临空经济区等重点功能区和人才聚集区，通过"市建共管"或"市建区办"等方式，规划建设17所左右优质中小学学校，建成后提供优质中小学学位5万个左右[2]。

（一）多途径增加学位供给

1. 新建、改扩建和接收居住区教育配套设施

"十四五"期间，北京市各区通过新建、改扩建方式补充学位的力度普遍较大。例如，海淀区计划实施基建项目54个，可新增中小学学位3.6万个、学前学位2000余个；石景山区计划新增中小学学位约7000多个；平谷

---

[1] 北京市教育委员会：《北京市"十四五"时期教育改革和发展规划（2021—2025年）》，2021年9月30日，http://www.beijing.gov.cn/zhengce/zhengcefagui/202110/t20211008_2507725.html。

[2] 北京市教育委员会：《北京市"十四五"时期教育改革和发展规划（2021—2025年）》，2021年9月30日，http://www.beijing.gov.cn/zhengce/zhengcefagui/202110/t20211008_2507725.html。

区新建和改扩建中小学15所和幼儿园7所；大兴区计划推进建设幼儿园50所、小学23所、初中8所、高中1所、一贯制学校11所；延庆区计划新增中小学和学前学位6000余个；[1] 房山区计划加快解决长阳、拱辰、窦店等入学压力突出地区学位缺口问题，推进10个居住区配套幼儿园和9个中小学建设项目。城市的不同功能区根据自身发展定位和人口变化情况，其重点举措不尽相同。总体而言，核心区用地紧张，一方面努力提高公共服务用地对基础教育设施新建、改扩建需求的保障，另一方面对校园空间进行精细化设计，以提高空间利用率。中心城区在人口密集地区结合街区修补，满足基础教育学位需求；在城乡接合部严格落实基础教育设施配套标准，并强调与居住区同步规划、建设与交付。城市副中心主要是尽快建设一批优质教育项目，有序推动老城区校舍改造，以增加学位资源供给。多点地区主要结合区域功能定位和人口变化，强化对基础教育设施的规划与建设，加强重点功能区基本公共教育服务保障，加快补齐人口密集地区基础教育设施缺口。生态涵养区主要是结合镇域规划合理布局学校，解决城区入学压力。

2. 努力提升现有学校资源承载力

北京市各区除了拓展新空间增加学位外，还采取多种方式盘活已有资源改善学位供给。其一，积极预测5~10年基础教育学位需求，顺应各学段学位需求的错峰增长，统筹考虑各学段学位供给情况，尝试建立各学段用地用房综合利用、相互调配机制，加强教育发展联合体内部学位的统筹。例如，房山等区都试图加强学区、教育集团（教育联盟）、一贯制学校内部的学位综合利用。其二，鼓励合规地创新学位供给方式，通过借用、租赁、购买等多种方式扩大学位供给的灵活性。例如，西城区通过区内资源调整、腾退和租赁，在区域内增加多个校址补充学位缺口[2]。其三，在保障教学质量和安全的基础上，整合校内空间资源。例如，处于城市核心地带的西城区和人口

---

[1] 赵颖彦：《数说北京基础教育"增容"："十四五"百姓家门口的好学校越来越多》，2021年3月4日，http://epaper.ynet.com/html/2021-03/04/content_370715.htm?div=2。

[2] 李祺瑶：《区内外联动，北京西城区探索学位供给新途径》，2021年5月11日，https://baijiahao.baidu.com/s?id=1699457296042699440&wfr=spider&for=pc。

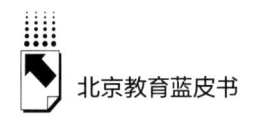

密集的城郊地区，强调通过对学校内各类教室的复合利用、适当扩大班级容量来增加学位数量。其四，进一步完善义务教育入学办法，例如东城、西城、海淀等区都在向多校划片为主、单校划片与多校划片相结合的方式转型，而房山等区也提出在入学矛盾突出地区，将探索单校划片与多校划片相结合。西城区为了使新增教育资源能更好地惠及全区，提出所有新建学校面向全区招生，通过计算机派位方式录取[1]。

3. 拓展区外办学空间补充学位

西城区作为城市核心区之一，虽然千方百计挖掘区内资源，但面临入学需求高位增长压力，现有学校的承载力仍难以支撑。为此，西城区积极与空间富余、亟须引入优质资源的平原新城及生态涵养区合作，在外区打造资源共享、协作共赢的新办学空间。2017年起，西城区向人口疏解安置区输出优质教育资源，组建"第12学区"。2021年，西城区新增初中寄宿学校入学方式，通过区内招生区外办学的方式，北京八中首次招收2个寄宿班在位于门头沟的京西校区就读[2]。

（二）深化优质资源供给改革

"十三五"期间，北京市各区普遍以推进学区制管理和集团化改革为切入点，在促进区域基础教育优质均衡发展方面取得了明显成效。"十四五"时期，各区进一步强化顶层设计，继续深化学区制和集团化改革，探索横向扩展优质资源覆盖面、纵向提升优质资源供给精准性的多元化路径。

1. 积极推进整体策略转段升级

"十四五"时期，北京市各区为了加快基础教育优质均衡发展，纷纷检视自身既有推进策略，进一步优化顶层设计，从而回应新一轮五年规划期的发展要求，适时推进整体策略的转段升级。

---

[1] 李祺瑶：《区内外联动，北京西城区探索学位供给新途径》，2021年5月11日，https：//baijiahao.baidu.com/s？id=1699457296042699440&wfr=spider&for=pc。

[2] 李祺瑶：《区内外联动，北京西城区探索学位供给新途径》，2021年5月11日，https：//baijiahao.baidu.com/s？id=1699457296042699440&wfr=spider&for=pc。

第一，优质资源丰富的区域更加重视对本区优质资源的利用。以西城、东城、海淀为代表的优质教育资源丰富的区域，将比此前更加注重发挥本区优质资源对区内学校的辐射带动作用。除了以强扶弱、名校办分校外，也强调优质资源自身的协作共研，避免优质资源被明显稀释导致"削峰填谷"，从而对区域整体教育的高质量发展发挥更强的示范引领效应。

第二，部分区县从"外引内升"向"内升"转型。丰台、朝阳等区已度过从区外引入优质教育资源的高峰期，"外引内升"策略的重心将明显向"内升"偏移，未来主要聚力于如何使外引的优质教育资源能真正在本区生根、健康发展并充分释放自身能量，如何增强本土学校的自我"造血"能力并成长为令群众信得过的、家门口的优质资源。

第三，近郊区和远郊区仍对外区优质资源有旺盛需求。近郊区和远郊区普遍仍对外引优质教育资源入区有较为旺盛的需求，但其中部分区县囿于日益吃紧的财力，对成本高企的名校办分校模式态度较以往更为谨慎，主要依靠市级在统筹布局优质教育资源的过程中能对自身有所倾斜，并加强对入区办学以外的其他多元方式的尝试。以房山为例，引区外名校入区所办分校主要集中在城镇人口密集地区，在平原乡镇农村教育发展环打造"一镇一品"学区制并尝试与中心城区的优质教育集团建立跨区指导、共建机制，在两个山区沟域地带打造乡村教育联盟品牌并分别与市教育科研机构合作提升教育教学质量。

2. 深化学区制和集团化改革

"十四五"时期，学区制和集团化依然是北京市各区基础教育扩增优质资源的主要路径。在前期发展的基础上，深化学区制管理和集团化改革主要体现在两个方面。首先，推进学区制和集团化扩大覆盖范围。目前部分区仍有一些区域没有建立学区，一些学校没有加入任何教育集团或学校发展联合体，尚需进一步扩大学区和教育集团或其他形式学校发展联合体的覆盖面。其次，改革将以优化学区和集团布局、完善治理结构和管理机制、促进资源共享和激发活力为重点。

第一，学区制和集团化是一种基础教育优质资源重组配置的机制，各区

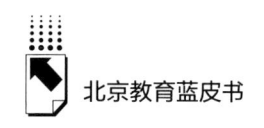

都越来越重视优化学区和集团布局。学区管理布局主要是参考辖区面积和入学办法适时进行调整。以海淀区为例，其结合自身人口分布变化情况，每年对学区政策有所预警和调整，"十四五"期间将继续细化实施"六年一学位"政策，探索"单校划片和多校划片"相结合的入学方式，从而使优质资源配置更加均衡；以集团化为主要抓手，将南部优质资源引入北部地区，持续扩大北部地区优质资源规模，从而逐步使海淀东北部地区成为教育发展新高地[①]。

第二，各区普遍强化学区和集团的治理结构和管理机制。在学区制改革方面，北京市明确要完善学区治理体系，促进形成多元主体协商共治和多方协同育人格局。学区制改革走在前列的海淀、西城、东城等区，都将着力强化政府主导、学区统筹、社会参与、学校共建的治理特征。在集团化办学方面，"十四五"期间将进一步推进集团管理内部和外部运行机制的完善。集团内部管理主要聚焦于决策、民主管理、沟通协调机制的健全与完善，以及确保成员校法人的依法自主管理。集团外部管理主要是如何调动相关多元治理主体有效参与学校的治理。以房山区为例，"十四五"期间将鼓励各教育集团（教育联盟）充分发掘和调动集团外家庭、社区、各种资源单位、专家群体参与集团治理的积极性，为集团快速发展和持续创新提供多元支持。

第三，各区纷纷以学区和集团为平台升级资源共享机制。在区级义务教育优质均衡发展政策和"双减"背景下教师轮岗交流改革的驱动下，各区都将大力加强学区和集团内外的资源整合与共享。例如，海淀、房山等区都正在推进教育集团内部的管理机制、资源配置、教师培训、教学评价、学生培养等方面的一体化改革。为配合义务教育"双减"工作的快速落实见效，北京目前正在开展的教师交流轮岗改革也将成为巨大推力，从而使挖掘和整合集团内外教育资源、丰富集团内优质教育资源供给、高效配置和集约利用全面进入"快车道"。

---

① 《海淀教育格局新变化-101中教育集团新添一所民办初高》，2021年5月23日，https：//baijiahao.baidu.com/s？id=1700485396752875142&wfr=spider&for=pc。

三 加快推进信息技术与教育深度融合

以绿色、智能、泛在为特征的信息技术正成为推动教育变革与创新的巨大力量。"十四五"时期，北京市将致力于建设全球数字经济标杆城市，北京教育也将全力加速推进大数据、云计算、人工智能、区块链等信息技术与教育的融合创新发展。新冠肺炎疫情引发的"在家上学"，使各区深刻感受到线上教育对传统教育生态的冲击。因此，"十四五"期间各区将普遍发力夯实教育"新基建"，积极推动教育信息化升级，加快构建数字教育新生态，筑牢高质量教育支撑体系的"数字基座"。

（一）加强统筹规划和协同发展

近年来，随着信息技术密集而迅速地更新迭代，其在教育教学中的应用也不断升级，特别是2020年的新冠肺炎疫情推动了线上线下教育融合，北京市积极探索教育模式变革，各区教育信息化发展的理念纷纷从技术参与教育向技术变革教育转变。

1. 教育信息化上升为教育改革创新重点之一

教育信息化不只是借助技术改变学习内容的呈现方式，更重要的是依托信息技术转变教育理念、思维模式和具体育人方式，从教育生态构建的高度促进信息技术与教育的融合创新，从而适应新的学习理念，推动教育高质量发展，诸如海淀区、东城区、房山区、北京市经济技术开发区等对教育信息化发展的谋划都凸显了这一思路。教育信息化不再只是教育保障中的一小部分，而成为教育发展主要任务或教育改革创新重点之一。

2. 强化统筹谋划教育信息化发展策略

各区普遍以开放的心态、实事求是的态度从本区域教育整体发展需要和实际出发，统筹谋划教育信息化发展思路和路径。与以往相比，除了政府主导以外，还强调专家指导、企业参与，体现了系统化、专业化和协同发展的特征。例如,房山区拟成立智慧教育领导小组和专家委员会。由智慧教育领导小组牵头,强化教育信息化建设的顶层设计,在区域整体信息化建设中,统筹各级各类社会资源,保障教育信息化建设。智慧教育专家委员会主要成员包括教学、教育管理、教育信息化等相关领域专家,知名互联网教育公司代表,区内部分智慧校园实验校负责人,可强化区域教育信息化发展的专业咨询和指导。房山区通过健全行政主导和专家技术论证的长效机制,系统构建智慧教育发展新格局。东城区着眼于高质量建设教育部智慧教育示范区,强化智慧教育整体设计,提出了"1+7+N"智慧教育建设总体框架,即1个数据大脑,7项工程,建设N所未来学校[1];此外,还成立了区域智慧教育生态协同发展共同体,包括京内外9个区域共同体成员、5家技术企业形成的技术联盟和一批政策指导、教育理论、行业应用领域的智库专家[2]。《海淀区智慧教育2.0行动计划(2019—2022)》提出,到2022年基本建成海淀"智慧教育云中枢",初步实现适应性的智慧教学、科学化的智慧管理、协作化的智慧教研和个性化的智慧服务[3],这一目标的实现也离不开行政机构、优质技术企业、相关领域高水平专家的联动与协作,2020年海淀成立了"海淀互联网教育研究院"和"中关村科学城互联网教育联盟"[4]。

(二)推进信息基础设施升级

2021年8月,教育部等六部门印发《关于推进教育新型基础设施建设构建高质量教育支撑体系的指导意见》,提出到2025年,基本形成结构优

---

[1] 东城区人民政府办公室:《东城区智慧教育三年发展规划(2020—2022)》,2020年9月29日,http://www.bjdch.gov.cn/n3952/n3970/n381754/c10062573/content.html。
[2] 《东城成立区域智慧教育生态协同发展共同体》,2019年12月24日,https://baijiahao.baidu.com/s?id=1653778781228085613&wfr=spider&for=pc。
[3] 聂蕊:《海淀智慧教育2.0逐步推进》,2019年7月12日,https://baijiahao.baidu.com/s?id=1638821790205381221&wfr=spider&for=pc。
[4] 《新东方好未来等13家企业结盟,海淀区抢占互联网教育高地》,2020年8月20日,https://baijiahao.baidu.com/s?id=1675501614815613998&wfr=spider&for=pc。

化、集约高效、安全可靠的教育新型基础设施体系[①]。北京市各区都在思考面向教育发展的未来，面对教育信息化如火如荼的发展态势，如何推进教育"新基建"建设。这种教育"新基建"要促进信息技术与教育教学的深度融合，构建高质量教育支撑体系，就必须以新网络、新平台作为基石并能延伸到教育教学的各个空间和服务于所有对象，其特征是速率更高、纵横联通更广、能够承载更丰富的服务、更安全。东城区、海淀区在这方面的布局和探索比较具有代表性。东城区积极推进智慧教育示范区建设，提出打造教育"数据大脑"，以作为东城现代教育治理、智慧决策和应急处置的指挥中枢。海淀区推出了"智慧教育云中枢"建设行动，致力于建设"一网一云一中心N应用"，其中的"一网"即海淀区教育系统感知网，"一云"即智慧教育云平台，"一中心"即大数据中心。海淀区将在智慧教育云中枢总体框架下对软件服务平台进行一体化设计，并将数据中心正在运维的45个平台经过系统安全测评后逐步迁入教育云；此外，还将以海淀教育网为主站建设网站群，把所有非集团校的学校网站挂在主站的二级域名上，从源头加强风险防控，确保教育系统网站安全。[②] 与以往相比，教育"新基建"建设将更多地应用5G、大数据、云计算、人工智能等技术，智慧教育发展的基础设施环境将明显升级。

（三）促进信息技术赋能教学与学习方式变革

信息技术推动教育变革的一个主要方面就是促进教学方式和学习方式的变革。"十四五"期间，北京市各区都将此作为创建数字教育新生态的核心任务之一，力求在优质数字教育资源共建共享和信息技术与教育教学的创新融合等方面有更大作为，在教师与学生信息素养提升方面取得明显

[①] 教育部等六部门：《关于推进教育新型基础设施建设构建高质量教育支撑体系的指导意见》，2021年7月1日，http://www.gov.cn/zhengce/zhengceku/2021-07/22/content_5626544.htm。

[②] 孟竹、鲍聪颖：《到2022年北京海淀基本建成"智慧教育云中枢"》，2020年1月9日，http://bj.people.com.cn/n2/2020/0109/c82838-33703608.html。

成效。

1. 创建适合本区域需求的优质数字教育资源共建共享机制

强调用好以国家中小学网络云平台、北京市数字学校"空中课堂"为首的一批国家和本市教育资源公共服务平台资源。此外，还要根据自身实际需要挖掘和创建本地区的优质数字教育资源。例如，房山区提出，"十四五"时期将充分利用市级优质数字教育资源平台，支持学校、教师、学习者和社会共同参与建设区级数字教育资源库，初步建成覆盖全区、共治共享、协同服务的数字教育资源公共服务体系。东城区在《东城区智慧教育三年发展规划（2020—2022）》中提出实施教育资源开放创新工程，基于区块链、人工智能等技术，构建部分学科知识图谱，进而完善本区资源建设，对接国家和北京市资源，推动数字教育资源在区域内的开放共享，积极探索优质数字资源的多元供给机制和奖励机制；落实"三个课堂"常态化按需应用，促进优质数字资源学校全覆盖和融合创新。[1] 海淀区大力推进区中小学资源平台建设，增加"多元发展"和"空中课堂"栏目，提供丰富的自主学习资源；推进云课堂直播平台建设，为学生提供在线直播课程，实现6000多个课堂同时在线；联手知名教育企业，提供多元学习平台和学习资源[2]。

2. 推动信息技术赋能教与学方式的变革

（1）着力促进教学内容与方法、教学评价手段与策略的改革创新

以东城区为例，推出了教与学变革创新攻坚工程，引导和支持学校、教师围绕教育改革重点和难点开展教学创新，鼓励教师结合教学各环节探索信息技术在教学中的多种应用模式，促进教学流程再造，普及线上线下混合式教学模式；利用大数据、互联网、区块链等技术，升级与整

---

[1] 东城区人民政府办公室：《东城区智慧教育三年发展规划（2020—2022）》，2020年9月29日，http://www.bjdch.gov.cn/n3952/n3970/n381754/c10062573/content.html。
[2] 海淀区教育委员会：《市教委专题调研海淀区"互联网+教育"情况》，2020年3月10日，http://www.bjhd.gov.cn/zfxxgk/auto4489_51785/auto4489_52237/auto4489/auto4489/202003/t20200311_4393757.shtml。

合学生核心素养综合评价、教师专业发展绩效评价、学校办学质量评价及学科教学评价的体系[①]，通过高效可信的评价促进教育质量和教学效率的提升。

（2）注重发挥学习者的主体性，为个性化的自主学习、线上线下融合的泛在教育提供支持性服务

例如，东城区结合未来学习理念前瞻性地提出了未来学习空间建设工程，该空间以支持学习者个性化学习为中心，除了在学生中落实网络学习应用全覆盖之外，还提供适应学生个性化特征的学习支持和服务，包括交互工具、数字学伴、教学助手等，围绕基于项目的主动学习、技术支持下的深度学习、基于证据的智慧学习、突破校园的无边界学习等维度开展未来教学实践[②]。

3. 大力提升师生信息素养

教师和学生是教育信息化最重要的使用者和促进者，师生信息素养的提升是信息技术与教育教学有效融合的关键。"十三五"时期，北京市启动了中小学教师信息技术应用能力提升工程，实现了全市的全员轮训和信息技术应用能力培训的常态化。"十四五"刚一开局，北京市就推出了中小学教师信息技术应用能力提升工程2.0，致力于构建以校为本、基于课堂、应用驱动、融合创新、评用结合的教师信息素养发展新机制，希望借此能整体上显著提升校长信息化领导力、教师信息化教学能力、培训团队信息化指导能力，全面促进信息技术与教育教学融合创新发展，并要求2022年各区全部完成能力提升工程2.0培训任务。各区在教师继续教育中也更加重视对信息素养的培训与提升，将进一步整合自身专家力量，遴选信息技术应用能力突出的教师构建区级、校级培训指导团队、管理团队，并建设一批教育信息化的科研骨干团队。海淀、东城等区的教师、学生信息素养培训工作走在全市

---

① 东城区人民政府办公室：《东城区智慧教育三年发展规划（2020—2022）》，2020年9月29日，http://www.bjdch.gov.cn/n3952/n3970/n381754/c10062573/content.html。

② 东城区人民政府办公室：《东城区智慧教育三年发展规划（2020—2022）》，2020年9月29日，http://www.bjdch.gov.cn/n3952/n3970/n381754/c10062573/content.html。

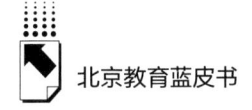

前列。例如，海淀区推进教育信息技术应用能力提升工程2.0，要求教师能适应多媒体教学环境到混合教学环境，再到智慧学习环境的变化，在学情分析、教学设计、学法指导、学位评价等四个维度上，能运用好30个微能力点[1]。东城区则是学生信息素养培养的一个典范。该区成立了青少年信息素养学院，立足智慧教育示范区建设，优化软硬件环境，融合区域内外的优质资源，设计适合本区中小学生的信息素养课程，培养学生的信息意识、信息知识与技能、信息道德，从而帮助其在信息时代更好地生存、学习、创造。目前青少年信息素养学院已打造出"人脸识别""物联网的智慧应用""地理制图初步""跟我学Python""机器人系统设计"等10余节网络课程[2]，供学生选择学习。

（四）利用信息技术促进教育治理能力提升

"十四五"期间，北京市各区为推动信息技术支撑下的教育治理和服务，工作重点主要集中在两方面。其一，进一步推进教育资源服务平台和教育管理服务平台的互融互通，促进教育管理信息系统的有效整合与流程对接，实现教育管理服务的网络化、精细化、高效化。其二，深化教育大数据应用，探索对教育概况、教育热点、转学迁移、综合素质评价等数据的全面监测和可视化展示，并在破解学生精准资助、教育资源缺口预测、校园安全态势感知等方面进行尝试，初步构建起精准化、科学化、智能化的教育治理信息化体系。例如，东城区推进中小学学生学籍、体质健康、卫生、学业成绩、综合素质评价等相关教育数据的汇集，并与市教委相关数据资源实现共享，借助大数据科学预测入园情况，解决学生体质薄弱等难题；此外，还推出了区域教育综合服务能力提升工程，助力现代化治理与决策分析，开展智慧评价工程，以实现多维度评估与决策。

---

[1] 崔莹莹、谢婧、党倩：《海淀区召开信息技术应用能力提升工程2.0全员培训启动会》，2021年10月26日，https：//www.sohu.com/a/497284618_121123981。

[2] 王慧雯：《东城成立区域智慧教育生态协同发展共同体》，2019年12月24日，https：//baijiahao.baidu.com/s?id=1653778781228085613&wfr=spider&for=pc。

四 建设高素质专业化创新型教师队伍

党的十八大以来,中央将教师队伍建设摆在突出位置。"十四五"期间,北京市将教师视为教育发展的第一资源,明确提出要打造一支高素质专业化创新型教师队伍,各区也坚持把教师队伍建设作为基础工作,提升教师育人能力、优化教师队伍结构成为主要政策取向。

(一)全面提升教师教书育人能力

1. 更加重视教师综合能力提升

习近平总书记用有理想信念、有道德情操、有扎实学识、有仁爱之心的"四有"标准定义"好老师",其实质是强调新时代的教师应该具有更加综合和高品质的专业素养。"十四五"时期,各区越来越重视从知识、能力及情感三重维度多个要素对教师专业素养进行统整。诸如通州区、北京经济技术开发区、房山区等地都在"十四五"教育规划中强调要提升教师队伍的综合能力。教师的这种综合能力呈"金字塔"形态,由下向上依次为本体性知识(学科知识)、条件性知识(教学知识)、实践性知识(实践与反思带来的认知)和文化性知识(文化修养)。在互联网信息化时代和学习方式逐渐转型的新时期,为培养德智体美劳全面发展的学生,各区在重视教师学科性知识的同时,对教学知识也日益关注,此外实践与反思能力、文化素养的提升也逐步进入公共政策视野,这也意味着未来教育发展需要教师具备复合型知识结构、能适应和促进教育发展创新的能力素养、良好的自我发展内驱力和终身发展能力。

2. 进一步优化教师专业发展路径

教师综合素养的培育和提升持续教师整个职业生命周期。教师专业发展模式可归纳为个人指导模式、观察和评估模式、探究模式、培训模式、参与发展和改进过程模式。与职前教育相比,职后培养对教师专业素养的成长影响更大。"十四五"时期,北京市各区纷纷在优化教师专业

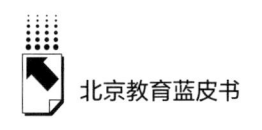

发展路径上施力，聚焦于进一步深化科研、教研、培训一体化发展机制，注重紧扣现实问题推进研—训—教三位一体，强化主题研训，避免相互脱节。

(1) 继续优化分层、分类、分岗培训体系

在完善全员培训制度基础上，尤其注重青年教师、优秀骨干教师、农村教师的培训。首先，丰台、房山等区都强调要加强对新入职教师和教龄1～3年的青年教师的专业培训，其培训以研—训—教模式为主，以"训"为前提，通过"研"加强体会与领悟，进而在"教"中实践，强调专家引领、骨干带领、师徒纵向互动、以赛代促，指导青年教师从教之初少走弯路、筑牢基础、快速成长。其次，重点加强对骨干教师的培养。例如，丰台区提出建立健全区级学科带头人评选制度，促进骨干教师队伍的梯队建设；房山区则谋划实施"未来名师高研计划""骨干教师攻坚计划"，构建覆盖各学段、各学科的领军人才网络；北京经济技术开发区以区级骨干教师、学科带头人为基础，实施"优秀校长/园长培养计划"和"骨干教师培养计划"，构建领军人才后备及优秀青年教师的发现和培育机制。目前，以"研—训—教"为主要培养模式的名师工作室、高级研修班等已成为高层次教师专业发展的首要路径，通常强调在一个周期内要带出队伍、抓好项目、出一批成果，从而促进教师专业成长和教学改革。

(2) 借助现代信息技术增强培训的效率和弹性

绝大部分区都将在"十四五"期间致力于快速推进"互联网+"教师研修体系建设，使线上线下混合式培训与学习成为教师专业成长新常态，从而可以根据教师专业发展阶段提供更能满足个性化发展需求的丰富、多元、可选择的研修内容，不断扩大教师专业成长的自主空间。

(3) 组建教师协同发展共同体

以资源共建共享、分享经验、协同进步为目的，鼓励教师突破学科、校际的桎梏，组建连片、区域性教师学习或工作联盟，通过强帮扶弱、强强携手共进、多方优势互补等方式，实现"共生放大"的规模效应。例如，西城区推进精品校的学科发展合作；房山区在山区的南北两沟分

别打造了教育联盟带,其中教师也按照学科、学段组建一系列协同发展共同体。

(二)优化教师队伍结构

"十三五"时期,北京市就针对基础教育教师缺编问题出台了《北京市拓展中小学教师来源行动计划(2018—2022年)》,从开源、挖潜、提质三个方面推动工作。"十四五"期间,北京市基础教育阶段学龄人口处于高峰期,各区普遍需补充较多学位,此外高质量发展也对师资结构提出了新要求,专任教师总量不足和结构性短缺问题仍然是教育发展的一大困扰。因此,各区都将优化教师队伍结构作为重要政策议题,努力改善教师供给。

1.多种途径优化教师补充机制

每年招聘大学应届毕业生等优秀人才从教是补充师资的最主要渠道,为了保证乡村教师的供给,远郊区县还会专门招聘乡村特岗教师。为增加符合本地教育发展需求的教师供给,有些区与高校合作开展定向培养,例如,房山区与首都师范大学合作规划培养"一专多能"的师资。此外,为了补充领军人才和紧缺人才,各区都强调要用好本区高端人才引进政策,例如,北京经济技术开发区提出建立招聘优秀人才任教的"绿色通道"。由于教师编制相对紧张,不少区探索采用无编制方式聘用一部分教师,例如,房山区在公办幼儿园尝试采取员额制,在公办中小学探索专项编制等编外用工方式;北京经济技术开发区积极探索实施公办中小学、幼儿园教职工配备由基础编制和人员额度两部分组成的教师编制管理制度,并拟推行人员额度管理教师与编内教师同等享受市级骨干教师、市级学科带头人、特级校长、特级教师等方面的参评机会;通州区也提出探索教师队伍"双轨制",根据不同岗位的特点,采用人事代理、劳动用工、劳务用工或劳务派遣用工等方式突破编制总量约束。

2.创新机制盘活教师存量资源

为了落实"双减"任务,推进高质量教育体系建设,"十四五"期间北京市将继续推进中小学教师"区管校聘"制度改革，一方面进一步根据生源状况、生师比、班师比、教育改革需要等，定期核定中小学教师编制总量和岗位结构比例并统筹调配超标准配置师资；另一方面将广泛推进干部教师交流轮岗，凡是距退休时间超过5年，并且在同一所学校任职已满6年的校长和在编教师原则上均应进行交流轮岗，目的在于推动区域（学区、教育集团）内中小学师资的有序流动，促进义务教育基本公共服务由传统而单一的学校供给，向更具活力、多元的区域供给、学区供给、集团供给转变，从而更好地服务于每个学生的发展需求。2021年东城区和密云区分别作为城区和远郊区的试点区域先行尝试（交流轮岗方案见表1），2022年将开始另外6个区的试点工作。此外，怀柔区等很重视支持优质资源校为帮扶校提供招聘并培养教师的帮助；北京经济技术开发区、房山区等地鼓励学校聘请高校、社会有专业特长人员和优秀退休教师，为学生学习提供专业支持。

表1 东城区和密云区义务教育学校干部教师交流轮岗方案[①]

方案	总体思路	主要举措	短期交流轮岗规模
东城区	先教师后干部、先小学后初中、先骨干后普通；跨校际、跨学区、跨层级；全覆盖、全统筹、全学科	将从普通教师、骨干教师和优秀干部三个层面选派干部教师轮岗交流，分门别类制定具体举措。教育集团将发挥龙头校引领带动作用，派出优秀干部及骨干教师在全区统筹分配；一般小学、初中校则选派新任教师或有潜质的优秀青年教师到教育集团龙头校全职交流轮岗	本学年度实现干部教师交流轮岗不少于2000人。力争用三年时间，建立起满足需求、科学顺畅的教育人才配置与使用机制，实现东城区义务教育阶段学校干部教师100%交流轮岗

---

① 牛伟坤、李祺瑶、和冠欣：《轮岗谁先谁后？北京东城公布教师干部轮岗方案》，2021年8月25日，https://baijiahao.baidu.com/s?id=1709032957426880479&wfr=spider&for=pc；杨菲菲：《北京密云已安排38名正校级干部轮岗，118名教师城乡流动》，2021年8月25日，https://baijiahao.baidu.com/s?id=1709037558373693238&wfr=spider&for=pc。

续表

方案	总体思路	主要举措	短期交流轮岗规模
密云区	构建了三个维度的教师管理体系，重点推进校级干部交流轮换，区级以上骨干教师均衡配置，普通教师派位轮岗，持续深化干部教师轮岗交流工作	教师交流形式主要分为城乡交流、区域内流动，以及学区、共同体内交流，其中，城乡交流主要有发展性交流、兼职交流和学科指导三种方式。通过发展性交流推动城乡教师有序流动；通过兼职交流，调动区域内音体美等学科教师到其他学校开展特色教育活动，丰富学生课后生活；通过学科指导发挥区级以上骨干教师引领辐射作用，促进骨干教师资源均衡配置	在推进干部交流方面，2021年，已安排正校级干部轮岗38人(其中，特级校长1人，高级校长8人)，副校级干部轮岗12人，合计50人，占符合轮岗交流条件人数的55%。此后再安排符合条件各级各类干部70人进行轮岗学习。2021年，已安排教师城乡流动118人，此后再安排区级以上骨干教师70人开展学科指导工作。2021年，已安排教师区域内流动27人，此后再安排中小衔接流动30人，将安排学区、共同体内交流50人

173

B.10
新形势下北京校外线上培训规范问题研究

刘 熙[*]

摘　要： 本报告旨在回答校外线上培训行业发展环境和格局深刻变化的情况下如何规范发展的问题。中办和国办"双减"意见颁布以前，北京校外线上培训行业从已备案的机构和业务系统数量来看，业务体量居全国之首，业态丰富；与其他类型的民办教育相比，线上培训市场化程度高，资本运营现象普遍。由于法律政策环境发生根本性调整，校外线上培训面临的挑战主要包括市场准入制度有待完善，机构转型难度大，监管机制和纠纷解决机制需要创新等问题。报告除了分析建立健全市场准入和纠纷解决机制外，还讨论了机构转型发展的渠道，以及校外线上培训广告与预收费监管工作。

关键词： 校外线上培训　"双减"意见　北京

2020年新冠肺炎疫情出现，2.65亿名在校生多数转向线上课程，在线教育业呈爆发式增长态势。据艾瑞咨询报告，2020年中国在线教育行业市场规模达2573亿元，过去4年的复合年均增长率（CAGR）达34.5%，其中低幼及素质教育赛道、K12（6~18岁，对应我国国民教育体系小学一年级至高中三年级学生年龄段）学科培训在线化进程加快，是在线教育市场

---

[*] 刘熙，北京教育科学研究院教育发展研究中心副主任，助理研究员，研究方向为民办教育政策与法制。

快速增长的主要原因。①过去几年在线教育迅猛发展的同时，国家在网络安全、反垄断、数据安全、个人信息保护等方面加大法律制度建设和执法的力度，尤其是在2021年4月国务院公布了新修订的《民办教育促进法实施条例》（以下简称《民促法实施条例》），同年7月中办和国办发布《关于进一步减轻义务教育阶段学生作业负担和校外培训负担的意见》（以下简称"双减"意见）之后，校外线上培训行业面临重大的政策变化，如何规范发展校外在线培训成为亟待解决的问题。

一 基本状况

在"双减"意见发布以前，校外线上培训在省级教育行政部门实行备案管理制度。通过北京市教委对外发布的备案名单及其备案机构官网的备案内容承诺公示，可以了解北京市校外在线培训发展的基本状况。

（一）备案情况

北京市校外线上培训业务体量相对较大。2019年7月12日，教育部等六部门发布《关于规范校外线上培训的实施意见》（教基函〔2019〕8号），要求学科类校外线上培训机构（以下简称线上机构）通过全国校外线上培训管理服务平台备案，并于2019年10月31日前填报完备案材料。截至2019年12月31日，对718家校外线上培训机构、115622名培训人员、3463门课程完成了备案排查。②截至2019年底，北京市共有267家学科类校外线上培训机构提交备案申请，其中139家机构仅仅只是提交基本信息，教师和课程等情况未填报，离审查备案要求差距较大。2020年9月18日，北京市教委公示校外线上培训备案名单，共备案49家机构、52个业务系

---

① 艾瑞咨询：《一半是海水，一半是火焰——中国在线教育行业研究报告（2020）》，http：//report.iresearch.cn/report_pdf.aspx？id=3724。
② 教育部：《全国校外线上培训机构已基本完成备案排查》，http：//www.moe.gov.cn/jyb_xwfb/gzdt_gzdt/s5987/202001/t20200108_414675.html。

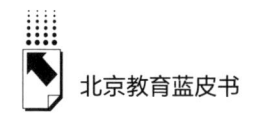

统，其中北京网易有道计算机系统有限公司备案了有道乐读、有道智学、有道精品课三个业务系统。根据全国校外线上培训管理服务平台数据，广东共备案了46家机构、49个业务系统；上海市共备案了38家机构、35个业务系统；浙江省共备案了23家机构、19个业务系统。全国校外线上培训主要集中在北京、广东、上海和浙江等四省市，从备案机构和业务系统数量来看，北京校外线上培训业务量首屈一指。

有的机构提交了备案材料，但还未出现在市教委的公示名单之中。如豆神大语文网站上备案内容承诺公示显示：豆神时代科技发展（北京）有限公司的诸葛学堂系统于2021年2月24日通过全国校外线上培训管理服务平台提交了备案材料，备案教师50名，备案课程为1门语文课。

（二）业务系统分析

从内容上看，以多门学科培训的综合性平台为主，单一学科培训系统以青少儿英语课为主。根据《北京市校外线上培训备案实施细则（试行）》，要求学科类培训必须备案，鼓励非学科类培训备案。所以除了1个计算机科学培训系统（计蒜客）、2个思维培训系统（你拍一、GOGOKID）等3个业务系统之外，其他系统全部或者主要是学科类培训。多学科培训系统有20个左右，包括新东方在线、学而思网校、学大网校、跟谁学、猿辅导、作业帮等知名品牌。青少儿英语培训有14个系统，其中9个系统的师资来源主要是居住在国外的教师。语文类有两个系统，即掌上大语文、语文同步学。狸米课堂主要培训数学和语文两门学科。除此之外，备案的工具类平台有小盒课堂、园钉、乐学堂、小盒科技、有道乐读、有道智学等。涉及人工智能平台的有艾宾浩斯智能教育、葡萄英语（步步阅读）等。

从业务模式来看，北京线上培训也是多种多样。除了互动性比较强的直播课外，洋葱学院、北大百年网校、简单学习网（北京）、简教练（精准刷题课）采用录播课的形式，其优点是价格便宜、视频制作精细。从商业模式来看，直接向消费者提供培训服务（TOC）模式居多，也有机构向其他机构或学校提供产品和服务（TOB），如酸奶课堂是专门针对中小学生线上课程提供服务的直播平台，为全国三、四线城市提供优质的本地化课程；狸米课堂开辟学校服务，制定狸米小学数学减负增效信息化解决方案。服务渠道有纯线上模式，也有通过"双师"课堂提供线上线下融合服务（OMO）。

（三）机构运营分析

已公示的校外线上培训业务系统发布机构都是公司，有的隶属于实力雄厚的教育集团。与其他类型的民办教育相比，线上培训市场化程度高，资本运营更加方便：在线教育机构不需要办理办学许可证[①]，直接实行公司化运营，机构运营的产权是清晰的，所以不管是资本投入、并购或者退出不需要利用可变利益实体、协议控制等复杂的法律工具。由于基础建设、人才、资源的优势，北京校外线上培训纵向不断提速、跨度不断延伸，形成完整的线上培训产业链环节，这些环节包括师资培训与招聘、线上工具研发、互动平台建设、技术支持、内容支持、授课平台搭建、业务分发与推广、课程服务等，各个环节在北京都能找到在全国有影响力的品牌机构。基于良好的市场预期，校外线上培训吸引了资本的注意，各路资金开始涌入这个行业。钟情于在线教育的资金有国际资本，如老虎基金、IDG资本、TEMASEK淡马锡、红杉资本、高盛集团、软银愿景基金等；国内资本有阿里巴巴、腾讯投资、高瓴资本等。有的线上培训已经在国内外资本市场上市，如在美国资本市场上市的好未来、51talk、高途教育、网易有道、达内科技、瑞思教育；有的在国内资本市场上市，如学大教育、豆神教育；在香港资本市场上市的有新东方在线。在风险资本推动下，有的机构已经发展成为独角兽，如猿辅导、作业帮、VIPKID、小盒科技、爱学习教育等。

[①] 《教育网站和网校暂行管理办法》（教育部教技〔2000〕5号）规定，未经主管教育行政部门批准，不得擅自开办教育网站和网校。《国务院关于第二批取消152项中央指定地方实施行政审批事项的决定》（国发〔2016〕9号）取消网站网校审批，但是教育网站办学要求没有降低，教育行政部门监管责任并没有减轻，反而加大了监督难度。

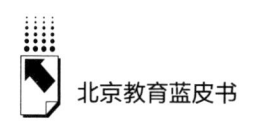

二 形势变化

新修订的《未成年人保护法》增设"网络保护"专章，对近年来社会各界高度关注的未成年人网络保护问题作出专门规定，并于2021年6月1日正式施行。新制定的《数据安全法》《个人信息保护法》也于2021年9月1日和11月1日分别开始实施。2021年9月，中办、国办印发了《关于加强网络文明建设的意见》。除此之外，民办教育法律制度和义务教育阶段中小学生减负政策的出台对校外线上培训发展影响深刻。

（一）政策法律制度调整

为适应教育的新模式新业态，新修订的《民促法实施条例》第16条新增了在线教育的规定。根据"双减"意见，教育部联合相关部委发布了一系列配套文件，其中包括2021年8月30日教育部办公厅等三部门发布的《关于将面向义务教育阶段学生的学科类校外培训机构统一登记为非营利性机构的通知》（教监管厅〔2021〕1号），9月10教育部办公厅等六部门发布的《关于做好现有线上学科类培训机构由备案改为审批工作的通知》（教监管厅〔2021〕2号）。校外线上培训政策环境发生重大变化。

一是市场准入更加严格。从《民促法实施条例》先后公布的修订草案来看，有关在线教育的内容差异较大，说明立法者对在线教育的内涵、范围、规制政策还有争议。其中2018年8月10日司法部公布的送审稿，对在线实施学历教育、培训教育和利用互联网平台提供教育服务等三种形态分别作了规定。在线学历教育机构需要办理办学许可证；在线教育培训机构或者在线教育培训平台需要在省级教育行政、人保部门备案；在线教育平台对申请进入平台的机构或者个人的主体身份信息要进行审核和登记。[1] 最终《民促法实施条例》规定，利用互联网技术在线实施教育活动的民办学校应当

---

[1] 参见《民促法实施条例》（修订草案）（送审稿）第16条。

取得相应的办学许可。"双减"意见将原备案的线上学科类培训机构，改为审批制。

二是严禁资本化运作学科类培训，更加注重网络信息安全。现有学科类培训机构不能登记为营利法人，从法律上断绝了学科类培训机构上市的可能性，同时要求上市公司不得投资并购学科类培训机构资产。另外，为了防止学科类培训机构海外上市，避开法律强制性规定，外资不得通过兼并收购、受托经营、加盟连锁、利用可变利益实体等方式控股或参股学科类培训机构。《民促法实施条例》要求在线教育活动要遵守网络安全管理制度，采取安全保护性措施，要防止法律禁止发布或者传输的信息扩散，并且负有留存证据并向政府部门报告的义务。

三是其他相关禁止性规定。进一步规范外教和境外课程。《民促法实施条例》规定外籍人员在线教育活动不能违反我国教育和外国人在华工作管理等有关规定。"双减"意见更是"双禁"，即严禁聘请境外教师，严禁提供境外教育课程。在线教育培训不得面向学龄前儿童。"拍照搜题"等提供和传播不良学习方法的在线教育培训功能和应用在禁止范围之列。

（二）趋势与挑战

1. 素质类教育培训百花齐放，市场准入制度有待完善

素质教育与应试教育相对应，它是培养学生德智体美劳诸方面素质的教育。2021年3月1日，教育部等六部门印发《义务教育质量评价指南》（教基〔2021〕3号）和《义务教育质量评价指标》，其中学生质量发展评价重点内容包括学生品德发展、学业发展、身心发展、审美素养、劳动与社会实践等五部分，创新精神、健康生活、身心素质、美育实践、感受表达、劳动习惯、社会实践等素质类教育成为关键指标。2021年7月18日，国务院发布的《全民健身计划（2021—2025年）》鼓励青少年体育俱乐部发展。为了培养能适应社会经济发展的合格人才，非学科类素质教育日益受到国家重视。

在学科类培训受到严管的情况下，一些机构迅速调整方向，将办学主业调向非学科素质类教育培训，如好未来发展励步儿童成长中心、彼芯（课后托管）；大力教育开设清北网校美育大师课、瓜瓜龙启蒙；猿辅导推出南瓜科学（STEAM）、斑马（AI教育）、猿编程（少儿编程）；新东方推出儿童美术课程"泡泡美术""口才表达课"；瑞思英语打造跨学科素质教育，宣布试点STEAM课程；等等。"双减"意见规定："对非学科类培训机构，各地要区分体育、文化艺术、科技等类别，明确相应主管部门，分类制定标准、严格审批。"由于《民办教育促进法》规定的文化教育和职业培训民办学校审批机关是教育部门和人社部门，由这两个部门颁发办学许可证，相应的设置标准和审批程序比较完备。但其他素质类培训法律并没有涉及，这些培训是否需要办学许可证法律上不明确，因而标准和审批制度相对欠缺。体育总局等八部门2020年7月1日颁布的《关于促进和规范社会体育俱乐部发展的意见》规定了培训招生、收费和课程设置等，但未涉及市场准入方面的问题。目前，学科类线上培训要求省级教育行政部门审批，而非学科类线上培训市场准入制度还有待细化。

2. 行业格局将发生深刻变化，机构转型发展难度大

学科类培训在应试教育盛行的背景下是"刚需"，市场规模庞大，是资本投资的主要领域。"双减"意见要求国家法定节假日、休息日及寒暑假期不得进行学科培训，线下培训时间不得晚于20点30分，线上培训结束时间不晚于21点，同时大力加强学校课后服务工作，学科类培训市场规模被大幅压缩。为了降低房租成本，不少机构关闭地面校区，将部分线下业务转到线上。另外，校外培训捐资举办的比例很小，"双减"意见要求义务教育阶段学科类培训机构登记为非营利性学校，相当比例的举办者会退出学科类培训市场。教育部监测数据显示，截至2021年10月底，在12.8万个线下学科类培训机构中，压减率超过40%；263个线上学科类培训机构中，压减率近50%。[1] 在资本助推下一些机构业务扩张太快，收入增加但利润不增加甚至下滑，导致机构财务结构恶化，负债比例过高，"双减"意见出台后，投

---

[1] 《线下学科类培训机构压减率超过40%》，http://www.cnr.cn/news/20211101/t20211101_525647772.shtml。

资机构不愿继续输血，机构很容易出现流动性危机。成立于1994年的巨人教育其间几次进行融资，不仅在全国扩张门店，而且开拓线上业务，由于大股东精锐教育本身陷入困境，没有新资金流入，2021年8月31日巨人教育发布《致巨人学员的一封信》，宣称学校经营困难，秋季教学服务无力提供，相应的退费要求也难以满足。主要借助境外教师和境外教材的少儿英语培训机构需要彻底转型。少儿英语小班课品牌鲸鱼小班2021年1月26日还获得B+轮融资，B轮融资额累计达到2.2亿元人民币。①"双减"意见出台后，现有的业务模式很难开展，在多个平台上被指退费难、开课难，成为中国民办教育协会诉前调解中心的首个案例。②

3. 行业发展回归教育本质，监管机制需要创新

2021年4月30日新修订的《教育法》第四条第一款修改为："教育是社会主义现代化建设的基础，对提高人民综合素质、促进人的全面发展、增强中华民族创新创造活力、实现中华民族伟大复兴具有决定性意义，国家保障教育事业优先发展。"校外线上培训也要贯彻《教育法》精神，回归教育本质，着眼于培养人的综合素质和创新创造能力。线上培训机构应当加大研发投入，提供符合人的发展规律和教育规律的优质产品和服务。

然而在办学实践中，集聚大量资本的培训机构不惜重金在各种媒介上大肆发布广告，通过各种营销手段推销课程，甚至通过消费贷诱导家长负债报名缴费，有的大大超出机构履约能力出现群体退费等社会性问题。北京市市场监督管理局发布的《2021年5月广告监测报告》显示，当月传统媒体共有28个类别的广告出现涉嫌违法问题，教育培训广告以39条次的涉嫌违法量位列第三；在互联网媒体广告的监测上，教育培训共监测出涉嫌违法广告1812条次，居各类别涉嫌违法量之首，是4月的1.82倍，占5月涉嫌违法总量的65.6%。虚假宣传误导学生和家长，是导致家长退费难甚至机构

---

① 李春莲：《鲸鱼外教培优完成B+轮融资新东方领投》，2021年1月26日，http://m.zqrb.cn/gscy/qiyexinxi/2021-01-26/A1611650185044.html，检索时间：2021年11月12日。
② 刘洋：《中国民办教育协会将成立诉前调解中心，鲸鱼小班纠纷纳入首例》，2021年8月20日，https://www.bjnews.com.cn/detail/162946429914973.html，检索时间：2021年11月2日。

"跑路"产生社会群体事件的源头,是制造焦虑、贩卖焦虑的直接途径,也与校外培训行业低价倾销、不公平竞争和反垄断等问题紧密相连。"双减"意见颁布后,有线上机构不按规定的时间进行培训,培训时间超过21点,仍然售卖境外外籍人员的课程;有的线上机构试图利用即时通信、网络会议、直播平台等渠道躲避监管,变相开展学科类培训。[①] "双减"背景下,不少少儿英语培训机构需要转型,退费难是普遍现象,重要原因是机构超期收费,没有留足备用金,一旦家长挤兑就会出现资金短缺,经营陷入困境。目前,线上培训审批和监管制度方向已经明确,也出台了一系列配套文件,而在实践中如何达到"双减"意见及相关网络监管要求,则需要根据线上培训的特点创新监管机制。

4. 校外线上培训纠纷面广量大,需要建立健全多元化纠纷解决机制

在线教育属于知识密集型行业,线上教育机构的资产和核心竞争力体现在知识产权上面,实践中课件等著作权侵权现象普遍存在。行业普遍认为目前行业知识产权保护机制不完善。由于互联网可复制、隐蔽性等特点,调查取证难、持续时间长、侵权主体难判定、赔偿力度低,知识产权保护存在实际困难。知识产权保护也存在理论争议问题,如人工智能自动生成内容的法律保护还存在争议。为了抢占市场,在线教育机构低价倾销等不公平竞争、损坏竞争对手商业信誉等现象频繁出现。除此之外,在线教育机构与受教育者之间培训合同纠纷、与教职工之间劳动合同等纠纷也时常出现,若不能及时解决,容易演化为社会群体事件。尤其是校外培训集中整治期间各种矛盾激发,需要完善多元化的纠纷解决机制。

三 思考与建议

在新的形势下,校外线上培训行业发展方向、内容和格局将发生重大变

[①] 北京市教育委员会:《关于检查线上学科类培训机构发现问题的通报》(京教函〔2021〕486号),http://jw.beijing.gov.cn/xxgk/zxxxgk/202109/t20210923_2499894.html。

化，需要完善市场准入制度，推动线上机构转型发展，加强广告和预收费监管，完善纠纷解决机制。

（一）依照新规完善市场准入制度

备案与许可是政府管理市场准入的不同方式，实施行政许可制度以后，市场主体在从事线上培训之前就应当取得办学许可证。2021年9月10日，教育部办公厅等六部门发布《关于做好现有线上学科类培训机构由备案改为审批工作的通知》（简称《通知》），要求机构在取得许可以前不得以任何线上形式开展有偿性学科类培训。线上培训实行"先证后照"，教育部会同相关部门在基本条件、培训规定、管理要求三方面设置基本要求，省级教育行政部门按要求严格审批，线上机构获得办学许可证后在同级民政或者市场监管部门登记为非营利或营利法人。义务教育阶段实施学科类培训的线上机构只能选择登记为非营利法人。按照《通知》要求，"双减"意见前已备案的线上学科类培训机构的审批工作，须在2021年底完成。

线上机构审批与线下机构审批统筹考虑，实质内容趋同。从基本条件要求来看，线上机构要求在注册地有固定的办公场所，需要设置符合要求的线下实体培训场所。从培训规定来看，线上机构要达到内容健康、教学合规、课时恰当、平台可控等要求。从管理要求来看，线上机构要重视党建，制定章程，明确收退费管理，规范合同签订，规范营销宣传。与线下机构不同的是，线上机构根据业务需要，还需要取得通信方面的前置许可或者备案，如增值电信业务经营许可、信息系统安全登记保护备案证明、网络文化经营许可证、信息网络传播视听节目许可证等，有的可能还需要取得出版物经营许可。

与线上学科类培训相比，线上非学科类培训范围更加广泛，业务主管机关也更加多样。原则上统筹线上线下管理模式，如果非学科类培训线下业务需要审批，则相应的线上业务也需要审批，具体审批条件可以参考《通知》的相关规定。

（二）以多种方式推动校外线上培训转型发展

积极引导校外线上培训拓展职业技能培训领域。在学科类培训机构受到多方面限制的同时，国家鼓励企业以多种方式举办或者参与举办实施职业教育的民办学校。[1] 人社部和财政部2020年2月17日发布《关于实施职业技能提升行动"互联网+职业技能培训计划"的通知》（人社部发〔2020〕10号），面向社会征集线上职业技能培训平台及数字资源，积极推动社会培训机构开发线上培训课程并开放线上培训资源，可从职业技能提升行动专项资金中给予培训补贴。人力资源和社会保障部向社会推荐淘宝大学、腾讯课堂等54家职业技能培训线上平台机构。校外线上培训可以顺势而为，向职业技能培训方向转型。有的学科类培训机构开始转向成人职业技术培训，如高途拓展同心圆（考研）、高途学院（成人教育）；大力教育开发不倦课堂（教师培训）等。

以教育"新基建"为契机推动校外线上培训转型发展。2021年7月1日，教育部等六部门印发《关于推进教育新型基础设施建设构建高质量教育支撑体系的指导意见》（简称《指导意见》）。教育新型基础设施是深入应用5G、人工智能、大数据、云计算、区块链等新一代信息技术，聚焦信息网络、平台体系、数字资源、智慧校园、创新应用、可信安全等六方面20个应用方向的新型基础设施体系。教育"新基建"以新发展理念为引领，面向教育高质量发展需要，以信息化为主导，充分发挥数据作为新型生产要素的作用，推动教育数字转型。《指导意见》要有效激发市场活力，打通教育"新基建"的上下游产业链，促进产业集群式发展。体制外教育培训机构离市场近，对新兴技术和服务的态度开放性更高，其教育信息化脚步快，对教育信息化相关服务内容和方式具有引领作用，而且能向体制内学校和相关政府部门传递成功经验、教学内容、先进技术[2]。将线上教育类服务纳入政府购买服务指导性目录，引导各类学校与平台型企业合作开发线上课程、个性辅导等优质线上教育产品，优化线上教育机构备案审查工作，支持优质

---

[1] 参见《民促法实施条例》第9条。
[2] 艾瑞咨询：《中国教育信息化行业研究报告（2019年）》，http://report.iresearch.cn/report_pdf.aspx? id=3440。

校外线上培训机构参与本市中小学线上课程建设,办好"空中课堂"。① 为了实施好政府购买制度,政府可以搭建交流平台,供机构展示研发的在线教育培训产品和服务,中小学可以表达日常教育教学需求,实现供需双方有效对接。

可以借鉴医疗器械集中采购制度,对于公办学校需要的体制外在线教育服务和产品进行集中采购,可以发挥规模效应,降低成本,同时解决基层不能选、不敢学的问题,也可以减少寻租空间。

(三)加强线上培训广告与预收费监管工作

校外线上培训要树立大数据治理思维,建立互联互通的机制,完善信用承诺制度。为了严格监控学科类线上培训机构在限定时间内开展培训活动,教育部建立日常动态巡查制度,准备对违规机构实行红黄牌处罚机制。② 除此之外,校外线上培训尤其要做好广告和预收费监管工作。

虚假广告是行业乱象的源头,因为广告问题若干家头部在线教育企业遭到市场监管部门顶格罚款。除了落实"双减"意见规定的管控措施外,政府引导必不可少。一是教育广告法律要求高,③ 可以研制教育广告的明确指引。2021年5月,北京市海淀区市场监督管理局联合海淀区教委发布《教育培训行业广告发布重点内容提示书》,提醒辖区内各广告主、广告经营者及广告发布者在发布教育培训类广告时应注意的一系列问题。其中包括办学资质要求,宣传内容规范,不得含有"最新通知""好消息""新政"等涉嫌诱导点击的词汇。按照法律规定和中央"双减"工作要求,结合地方实

---

① 参见《北京市提升新服务进一步优化营商环境行动方案》(2020年6月10日)。
② 《教育部建立线上学科类校外培训机构日常巡查制度》,http://www.moe.gov.cn/jyb_xwfb/gzdt_gzdt/s5987/202111/t20211101_576844.html。
③ 2005年修订的《中华人民共和国广告法》要求教育、培训广告不得含有下列内容:(一)对升学、通过考试、获得学位学历或者合格证书,或者对教育、培训的效果作出明示或者暗示的保证性承诺;(二)明示或者暗示有相关考试机构或者其工作人员、考试命题人员参与教育、培训;(三)利用科研单位、学术机构、教育机构、行业协会、专业人士、受益者的名义或者形象作推荐、证明。

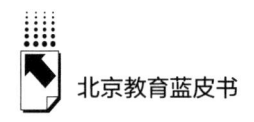

践，有必要制定校外培训广告规范细则，明确引导校外培训广告行为。二是增强在线教育企业/机构的法律意识。虚假广告可能使企业及其相关责任人承担刑事、行政和民事责任。教育企业/机构应当增强法律意识，将招生简章和广告宣传作为内控机制建设的重要内容，减少甚至杜绝广告法律风险的发生。三是提高家长的风险意识。家长选择培训机构，与其孩子的成长和自己的经济利益息息相关，应当提高市场风险意识，对其中意机构的广告宣传核实后再签订培训合同、缴纳相关费用。

在教育培训领域预收费是一种普遍现象，容易出现"退费难""卷款跑路"等恶性事件。《北京市学科类校外培训机构预收费管理办法（试行）》（京教民〔2021〕13号）规定以银行作为第三方进行托管，《上海市教育培训机构学杂费收缴和使用管理规定》规定通过"学习保障资金"账户（保证金账户）进行管控。首先，与传统线下教育相比，在线教育培训收费有其特殊性。据不完全调研统计，北京一般录播课程、AI课程、一对多大课等在线教育培训模式的年收费在几百元到两千元之间，相比线下培训机构几万元甚至十几元、几十万元的预付费，在线教育培训的费用要低廉得多。其次，对于录播课和AI课程来讲，所收费用并不是预付费，而是付费的同时，用户已经得到了产品的全部使用权限，因此也就不存在退费的问题。最后，由于在线教育资本集聚、高投入高风险的特点，需要大量的资金来购买硬件、开发软件、组建队伍、维持运营（服务器、云处理器、网络租用等），如果大比例资金进入保证金账户，对于用户数量数以千万计的头部机构，在一定程度上相当于"卡了脖子"，有可能直接危及生存。如何最大限度地在机构发展与规避风险之间寻求平衡，宁波市推出一项全国首创的方案——在给校外培训机构预付学费时，可投保学费信用险，最高单科可获得5000元赔偿额，保险期限最长不得超过4个月。[1] 这种方式不失为一种平衡各方利益的创新，值得尝试和研究。

---

[1] 《宁波试点校外培训机构学员预付学费信用保险》，http：//www.ningbo.gov.cn/art/2021/1/14/art_ 1229099768_ 59024754.html。

（四）建立在线教育多元化纠纷解决机制

在线教育培训纠纷量大面广，如知识产权、收退费以及劳资纠纷等问题，需要建立健全多元化的纠纷解决机制。除了传统的行政调解、法院司法诉讼以及替代纠纷解决机制，要充分利用在线纠纷解决机制。在线纠纷解决机制改革通过网络通信技术创新在线调解制度，提高了纠纷解决效率，减少了纠纷解决成本，促进了社会治理方式的科技化与现代化。[①] 广州互联网法院正式上线"枫桥 E 站"，"枫桥 E 站"把传统的"枫桥经验"和互联网司法相融合，在企业或机构互联网平台架设线上解纷站点，为当事人提供和解、调解、向法院起诉等多元化就地解纷服务。[②] 中国民办教育协会在政府部门的主导下成立校外培训矛盾纠纷诉前调解中心，该中心将邀请一批退休法官和志愿律师、教育工作者，对于目前校外教育培训机构出现的和学员、职员以及第三方的矛盾纠纷进行诉前调解。在线少儿培训机构鲸鱼小班的退费纠纷是该中心纳入调解的首个案例。

参考文献

李春莲：《鲸鱼外教培优完成 B + 轮融资 新东方领投》，2021 年 1 月 26 日，http://m.zqrb.cn/gscy/qiyexinxi/2021-01-26/A1611650185044.html，检索时间：2021 年 11 月 12 日。

刘洋：《中国民办教育协会将成立诉前调解中心，鲸鱼小班纠纷纳入首例》，2021 年 8 月 20 日，https://www.bjnews.com.cn/detail/162946429914973.html，检索时间：2021 年 11 月 2 日。

赵蕾：《在线纠纷解决机制的中国创新》，《人民法院报》2021 年 4 月 12 日，第 2 版。

刘文添、何卓岚：《企业设站点 就地解纠纷》，《人民法院报》2020 年 7 月 28 日，第 4 版。

[①] 赵蕾：《在线纠纷解决机制的中国创新》，《人民法院报》2021 年 4 月 12 日，第 2 版。
[②] 刘文添、何卓岚：《企业设站点 就地解纠纷》，《人民法院报》2020 年 7 月 28 日，第 4 版。

B.11
北京市中小学课后服务现状研究

周红霞*

摘　要： 推进完善课后服务具有重要意义，有助于"双减"政策的深入落实，办人民满意的教育以及提升人民的获得感和幸福感。北京市中小学课后服务大致经历了启动社会大课堂、启动课外活动计划、全面开展课后服务、打造2.0升级版课后服务等阶段，目前呈现服务时间全覆盖、服务对象全覆盖、服务内容多样化、服务供给多元化等特点，坚持政府主导、学校主体、家长自愿、社会协同、面向人人、公益惠民等基本原则，采取了教师弹性上下班、购买社会服务、统筹共享区域性资源等创新举措。本报告在对北京市课后服务现状进行梳理的基础上，提出把课后服务纳入学校教育教学整体规划、细化需求增强服务针对性、构建"家校社"协同育人共同体等进一步提质增效的若干建议。

关键词： 课后服务　"双减"　优质教育　家校社协同

课后服务是北京市中小学生家庭的普遍需求。一方面，北京市一般企事业单位的下班时间是17:30~18:00，中小学放学时间一般为15:30~17:00，学生放学时间与家长下班时间存在时间差，加上通勤时间，很多家长没有办法在孩子放学后及时将其接回家；另一方面，家长们对更高质量教育的期待越来越高，不仅希望孩子在校内能享受高质量教育，而且希望孩子在放学后的时

---

* 周红霞，北京教育科学研究院助理研究员，主要研究领域为国际比较教育。

间内也能享有丰富的优质教育内容。这两个主要因素使家长对优质课后服务的呼声越来越强烈。"双减"政策出台后,课后服务成为政策落实的关键着力点,成为满足学生多样化发展需求,体现校内教育供给质量的重要方面。因此,推进完善课后服务是中小学满足学生及其家长的普遍需求与热切期盼、有效落实"双减"政策的必然要求。

一 推进完善课后服务具有重要意义

(一)有助于"双减"政策的深入落实

长期以来,义务教育学校的日常教学大都结束于下午三点半,初衷是减轻学生学业压力,为学生个性化发展留出空间。但现实情况是校内减负、校外增负,绝大多数家庭在孩子放学后把他们送到各类学业辅导班、提高班、兴趣班等。近年来,校外培训纷繁复杂,各种问题屡见不鲜,很多家庭担负着高昂的课后培训费用,政府对于培训机构的监管也陷入多重困境。在此形势下,2021年5月21日,中央全面深化改革委员会第十九次会议审议通过了《关于进一步减轻义务教育阶段学生作业负担和校外培训负担的意见》(以下简称《意见》)。会议指出,义务教育最突出的问题之一是中小学生负担太重,短视化、功利化问题没有得到根本解决。减轻学生负担,根本之策在于全面提高学校教学质量,做到应教尽教,强化学校教育的主阵地作用。[1] 2021年7月,中共中央办公厅、国务院办公厅印发了该《意见》。北京市教委主任刘宇辉指出,要充分发挥学校育人的主渠道作用,统筹课内外两个时段,统筹校内外教育资源,对学校教育教学安排进行整体规划,全面系统构建学校育人生态,增加校内服务供给,提高学校育人水平,让每个学

---

[1] 《习近平主持召开中央全面深化改革委员会第十九次会议强调 减轻义务教育阶段学生作业负担和校外培训负担》,http://www.moe.gov.cn/jyb_ xwfb/s6052/moe_ 838/202105/t20210521_ 532904.html,2021年5月21日。

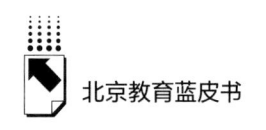

生在学校能够学得会、学得好、学得够。[①] 推进完善课后服务，丰富学生放学后的选择，让每个学生都学有所选、玩有所乐，充实地利用和把握时间，是有效落实"双减"政策的应然要求。

（二）有助于实现"办人民满意的教育"

习近平总书记明确指出，学校不能把学生的课后时间全部推到社会上去。[②] 课后服务的质量是整体教育质量的重要组成部分，提供优质的课后服务是实现"办人民满意的教育"理想目标的重要方面，有助于推动教育全面改革，促进学生身心素质提升。提高育人质量需要校内校外共同发力推进，但主体责任在校内。学校应积极回应社会关切与期盼，将课后服务作为"五育并举"培养学生综合素质的重要抓手，完善服务机制，充分挖掘校内外资源，整体统筹，最大限度丰富服务内容，提高服务质量，满足学生个性化发展需求，促进学生全面健康成长。

（三）有助于提升人民的获得感和幸福感

课后服务是学校教育服务的延伸，是学校教育主体性回归与强化的体现，不仅是促进学生健康成长、帮助家长解决接送子女困难的重要举措，而且是进一步增强公共教育供给能力，增强教育服务经济社会发展能力，提升学生和家长的获得感与幸福感的民生工程。

二　北京市课后服务发展的简要梳理

北京市课后服务开展得较早，并进行过多种形式的探索，大致可划分为以下几个阶段和节点。

[①]《本市中小学课后服务时间将调整 教师有望实行弹性上下班》，http://jw.beijing.gov.cn/jyzx/jyxw/202107/t20210721_2445705.html，2021年7月21日。

[②]《总书记赴青海考察调研的4个瞬间》，新华网，http://www.xinhuanet.com/2021-06/11/c_1127555988.htm，2021年6月11日。

(一)2008年启动社会大课堂

2008年9月1日,北京市中小学生社会大课堂正式启动。市教育行政部门联合市委宣传部、首都精神文明办等12个相关部门,整合首都丰富的人文自然资源,通过提供免费或优惠场所,为学校集体组织和学生个人开展研究性学习、社区服务和社会实践创造条件。社会大课堂资源单位遍布全市,涵盖社会、经济、文化各个方面,既包括教育系统内部资源,也包括社会资源。启动中小学生社会大课堂,既是政府关注民生、改善民生、满足学生需求的一项实事,也是推动优质教育资源共享、促进教育公平、建设全社会共同育人机制的创新实践。[①]

(二)2014年启动课外活动计划

2014年4月26日,北京市教委发布了《关于在义务教育阶段推行中小学生课外活动计划的通知》,旨在切实减轻中小学生课业负担,满足学生全面发展和个性化需求,全面提升学生综合素质。活动内容主要包括:①参照市级体育、艺术、科技比赛活动内容,组织班级、学校或学区范围的各类活动和比赛;②开展"科学家进校园""体育明星进校园""艺术家进校园"等系列活动;③开设各类社团活动,让学生广泛参与各类体育比赛、艺术培训和实践,以及科技培训、体验等活动,观看演出,培养学生的实践能力,提高技能水平。各区县、学校可在星期一至星期五15:30~17:00的课外时间安排活动,每周不少于3天,每天不低于1小时。[②]

(三)2018年全面开展课后服务

2018年9月18日,北京市教委发布了《关于加强中小学生课后服务的

[①] 《本市中小学生社会大课堂9月1日全面启动》,http://jw.beijing.gov.cn/xxgk/zfxxgkml/zfgkzcwj/zwgzdt/202001/t20200107_1564635.html,2008年9月8日。

[②] 《北京市教育委员会关于在义务教育阶段推行中小学生课外活动计划的通知》,http://jw.beijing.gov.cn/xxgk/zfxxgkml/zfgkzcwj/zwgkxzgfxwj/202001/t20200107_1562799.html。

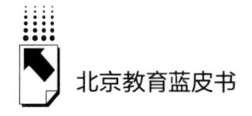

指导意见（试行）》。课后服务的内容与形式主要包括两种。第一，组织开展课外活动。继续实施义务教育课外活动计划，组织学校劳动实践活动、社团及兴趣小组活动，组织学校体育节、艺术节、科技节、文化节等展演活动，组织观影观演观赛等活动，为学生提供丰富多彩的校园文化生活。第二，提供课后托管服务。学校开放教育资源，提供场地条件和管理服务，学生自主安排户外活动、校内阅读、自习、做作业等。坚决禁止学校借课后服务的名义组织学生集体补课、集体教学。原则上，学校每天在完成规定课时之后提供课后服务，时间到下午5：30。具体时间由各区、学校根据实际情况确定。[1]

2019年底新冠肺炎疫情出现之后，全市不断完善课后服务，进行了更为具体的多样化设计。比如强调课后服务时段的体育锻炼，这也是疫情带来的启示。

（四）2021年打造2.0升级版课后服务

2021年春季开学后，全市开展的课后服务增加了课堂学习内容的解答、知识巩固与提升等与学业直接相关的服务内容，这也是应家长的希望和要求而安排的。完善之后的课后服务帮助孩子在学校内完成作业，特别是按照教育部的要求，实现小学生在校内完成家庭作业、初中生在校内完成大部分的作业。

2021年秋季开学后，市教委全面落实《意见》精神，全市学校推出了升级版义务教育课后服务。11月2日，市教委召开《意见》落地以来第二次全市基础教育校长大会，市教委主任刘宇辉在会上表示，要推动课后服务从"有没有"转向"好不好""强不强"，通过课后服务进一步增强学生、家长对学校的信任和对校内教育的信心。北京市正全面打造2.0升级版课后服务，推动课后服务高质量、特色化发展。[2]

---

[1] 《北京市教育委员会关于加强中小学生课后服务的指导意见（试行）》，http：//jw.beijing.gov.cn/xxgk/zfxxgkml/zfgkzcwj/zwgkxzgfxwj/202001/t20200107_1562712.html，2018年9月18日。

[2] 《北京2.0升级版课后服务来啦！重点要提升这些环节》，http：//jw.beijing.gov.cn/jyzx/jyxw/202111/t20211103_2528401.html，2021年11月3日。

三 北京市当前课后服务的主要特点

(一)服务时间:全覆盖

目前,北京市中小学提供"5+2"课后服务,即在周一到周五每天放学后都提供课后服务,时间主要是15:30~17:30两个小时,实现了教学日放学后时间课后服务全覆盖。在教学日提供的课后服务是目前中小学课后服务的主体部分,总体上能满足绝大多数家庭的需求。对于一些不能按时来接孩子的家庭,很多学校在和家长协商一致的情况下,将课后服务延长到18:00甚至更晚。例如北京小学翡翠城分校在三个校区都提供了弹性放学离校服务,延长服务至18:30,解决了数百名学生放学后无法及时被接走的难题。[1]

另外,很多学校也提供了早到校服务,即在教学日早晨正式上课前,提供从7:30~8:20的宽泛进校时间。一方面,上班早的家长可以较早地将孩子送到学校,学校为家长提供便利;另一方面,保障孩子有充分的睡眠时间,相比之前最迟8:00前入校,目前可以最迟在8:20前入校,学校8:20开始上第一堂课。

此外,为贯彻习近平总书记在青海考察调研时的重要讲话精神,落实教育部关于支持探索开展暑期托管服务的通知要求,北京市暑假开始尝试为2020~2021学年度小学一年级至五年级在校生提供假期托管服务。从宽泛意义上讲,假期托管也属于课后服务的一部分。为做好暑期托管服务工作,北京市教委建立了市级统筹、区级主责、学校落实的三级工作机制,主要基于以下思路组织开展。一是坚持志愿、公益原则。二是统筹确定承办学校。学生按照就近、方便托管的原则,在就读学校自愿报名参加托管服务。三是

---

[1]《本市中小学课后服务时间将调整 教师有望实行弹性上下班》,http://jw.beijing.gov.cn/jyzx/jyxw/202107/t20210721_2445705.html,2021年7月21日。

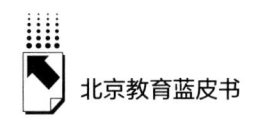

明确托管服务内容。暑期托管服务以看护为主，内容主要包括提供学习场所，开放图书馆、阅览室，有组织地开展体育活动等；不组织学科培训和集体授课。四是坚持家长学生自愿参加。家长和学生根据实际状况自愿选择参加托管服务。五是引导教师志愿参加。鼓励广大干部教师主动参加志愿服务。六是切实保障师生安全。实行校园全封闭管理，严格落实疫情防控各项要求。[1]

（二）服务对象：全覆盖

所有义务教育阶段的中小学都要提供课后服务，对所有有需求的家庭和学生做到服务全覆盖。

（三）服务内容：多样化

整体来看，全市学校向全体学生提供菜单式课后服务项目和内容，供学生自愿选择，课后服务吸引力不断增强。

目前的课后服务内容主要分为三个方面。第一方面，组织开展和学业相关的答疑辅导和巩固提高活动。为了满足学生课后学业巩固的需求，全市中小学在课后服务时间特别增加了课业辅导的内容，很多学校由最优秀的教师组成学业辅导团队，指导学生完成作业，对学习有困难的学生进行补习辅导与答疑。这既是满足学生和家长的需求，也是落实教育部提出的"教师要指导小学生在校内基本完成书面作业，初中生在校内完成大部分书面作业"[2]的要求。第二方面，组织开展体育锻炼。落实学生每天至少1小时体育锻炼的要求，如果当天没有体育课，则在课后服务时段安排学生参加体育锻炼，增强学生体质。第三方面，组织开展综合素质拓展活动。

---

[1] 《北京市开展学生暑期托管和课后服务情况介绍》，http://jw.beijing.gov.cn/jyzx/jyxw/202107/t20210715_2437026.html，2021年7月13日。
[2] 《中共中央办公厅 国务院办公厅印发〈关于进一步减轻义务教育阶段学生作业负担和校外培训负担的意见〉》，http://www.moe.gov.cn/jyb_xxgk/moe_1777/moe_1778/202107/t20210724_546576.html，2021年7月24日。

围绕"五育并举",广泛开展科普、文体、艺术、劳动、阅读、兴趣小组及社团等多种类别的活动,促进学科拓展、学生思维发展和实践探究,学生根据自己的兴趣爱好自主选择,学校为每个学生发展个性特长提供锻炼机会。

(四)服务供给:多元化

一方面,各校课后服务以本校教师为主,学校动员党员教师、骨干教师、优秀教师积极投入课后服务。全市中小学校结合各自实际积极作为,充分开发利用学校在管理、人员、场地、资源等方面的既有条件,主动承担课后服务供给主体责任。

另一方面,很多学校在以校内资源为本的同时,积极引进校外的优秀师资和优秀课程。通过购买服务的方式引入社会资源,积极引进少年宫、青少年活动中心、社区、公益组织、志愿者等多方面的力量,助力开展学校课后服务工作,以弥补校内资源的不足和缓解校内教师的压力。很多学校通过引进优质社会机构和优质课程进校园,丰富了服务供给。

四 北京市课后服务坚持的基本原则[①]

第一,政府主导,指的是加强课后服务是教育行政部门积极回应社会需求,主动担当和作为。

第二,学校主体,指的是学校是课后服务的供给主体。

第三,家长自愿,指的是课后服务不是强制性的,而是充分尊重学生和家长的需求与意愿,由学生和家长自主自愿选择。

第四,社会协同,指的是积极引进校外师资和教学资源,社会各方共同丰富和优化课后服务供给。

---

① 《本市中小学课后服务时间将调整 教师有望实行弹性上下班》,http://jw.beijing.gov.cn/jyzx/jyxw/202107/t20210721_2445705.html,2021年7月21日。

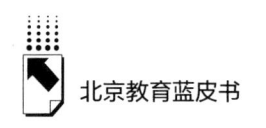

第五，面向人人，指的是课后服务的对象是校内全体学生，课后服务各类育人资源面向所有学生全面平等开放。

第六，公益惠民，指的是课后服务的公益性。政府提供资金保障、资源保障，确保课后服务惠及全体学生。

五 北京市课后服务的创新实践

（一）实行教师弹性上下班

全面深入开展课后服务后，教师的工作量普遍增加，考虑到教师的工作特点，市教委指导学校统筹实行弹性上下班来缓解参与课后服务的教师面临的压力和困难。从2021年秋季学期开始，很多中小学开始探索实行教师弹性上下班，取得了良好效果。

（二）健全课后服务购买机制

随着日益增长的公共服务需求与传统供给方式之间的矛盾日益突出，政府向社会力量购买公共服务机制日渐健全。学校开展课后服务也在积极引入社会力量，研制准入标准和管理办法，以实现课后服务提供主体和提供方式更加多元化、多样化。通过购买服务等方式引入社会机构的优秀团队，遴选社会优质课程进入校园，加强了课后服务的师资保障，丰富了课后服务内容的供给。

（三）统筹共享区域性资源

目前学生和家长对课后服务的需求更加多元，有的对服务时长有需求，有的对课程内容有需求，学校既要充分考虑如何以家长和孩子实际需求为导向设计课后服务方案，也要考虑如何充分挖掘资源，加强家庭、学校和社会的有效合作。为了提高服务质量，很多区县对区域性资源进行了统筹共享。例如，西城区在区域层面整合12家校外教育资源为区域内学校提供课后服务课程菜单，满足学生个性化、多元化成长需求；学区、集团层面打破学段壁垒、校际壁垒，组织学区内、集团内优秀教师按照学段向下兼容原则，贯通辐射，让优质教师资源惠及更多学生。①

（四）注重建设长效性机制

为确保课后服务顺利开展，北京市增加了专项经费用于课后服务激励，并将课后服务纳入绩效工资管理。坚持按劳分配，多劳多得，优绩优酬。市教委要求各区县加强统筹，考虑学校之间课后服务水平的差异，指导各校用好相关经费。②

此外，为了鼓励教师积极参与课后服务，强化了教师参与课后服务的激励机制和保障机制，把教师参加课后服务情况纳入绩效考核和评优评先，在绩效工资和其他相关方面向参与学生课后服务的教师进行倾斜；把学校课后服务工作情况纳入学校办学评价。

（五）高校助力"双减"落地

拓展课后服务渠道是不少学校开展课后服务过程中面临的难题，一些高校积极行动助力"双减"政策落地，同时也为大学生学业实践搭建了平台。例如，首都师范大学初等教育学院发挥小学教育专业优势，组织本科师范生和教育硕士每周到北京市七一小学、北京市八一学校、首师大实验小学等为小学生开展课后一小时辅导，截至2021年11月中旬，已累计开展了党史宣讲、国学、朗诵、音乐、美术、书法等500余节特色课程，不但为小学一线提供了菜单式课后服务课程，也为学院卓越小学教育人才培养提供了广阔的实践舞台。③

---

① 《北京西城区12家校外教育资源为区域学校提供课后服务课程菜单》，《北京日报》2021年8月31日，https：//baijiahao.baidu.com/s？id=1709577952104149800&wfr=spider&for=pc。
② 《北京2.0升级版课后服务来啦！重点要提升这些环节》，http：//jw.beijing.gov.cn/jyzx/jyxw/202111/t20211103_2528401.html，2021年11月3日。
③ 《如何拓展课后服务渠道？这所学校有妙招》，中国教育新闻网，http：//www.jyb.cn/rmtzcg/xwy/wzxw/202111/t20211119_647368.html，2021年11月19日。

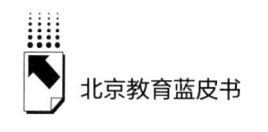

六 课后服务进一步提质增效的建议

"双减"政策是国家意志,是改革转型促提升在基础教育领域的具体实施,"双减"政策颁布以来,教育改革进入深水区。课后服务是落实"双减"政策的关键着力点,因此,推动课后服务进一步提质增效是深入落实"双减"政策的任务和要求,也是"双减"工作取得实效的体现和检验。

(一)进一步深入认识课后服务的内涵和意义

课后服务是校内教育提质增效的重要之举,是学校教育满足学生全面而有个性发展的关键环节,要深刻认识、准确把握课后服务的内涵和重要意义。正如市教委主任刘宇辉所指出的,开展课后服务,本质是落实立德树人根本任务。落实课后服务,关键是重塑学校育人生态。评价课后服务,核心是看学生有没有实际获得。学校持续推进完善课后服务,需要深刻领悟其中所蕴含的政策要义。

(二)把课后服务纳入学校教育教学整体规划

在已经取得的经验和成绩基础上,对课后服务进行整体设计优化,进一步加强课后服务的组织和管理,积极探索构建适应课后服务需求的管理模式、资源整合模式、组织形式。不仅基于学生成长需求,把课后服务作为课堂教育教学的有效延伸,建构高质量的课后服务课程体系,也要将课后服务纳入学校教育教学整体设计,系统规划学生在学校的一日作息,统筹安排好学校常规教育教学和课后服务活动的协同,让学校整体教学时间利用率更高,成效更好。

(三)细化需求,进一步增强课后服务针对性

各校要及时了解和积极面对"双减"后家长的心态和需求,有针对性地完善课后服务实施方案,根据学生的学段特点、年级特点,提供针对性更

强的服务内容，努力做到针对不同年级、不同特点采取不同策略，增强课后服务内容的丰富性、适合性和选择性，从而提高课后服务的有效性和满意度。例如，低年级学生动手意愿普遍强烈，即可有针对性地开设手工相关课程，而初中学生对于学科辅导的要求比较迫切，学校就可安排优秀师资在课后服务时间为其答疑解惑。

（四）加强家校社合作，构建协同育人共同体

课后服务首先是教育问题，市区两级教育机构纷纷出台政策，体现了教育部门的勇于担当。同时也要认识到，孩子的成长既离不开学校，也离不开社会和家庭，课后服务问题不仅仅是教育问题，也是社会问题，因此要积极呼吁学生家庭和全社会对此问题献力献策，除了学校发挥主渠道、主力军的作用外，家庭、社会也需要共同努力，通过多方合力构建家校社协同育人共同体。

"双减"政策出台后，很多家长面临焦虑和困惑：孩子参加校外培训时间减少了，会不会由"拼娃"变成"拼家长"？这是需要警惕的问题。"双减"政策的出台及其工作目标，主要为了给学生成长提供更好的校内教育保障。因此，学校要及时与家长沟通，帮助家长加强对孩子情况的诊断。针对孩子的性格特点、兴趣爱好、薄弱项和擅长项等，老师与家长要共同商量如何扬长避短，帮助孩子提高课堂学习效率，充分利用好校内时间完成好各项任务。例如，西城区中小学家长学校网上课堂开设了"双减"专题课程，课程包括政策解读、家教指导、学生成长三个模块，就"双减"政策、中小学校"五项管理"等政策面向家长进行深度解读，并就家长关心的热点问题进行回应。学校层面还通过多种形式加强家庭教育指导，引导家长树立正确的教育观、成才观，掌握正确的家庭教育理念和方法，为学生成长营造良好的家庭环境。[①] 此外，也要充分开发利用社会资源，共同为孩子构建家校社协同育人共同体。

---

① 《如何落实"双减"？西城区将推进五大工程》，北京日报客户端，https：//baijiahao. baidu. com/s? id = 1709574907394569906&wfr = spider&for = pc，2021 年 8 月 31 日。

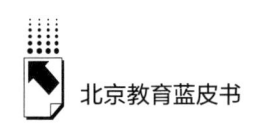

结　语

课后服务是优质教育的重要组成部分，是落实立德树人根本任务和"双减"政策要求的应有之义。提供优质的课后服务没有止境，需要根据社会发展变化、学生成长进展以及家长需求不断改进完善。政府和学校在强化责任担当，努力提供优质课后服务的同时，也要准确把握课后服务的基本公共服务属性。学生和家长在选择和评价课后服务时，也要认识到学校教育不是万能的，学校在满足每一位学生、每一个家庭多元化、个性化的教育需求时，有时候是有一定局限性的。[1] 学生的健康成长，离不开学校、家庭以及社会的共同努力，各方均应发挥各自的作用，协力提供有利于孩子潜能发挥、特长发展、综合素养不断提升的优质教育。

---

[1] 《北京市教委主任刘宇辉：丰富课后服务供给，提升教育发展质量》，https：//mp.weixin.qq.com/s/Qrx5oAUCzxYrI5G2z_TYFQ，2021年7月22日。

借鉴篇

B.12
"十四五"时期我国发达地区教育改革与发展规划文本分析

李 璐　吕贵珍*

摘　要： 基于京津沪浙粤鲁六个国内发达地区"十四五"时期教育改革与发展规划的文本分析，比较各地规划文本的编制依据、体系结构、基本理念、总体目标、主要任务和重点项目等方面的共同趋势与差异化特色，提出教育规划编制要做到"上下—内外—前后—左右"四个结合，教育改革与发展应坚持人本性、社会性、现代化、政治性、人民性、民族性/地方性、世界性七个属性，分类归纳出教育发展与改革任务的部署落实所采用的"图钉型""药碾型""塔型"组织策略，以及主要任务的结构框架逻辑"央地结合"、"条块结合"和"大类整合"三种模式，总结出六

---

* 李璐，博士，北京教育科学研究院教育发展研究中心助理研究员，研究方向为教育政策、教育经济与管理、区域教育协同发展；吕贵珍，北京教育科学研究院教育发展研究中心副研究员，研究领域主要有教育政策、区域教育发展等。

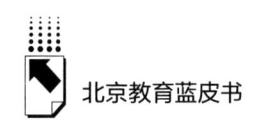

省市教育改革发展以立德树人为根本和基点，以追求高质量发展和现代化水平提升为主题和目标，以教育创新服务经济社会发展能级和贡献为增长点，以教师队伍建设为策源力，以信息技术深度融合和开放为驱动力，以教育评价改革为指挥棒，综合推动高质量教育体系建设和教育现代化发展的共性趋势，以及在优化教育资源配置、育人方式变革和统筹发展与安全方面的差异性。

关键词： "十四五" 发达地区 教育规划 文本分析

2021年是"十四五"时期的开局之年，也是全国各省份出台"十四五"时期教育改革与发展规划的集中年。教育事关国之大计、党之大计、民之生计。教育规划作为一个国家或地区一定时期内教育事业发展思路、目标、任务和措施的整体性、系统性计划，不仅是国民经济和社会发展计划的重要构成要素，更是未来一段时间教育事业改革与发展的总体布局和蓝图。分析国内发达地区教育发展规划的政策文本，通过梳理各地教育改革与发展的重点领域和着力点，探究其编制结构和未来五年教育改革与发展的共性与差异，可以明晰教育改革与发展的前沿趋势与走向以为借鉴。

本报告基于国内发达地区"十四五"时期教育改革与发展规划的文本表述，比较分析各地规划文本的编制依据、体系结构、总体要求、重点改革和发展领域等方面的共同趋势与各自特色，为北京"十四五"时期教育改革发展提供有益借鉴。

一 发达地区的界定与选择

对于国内发达地区的界定与选择，本报告综合考虑以下两个指标：一是各地区的人均地区生产总值（人均GDP），该指标能够从宏观上反映该地区的经济发展状况和人民生活水平；二是人类发展指数（Human Development

Index，HDI），该指标超越单一的经济增长逻辑，是以健康长寿、良好的教育和较高的生活水平为基础的综合指数，测评方式是以上三个维度指标水平的归一化几何平均值，可以最终反映一个国家或地区人类发展水平。根据联合国开发计划署2016年制定的标准，HDI低于0.550则为低人类发展水平，介于0.550至0.699之间为中等人类发展水平，介于0.700至0.799之间为高人类发展水平，高于0.800则为极高人类发展水平。

基于2020年全国31个省（区、市）统计局官方网站的数据计算出各地人均GDP及排名如表1所示。2020年，全国人均GDP为72371元，高于全国标准的省份共有10个，其人均GDP由高到低排序分别为北京、上海、江苏、福建、浙江、广东、天津、重庆、湖北、山东。

表1 2020年全国31个省（区、市）人均GDP排名

项目	排名	2020年GDP（亿元）	2019年常住人口（万人）	人均GDP（元）
全国	—	1015986	140384.89	72371
北京	1	36103	2153.6	167640
上海	2	38701	2428.14	159385
江苏	3	102719	8070	127285
福建	4	43904	3973	110506
浙江	5	64613	5850	110450
广东	6	110761	11521	96138
天津	7	14084	1561.83	90176
重庆	8	25003	3124.32	80027
湖北	9	43443	5927	73297
山东	10	73129	10070.21	72619

资料来源：各省统计局官方网站。

2019年12月，联合国开发计划署、清华大学中国发展规划研究院、国家信息中心联合发布《中国人类发展报告特别版——历史转型中的中国人类发展40年：迈向可持续未来》，其中统计了2017年全国31个省（区、市）人类发展指数，平均值为0.734，已达到高人类发展水平，其中，北

京、上海和天津已经达到极高发展水平,位列前三,前十位中紧随其后的是江苏、浙江、广东、辽宁、内蒙古、山东、吉林(见表2)。

表2 2017年中国各省(区、市)人类发展指数排名

省级行政区	排序	地域	人类发展指数
平均	—	—	0.734
北京市	1	东部	0.881
上海市	2	东部	0.854
天津市	3	东部	0.838
江苏省	4	东部	0.784
浙江省	5	东部	0.772
广东省	6	东部	0.770
辽宁省	7	东北	0.760
内蒙古自治区	8	西部	0.754
山东省	9	东部	0.753
吉林省	10	东北	0.750

根据以上两个指标所反映的各省经济与综合发展水平情况,再结合现已出台"十四五"教育改革与发展规划的省份,最终选定北京、上海、天津、浙江、广东和山东六省市作为分析对象(见表3)。

表3 我国发达地区出台"十四五"时期教育规划的情况统计

发达地区	规划名称	发文机构	成文时间	发布时间
北京	《北京市"十四五"时期教育改革和发展规划(2021~2025年)》	北京市教育委员会	2021年9月30日	2021年9月30日
天津	《天津市教育现代化"十四五"规划》	天津市教育委员会 天津市发展和改革委员会	2021年7月26日	2021年8月2日
上海	《上海市教育发展"十四五"规划》	上海市人民政府	2021年7月26日	2021年9月7日
浙江	《浙江省教育事业发展"十四五"规划》	浙江省发展和改革委员会 浙江省教育厅	2021年6月11日	2021年6月24日

续表

发达地区	规划名称	发文机构	成文时间	发布时间
广东	《广东省教育发展"十四五"规划》	广东省人民政府	2021年9月23日	2021年11月1日
山东	《山东省"十四五"教育事业发展规划》	山东省人民政府	2021年10月21日	2021年10月22日

资料来源：各省市政府官方网站。

二 规划文本的编制依据及体系结构

（一）编制依据

教育发展规划编制是基于一定的政治目的，开展具有一定规范性和实践性的活动，制定、实施和评价规划的过程是政策性与法律性活动相统一的过程[1]。因此规划的编制需要既遵从一定的立法原则和宗旨，比如下位法服从上位法，特别法优于普通法，新法优于旧法等；同时也需要承接、细化并落实国家宏观规划，且与更广泛的经济和社会发展规划相融合[2]。

六省市"十四五"时期教育改革与发展规划的开篇部分介绍了规划编制的依据和目的。各地编制教育规划主要依据的上位规范性文件有国家专门性文件、地方总领性文件和地方专门性文件三类。在国家专门性文件的参考方面，北京、广东主要根据《国家教育事业发展第十四个五年规划》，上海和山东则以《中国教育现代化2035》作为规划编制的宏观政策依据，天津和浙江在规划文本中未提及所依据的国家性文件。在地方总领性文件的参照方面，天津、浙江、广东、山东主要参照当地国民经济和社会发展的第十四个五年规划和二〇三五年远景目标纲要，北京和上海除了参照地方"十四

---

[1] 康翠萍、苏妍、刘璇：《政策性与法律性统一：新时代教育发展规划之应然范式》，《教育科学》2021年第2期。
[2] 李根、葛新斌：《"三个结合"：地方教育规划编制的关键》，《教育发展研究》2015年第11期。

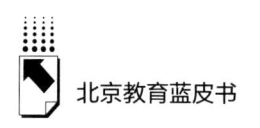

五"规划和二〇三五年远景目标纲要之外，还参考了中长期城市总体规划。在地方专门性文件的参照方面，除山东省之外，其他五省市均依据地方教育现代化2035的文件精神开展规划编制工作（见表4）。总体而言，六省市在编制教育发展规划的过程中基本遵循了下位法服从上位法的立法精神，参考了专门性和总领性的上位政策文件。

值得注意的是，政策文件发文主体的行政级别差异将会影响政策执行效力，侧面反映了各地对教育改革与发展事务的重视程度。六省市教育发展规划的发文主体呈现三种不同的形式，依据发文主体的行政级别由高到低分别为以上海、广东和山东为代表的省（市）级政府发文，以天津和浙江为代表的发改委和教育厅（教委）的部门联合发文，以及北京市的教育行政部门（教委）发文。

表4 六省市"十四五"时期教育规划编制依据

省市	国家专门性文件	地方总领性文件	地方专门性文件
北京	《国家教育事业发展第十四个五年规划》	《北京城市总体规划（2016年~2035年）》	《首都教育现代化2035》
		《北京市国民经济和社会发展第十四个五年规划和二〇三五年远景目标纲要》	
天津	—	《天津市国民经济和社会发展第十四个五年规划和二〇三五年远景目标纲要》	《天津教育现代化2035》
上海	《中国教育现代化2035》	《上海市城市总体规划（2017~2035年）》	《上海教育现代化2035》
		《上海市国民经济和社会发展第十四个五年规划和二〇三五年远景目标纲要》	
浙江	—	《中共浙江省委关于制定浙江省国民经济和社会发展第十四个五年规划和二〇三五年远景目标的建议》	《浙江教育现代化2035行动纲要》
		《浙江省国民经济和社会发展第十四个五年规划和二〇三五年远景目标纲要》	
广东	《国家教育事业发展第十四个五年规划》	《广东省国民经济和社会发展第十四个五年规划和2035年远景目标纲要》	《广东省教育现代化2035》
山东	《中国教育现代化2035》	《山东省国民经济和社会发展第十四个五年规划和2035年远景目标纲要》	—

(二)体系结构

从六省市"十四五"时期教育规划文本的体系结构来看,北京市的相对完整,基本包含了教育规划文本框架的全部要素——发展基础和形势、指导思想和主要目标、主要任务、保障措施、规划实施和重点项目列表。天津、浙江和广东的体系结构趋同,对发展基础和形势、总体要求(指导思想、发展思路、主要目标)、主要任务和实施路径,以及保障措施进行了阐述;上海教育规划的体系结构与前三者类似,以组织领导和规划实施取代了保障措施的条目。山东省的谋篇布局较为精简,仅由总体要求和九项主要任务构成,未单独剖析发展基础和形势、保障实施等方面(见表5)。浙江、广东和山东对总体任务是以一级标题单列的形式呈现。

表5 六省市"十四五"时期教育规划文本的体系结构及篇幅布局

单位:字

体系结构	北京	天津	上海	浙江	广东	山东
发展基础和形势	4571	4031	2622	799	3249	—
总体要求(指导思想、发展思路、主要目标)	1886	1006	1743	1713	2356	1977
主要任务、实施路径	19092	18845	12940	17967	34260	24016
保障措施	1261	1078	—	1866	1508	—
组织领导、规划实施	852	—	1271	—	—	—
附表:重点项目列表	3751	—	—	—	—	—
总字数	31608	25136	18752	22519	42200	26123

从篇幅布局来看,规划文本体量以广东省最高,共计4万余字,北京以3万余字位居第二,天津、山东和浙江三省市的规划文本篇幅在2万余字,上海则不足2万字。对发展基础和形势分析较为充分的是北京市(4571字)和天津市(4031字),这部分在全文中占比分别为14%和16%,浙江在此部分着墨较少。广东对于总体要求部分的着墨最多,字数超过2000字,山东、北京、上海和浙江则在1700~2000字,篇幅较为相似,天津该部分篇幅最小。六省市教育规划的主体内容都落脚在主要任务和实施路径部分,占

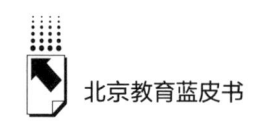

总文本的60%~90%，该部分广东省的文本体量居首，为34000余字，之后为山东省（24000余字），北京、天津和浙江这部分篇幅体量相近，在17000~20000字，上海这部分字数最少，但也超过了12000字。

三 教育发展与改革的基本理念与总体目标

地方政府编制教育规划主要是为了明确特定时期该地区教育事业发展和改革的目的和行动方案，是一种着眼于如何达成未来愿景的理性表达。

规划文本中的指导思想、总体思路、基本原则是教育发展和改革理念的具体载体，集中体现政策制定主体对特定时空场景下教育性质的认识和定性。

在教育发展的不同时期，党和国家对教育性质有不同的认识。党的十九大以来，在教育的基础性、全局性和战略性基础上，教育的政治性、人民性、民族性和世界性更为突出[1]。教育的政治性主要体现在"培养什么人"和"为谁培养人"的问题上，在我国的语境下，特指培养社会主义建设者和接班人。教育的人民性强调以人民为中心发展教育，办人民满意的教育。教育的民族性集中表现在"中国特色"和"文化自信"两个维度。教育的世界性则是基于人类命运共同体的理念，着眼于教育的可持续发展。从教育目的的历史演化来看，党关于教育目的的认识，经历了由"引进来"到"中国化"，继而"体系化""制度化""现代化"的历程[2]。与此同时，教育的人本性和社会性[3]依然是其属性的基本底色，既要重视个人修养品位的塑造和综合能力的提升，也要注重体现社会性的协同合作能力与责任感，超越现实社会的需要，塑造社会风尚。由此可见，新时代教育发展和改革的价

---

[1] 石中英：《中国共产党关于教育性质问题的百年探索》，《重庆高教研究》2021年第1期。
[2] 高迎爽、郑宜帆：《中国共产党关于教育目的问题的百年探索》，《清华大学教育研究》2021年第4期。
[3] 王利平：《富有理念的现实主义教育——陶孟和论教育的社会性》，《教育学报》2020年第6期。

值追求，包含了"七性"——人本性、社会性、现代化、政治性、人民性、民族性或地方性、世界性等丰富内涵。而在发展和改革的目标导向之中，又内嵌了事业发展水平、体系建设和改革成效的质量这一纵向维度。

国家层面的教育事业发展"十四五"规划编制总体思路有六方面的考量：一是以立德树人为根本任务，二是以加快教育现代化为目标，三是以高质量发展为主题，四是以供给侧结构性改革为主线，五是以优化教育空间布局为突破口，六是以改革开放为推动力。立德树人的根本任务主要反映了教育的政治性，乃是整个教育工作的出发点和基准点；教育现代化为教育改革与发展规划的政策目标；高质量发展则是纵向维度的品质追求；供给侧结构性改革着眼于人才培养结构优化、终身学习体系建设和满足经济社会发展需要，兼具人本性、人民性和社会性特质；优化教育空间布局聚焦提升教育服务区域发展战略水平，强调地方性；改革开放的推动力则偏重世界性。

（一）基本理念

通过对六省市规划文本中指导思想、总体思路、基本原则等内容的编码，归纳出各地"十四五"时期教育发展和改革的基本理念在"七性"的分布情况（见表6和表7）。

表6 北京、天津、上海"十四五"时期教育规划基本理念梳理

理念	北京	天津	上海
人本性	—	凝聚人心、完善人格、开发人力、培养人才、造福人民	更加关注每一个学生的终身发展，更加关注青少年身心健康，加强学生综合素养和把握未来的能力
社会性	为建设教育强国、实现第二个百年奋斗目标、谱写中华民族伟大复兴中国梦的北京篇章做出更大贡献	为全面建设社会主义现代化大都市提供有力支撑	提高教育社会服务能级和贡献水平
现代化	加快建设高质量教育体系，全面提升教育现代化水平，构建首都教育发展新格局	加快推进教育现代化，建设高质量教育体系	教育高质量发展

续表

理念	北京	天津	上海
政治性	习近平新时代中国特色社会主义思想	习近平新时代中国特色社会主义思想	习近平新时代中国特色社会主义思想
	党的十九大及十九届四次全会精神	党的十九大及十九届四次全会精神	党的十九大及十九届四次全会精神
	习近平总书记关于教育的重要论述	—	习近平总书记关于教育的重要论述
	习近平总书记对北京重要讲话精神	习近平总书记对天津重要讲话、批示、指示精神	—
	全国全市教育大会精神	—	全国教育大会精神
	—	—	坚持教育优先发展
	党的坚强领导，贯彻党的教育方针	党的全面领导，贯彻党的教育方针	党对教育工作的全面领导
	—	立德树人根本任务	立德树人根本任务
	培养德智体美劳全面发展的社会主义建设者和接班人	培养德智体美劳全面发展的社会主义建设者和接班人	—
人民性	以人民为中心发展教育，努力办好人民满意的首都教育	坚持以人民为中心的发展思想，办好人民满意的教育	增强人民群众教育获得感和满意度
民族性/地方性	以首都发展为统领，牢牢把握首都城市战略定位，统筹发展与安全	高举中国特色社会主义伟大旗帜，坚持社会主义办学方向	构筑新阶段上海教育发展新战略优势
世界性	—	—	为上海建设具有世界影响力的社会主义现代化国际大都市提供人才支撑、智力支持和创新引领

表7 浙江、广东、山东"十四五"时期教育规划基本理念梳理

理念	浙江	广东	山东
人本性	—	构建平等面向每个人、适合每个人、伴随每个人一生的教育体系	以德为本、以文化人，更加注重有教无类、因材施教，更加注重知行合一、学以致用

续表

理念	浙江	广东	山东
社会性	为建设社会主义现代化先行省和社会主义现代化国家提供强有力的人才保障、智力支持、文化支撑	为广东在全面建设社会主义现代化国家新征程中走在全国前列、创造新的辉煌提供全方位的人才和智力支撑	持续提高服务经济社会发展能力,为新时代现代化强省建设作出更大贡献
现代化	以建设社会主义教育现代化先行省、示范区为目标,以提高质量和促进公平均衡为重点	推动教育高质量发展为主题,推动教育更加公平、更高质量、更富特色、更有效益发展	以推动高质量发展为主题
政治性	习近平新时代中国特色社会主义思想	习近平新时代中国特色社会主义思想	习近平新时代中国特色社会主义思想
	党的十九大及十九届四次全会精神	党的十九大及十九届四次全会精神	—
	习近平总书记关于教育的重要论述	—	习近平总书记关于教育的重要论述
	—	习近平总书记对广东重要讲话、批示、指示精神	—
	全国教育大会精神		全国全省教育大会精神
	坚持教育优先发展	坚持教育优先发展	优先发展教育事业
	贯彻党的教育方针	党的全面领导,贯彻党的教育方针	贯彻党的教育方针
	立德树人根本任务	立德树人根本任务	立德树人根本任务
	培养担当民族复兴大任的时代新人	培养造就大批德智体美劳全面发展的社会主义建设者和接班人	—
人民性	—	坚持以人民为中心,以办好人民满意的教育为根本目的	不断增强人民群众教育获得感
民族性/地方性	涌现一批具有浙江辨识度的教育成果,为中国教育的明天贡献更多的浙江经验、浙江样本	高举中国特色社会主义伟大旗帜,围绕建设粤港澳大湾区和深圳中国特色社会主义先行示范区,打造新发展格局战略支点	高举中国特色社会主义伟大旗帜,坚持社会主义办学方向
世界性	全力构建具有全球视域、浙江品质的高质量现代教育发展体系	加快和扩大教育对外开放	—

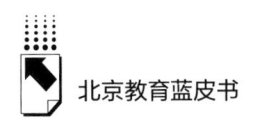

在人本性方面,除北京和浙江两省市之外,其他四省市均在总体要求部分有所体现,但各省市的侧重点有所差别。天津市沿用了既有的政策话语体系,强调教育在凝聚人心、完善人格、开发人力、培养人才和造福人民五方面的综合作用。上海和广东从学习者视角出发,聚焦终身发展和终身教育,上海侧重于学生和青少年的健康发展和素养能力提升,广东则着眼于构建人本性的教育体系。山东从教育本位视角阐明了有教无类和因材施教等育人理念。

在社会性方面,六省市教育规划文本均对教育的社会性功能有所陈述。天津、浙江、广东和山东一致地点明了教育对建设社会主义现代化都市/强省的贡献力,集中体现在人才、智力和文化支撑三方面;浙江和广东还出现了"先行省"和"全国前列"等竞争和比较意味明显的词汇。上海和山东均直接指出要提高教育服务社会经济发展的能级和贡献水平。北京与上述五省市的区别在于其首都定位,将首都教育发展定位于更宏观的国家战略场域之中,因此话语风格体现了更高的国家格局和政治站位。

在现代化方面,六省市教育规划无一例外地提出"高质量"的要求,北京和天津均强调高质量教育体系建设,而其他四省市则更偏重教育高质量发展。

政治性是比较具有中国特色的教育属性之一。从形而上的意识形态视域理解,建立并维系国民的理论自信、制度自信、道路自信和文化自信,教育是核心的传承机制。在中西方意识形态纷争日趋升级的背景下,守护好未来一代的思想阵地形势严峻。自中央到地方党和政府对教育政治性的强调与日俱增。从六省市"十四五"规划的文本可以看出,政治性术语在"指导思想"部分占据了大量篇幅。六省市均提到以习近平新时代中国特色社会主义思想为指导和贯彻党的教育方针;五省市在文中提到贯彻党的十九大及十九届四次全会精神。北京、上海、浙江、山东还提到习近平总书记关于教育的重要论述,北京、天津和广东也参考了习近平总书记对当地的重要讲话、指示和批示精神,从而充分表明"为谁培养人"的立场。具体到教育领域,五省市均提及落实立德树人根本任务，四省市文中提出贯彻全国教育大会精神，坚持教育优先发展，三省市落脚在培养德智体美劳全面发展的社会主义建设者和接班人，浙江则强调培养担当民族复兴大任的时代新人，明确回答"培养什么人"这一关键问题。

人民性和民族性/地方性与政治性密切相关，是政治性的外在表征。北京、天津、广东在规划文本中突出以人民为中心的指导思想，上述三省市与上海均声明要办好人民满意的教育，显示了"民之所想，政之所向"的政民互动模式。

民族性/地方性则充分体现出六省市各自的发展特色，比如作为首都的北京强调牢牢把握首都城市战略定位，统筹发展与安全，政治站位较高依然是其鲜明特色；浙江从教育成果的"浙江辨识度"方面做文章，着力贡献"浙江经验""浙江样本"；广东则紧紧围绕粤港澳大湾区建设和深圳中国特色社会主义先行示范区的国家战略，打造新发展格局战略支点；上海则阐述得较为笼统，要求构筑新阶段上海教育发展新战略优势。

在世界性方面，上海、浙江和广东作为国内对外开放的门户城市，在教育规划文本中对世界眼光的教育和对外开放有专门表述。上海主要强调教育在建设有世界影响力的国际大都市方面的人才、智力支撑和创新引领作用；浙江侧重于教育的全球视域，广东则着力于加快和扩大教育对外开放。

（二）总体目标

六省市"十四五"教育规划的目标部分的撰文结构总体相似，除浙江省之外，其他五省市均采用"总—分"结构，即2025年的总体目标和具体各领域的子目标，浙江只概述了2025年的总体目标。总体而言，六省市规划文本的"总体目标"部分与"总体要求"（指导思想、思路、原则）部分的逻辑框架基本一致，在"七性"基础上，增加了衡量目标完成程度的"发展水平"和"高质量"两个维度（见表8和表9）。

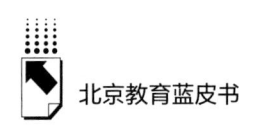

表8 北京、天津、上海"十四五"时期教育发展目标梳理

总体目标	北京	天津	上海
现代化	实现更高水平、更具影响力的教育现代化	总体水平显著提升	全面深入推进
发展水平	—	主要指标位居全国前列	教育事业发展和人力资源开发主要指标接近全球城市先进水平
政治性	培养具有家国情怀、首都气派、国际视野、创新精神的高素质人才	—	—
高质量	全面构建首都高质量教育体系 努力让每个孩子都享有公平而有质量的教育	高质量发展体制机制全面建立	实现上海教育更高品质发展、高质量教育体系总体建成
人本性	让每个学习者都有人生出彩的机会	教育改革发展成果更公平地惠及全市人民	—
人民性	—	人民群众对教育的满意度、获得感显著提高	
社会性	全面支撑首都"四个中心"功能建设,为北京率先基本实现社会主义现代化发挥基础性、先导性、全局性作用	服务全市和区域经济社会发展能力明显增强	
民族性/地方性	为北京建设成为伟大社会主义祖国的首都、迈向中华民族伟大复兴的大国首都做出新的贡献	为2035年建成质量一流、公平普惠、优势突出、人民满意的现代化教育强市奠定坚实基础	
世界性	为建设国际一流的和谐宜居之都做出新的贡献	—	实现上海教育更加包容、更具活力、更大开放

表9 浙江、广东、山东"十四五"时期教育发展目标梳理

总体目标	浙江	广东	山东
现代化	现代化水平全面提升,总体实现教育现代化	—	教育现代化水平走在全国前列
发展水平	教育综合实力全面提升	全省教育综合实力、整体竞争力、国际影响力达到国内先进水平	教育内生动力和发展活力进一步激发

"十四五"时期我国发达地区教育改革与发展规划文本分析

续表

总体目标	浙江	广东	山东
政治性	—	—	—
高质量	建成质量更加优质、结构更加优化、保障更加全面、服务更加高效的高质量教育体系	基本建成制度更加完备、结构更加优化、保障更加全面、服务更加高效的高质量教育体系	基本建成高质量教育体系
人本性	让每一位适龄人口得到更公平更优质的教育	人才培养水平显著提升	人才培养水平显著提升
人民性	—	—	—
社会性	服务更加高效	服务更加高效，教育服务贡献能力显著增强	教育服务贡献能力显著增强，学习型、创新型、技能型社会建设加速推进
民族性/地方性	为浙江奋力打造"重要窗口"、高质量发展建设共同富裕示范区提供坚强支撑	粤港澳大湾区国际教育示范区建设取得重大进展	—
世界性	国际影响力全面提升	国际影响力达到国内先进水平	—

教育现代化是国家至地方自上而下统一的政策目标。在总体目标部分，除广东省之外，其他五省市均提及现代化目标，要求提升教育现代化水平。

在发展水平方面，除北京外，其他五省市均对该地区在全国乃至全球中的相对水平进行了定位；上海以全球城市为参照系，要求到2025年教育事业发展和人力资源开发水平接近全球城市先进水平；天津和广东要求教育发展水平和综合实力、竞争力和国际影响力达到国内前列或先进水平；浙江和山东没有明示具体相对位置，浙江要求教育综合实力全面提升，山东则着眼内生动力和发展活力激发。

六省市中，只有北京在总体目标部分对政治性有所体现，要求"培养具有家国情怀、首都气派、国际视野、创新精神的高素质人才"，其间也夹杂了部分民族性/地方性和世界性的特质。

"高质量"是六省市教育规划文本的高频词，也是各地教育事业发展的共同追求，六省市规划文本中全部提出构建高质量教育体系或体制机制的政

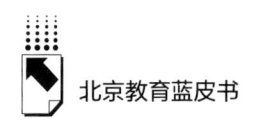

策目标。"公平""全纳""优质"是人本性目标中的核心价值追求。

天津在规划的总体目标中专门提及人民群众对教育的满意度、获得感显著提高，体现了人民性。

除上海之外，其他五省市均特别强调教育服务经济社会发展的贡献力，尤其是北京密切结合城市功能建设，阐明了教育的基础性、先导性和全局性作用。

在民族性/地方性方面，北京依旧立足于首都定位，天津强调现代化教育强市，浙江着力打造"重要窗口"和共同富裕示范区，广东定睛粤港澳大湾区国际教育示范区建设，可谓扎根本土，各具特色。

在世界性方面，北京强调教育对国际一流的和谐宜居之都建设的作用，上海则提出教育需更加包容、开放，浙江和广东关注国际影响力提升，广东要求"十四五"末期国际影响力达到国内先进水平。

四 重点任务

（一）三种主要任务及项目的数量排布模式

"十四五"时期六省市教育规划文本的总体要求部分描绘了各地对未来五年教育发展和改革的政策理想和意图，具有高度的抽象性、概括性和方向性。作为指导"十四五"时期教育改革与发展的行动方案，规划中的重点任务部分则是从宏观理念和愿景到中观组织治理协调以及微观执行落实的路径解析，反映了教育治理主体对未来一段时期教育实践的深度认识和推行思路，其全面性、科学性、可行性、适切性和系统性强弱决定了政策目标能否如期实现。

六省市的教育规划文本的"主要任务"部分成文体例相对一致，均由主要任务、二级任务和重点项目三部分构成，只是重点项目的呈现方式略有差别，北京、上海、山东是将所有项目汇总在一张表格之中并附在主要任务的文本阐述之后，天津、浙江和广东则是将各重点项目穿插在主要任务的行文之中。

主要任务是对"十四五"时期各级各类教育发展和改革实践工作主题

性、方向性的规定;二级任务是对大类任务领域中各分项任务内容和实施路径的概括性描述;重点项目则是在执行层面对各项二级任务设计的行动落实方案,比笼统的任务描述更为具体、明确、可操作。

通过对六省市规划文本任务部分中主要任务、二级任务和重点项目数量的梳理,可以发现各地对教育发展与改革任务的部署落实所采用的组织策略存在差异,具体可分为三种类型:第一种是以分项任务为主体,以重点项目或工作为支撑的"图钉形"结构,以北京、天津和广东为代表;第二种是以分项任务为主体,以精选项目为亮点的"药碾形"结构,代表省份为上海和山东;第三种是以重点项目为地基,以分项任务为支柱的"塔形"结构,以浙江省为代表(见图1)。

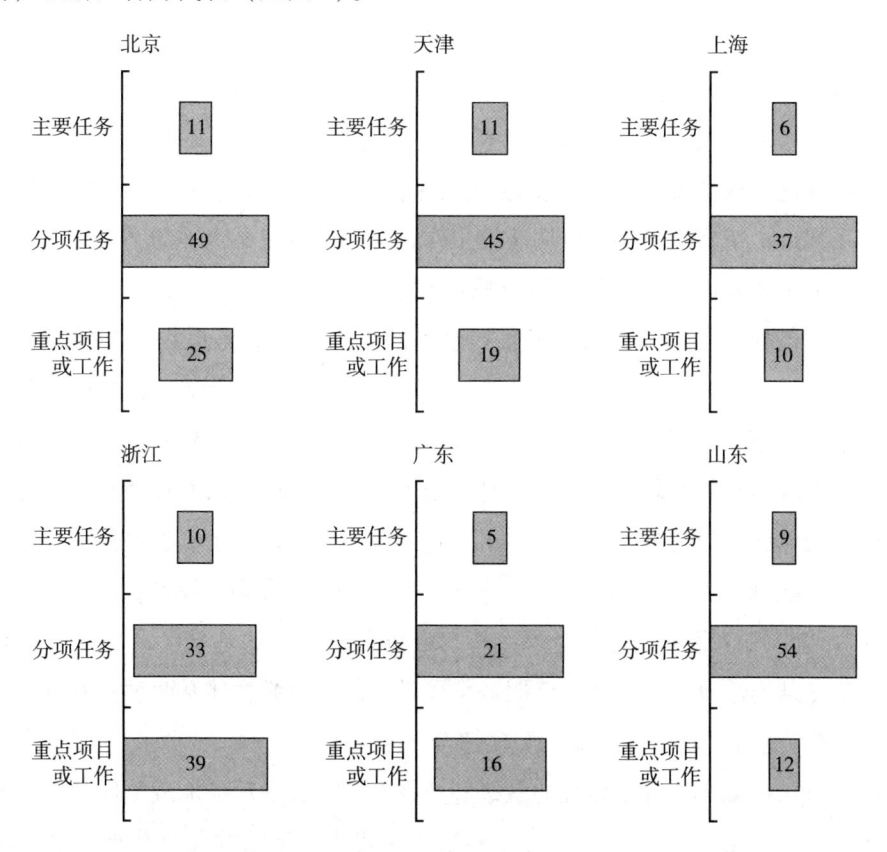

地区	主要任务	分项任务	重点项目或工作
北京	11	49	25
天津	11	45	19
上海	6	37	10
浙江	10	33	39
广东	5	21	16
山东	9	54	12

图1 六省市规划文本主要任务、二级任务和重点项目的排布结构

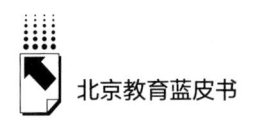

（二）三种主要任务的结构框架模式

六省市主要任务的结构框架逻辑表现为三种不同的模式，在这里需要陈明国家教育事业发展"十四五"规划主要任务的框架结构。国家级的教育"十四五"规划中，主要规定了十方面的主要任务，分别为全面落实立德树人根本任务、提升教育服务创新驱动发展能力、加快构建服务全民学习的终身教育体系、推进教育供给侧结构性改革、提升教育服务区域发展能力、推动智能时代教育创新、全面加强新时代教师队伍建设、扩大新时代教育对外开放、深化新时代教育评价制度改革、加快推进教育治理体系和治理能力现代化。

第一种模式是基于国家版框架结合地方特色进行调整的"央地结合"模式，以北京和山东为代表。北京在国家版框架的基础上，一是突出政治性，新增加强党对教育工作的全面领导并将其设定为首要任务，专设"统筹推进首都教育发展与安全稳定"任务，要求加强首都教育系统安全稳定体系建设，精准有效做好疫情防控工作，努力建设更高水平的平安校园；二是，突出地方性，立足首都城市战略定位，把首都教育放在服务"四个中心"功能建设、提高"四个服务"水平的大局中来思考谋划，在国际科创中心建设、"两区"建设、数字经济标杆城市、以供给侧结构性改革创造新需求、京津冀协同发展等首都发展紧要处的"五子"上聚焦发力，打造落实城市总体规划的教育样板；三是突出人民性，回应群众教育期盼，立足人民群众对优质教育日益增长的需求，直面中小学学位不足、教育公平、义务教育"双减"等首都教育发展不平衡不充分的各类矛盾，围绕"七有""五性"优化教育服务。山东则是在基本沿袭国家框架的基础上，将推进教育供给侧结构性改革和加快构建服务全民学习的终身教育体系两项任务合并为"系统构建高质量教育体系"一项综合任务。

第二种模式是基于传统的各级各类教育事业发展任务加改革任务组合而成的"条块结合"模式，以天津和浙江为代表。天津与北京相似，第一项任务即坚持和加强党对教育工作的全面领导，体现了政治性；在纳入国家教育规划框架中的"立德树人根本任务""提升教育服务创新驱动发展能力""终身学习体系""新时代教师队伍建设改革""教育信息化""教育合作与开放"的基础上，分别将各级各类教育任务以"推进基础教育优质均衡发展""建设新时代职业教育标杆""促进高等教育高质量内涵式发展"予以明确，并将其他改革事务整合在第十一项任务"全面深化教育综合改革"中。浙江则突出全面加强内涵建设，在纳入国家框架"立德树人""终身学习体系""教师队伍""教育数字化改革""教育开放合作"五个要素的同时，按照各级各类教育分别提出发展任务为"大力发展优质普惠学前教育""促进中小学高质量发展""深化实施高等教育强生战略""推进职业教育高水平融合发展"，最后以"深化教育领域综合改革"统筹各项教育改革任务。

第三种模式是基于地方自身教育发展和改革工作的自主组织逻辑整合任务形成综合大类、自成体系的"大类整合"模式。上海围绕促进人的现代化、提升教育支撑引领经济社会发展水平以及优化教育事业发展条件，从满足发展需求的教育供给侧改革逻辑出发设定了六大主要任务，分别为①坚持立德树人，促进学生全面发展；②对标一流标准，打造高水平专业化创新型教师队伍；③优化教育服务供给，满足人民群众品质生活需求；④增强教育引领支撑功能，提升服务社会能级水平；⑤落实教育优先发展战略，提升综合保障水平；⑥加强教育统筹与活力激发，推进治理体系和治理能力现代化。其人本性—社会性—人民性、发展—保障—治理的逻辑线明晰。广东立足于补齐短板、夯实基础、顺应时代和未来趋势，罗列了5项主要任务，分别为落实立德树人根本任务、各级各类教育高质量发展、深化教育领域改革开放、建设高素质专业化创新型教育人才队伍和加强党对教育工作的全面领导，兼顾了政治性—人本性和发展—改革—保障的双重逻辑框架。

（三）六省市各级各类教育发展和改革任务的共性与差异

按照"十四五"时期北京市教育规划主要任务部分的结构体系梳理六

省市主要任务的内容，发现各地教育事业发展和改革存在一些共性特征和差异化举措（见表10）。

表10 六省市各项重点项目在主要任务之中的布局结构

单位：个

主要任务	北京	天津	上海	浙江	广东	山东
落实立德树人根本任务	5	4	1	6	2	0
优化资源配置	2	1	1	1	0	1
优化教育服务	6	5	4	21	9	7
服务经济社会发展	3	2	2	6	2	2
教师队伍建设	1	4	1	3	1	1
教育信息化	1	1	1	2	1	0
教育开放与活力	3	1	2	2	1	1
育人方式变革	1	0	0	0	0	0
教育评价改革	1	0	1	3	1	0
统筹发展与安全	1	0	0	0	0	0

资料来源：根据六省市"十四五"时期教育规划纲要项目内容统计整理得出。

在落实立德树人根本任务方面，各地均要求构建大中小幼一体化德育或思政工作体系，提升学生核心品格、关键能力、学习素养和综合素质，加强和改进体育、美育、健康、劳动教育，健全家校社协同育人体系或机制；差别在于北京将家校社协同育人机制放在育人方式和模式变革任务中单列，广东和山东还专门提及加强法治教育、生态文明和国防教育，广东还另外增加了加强学校和社会语言文字工作的要求。各省市按照专项任务数量由高到低排列，依次是浙江6个、北京5个、天津4个、广东2个和上海1个。

在优化资源配置方面，除山东外，其他五省市均是京津冀、长三角和珠三角城市群的重要组成省份，因此都设置了区域教育协同发展的相关内容，比如北京和天津均强调深化京津冀教育协同发展，上海和浙江提出建设区域教育协同发展新机制，推进教育区域联动发展，广东要求构建珠三角核心区教育高质量发展标杆体系。与此同时，北京、上海和广东还针对区域内教育资源配置进行布局，北京在持续疏解中心城区部分教育功能基础上，分区域优化教育资源配置；上海要求提高新城公共教育服务的能级和水平；广东提出加快提升东西两翼和北部生态发展区教育发展品质。此外，北京和上海针对日趋紧张的义务教育资源供给，分别要求多渠道增加中小学学位供给和提升教育基本建设和综合保障水平。在跨区域交流合作和结对帮扶方面，北京和广东也有相应的工作安排。北京专门设置"中小学学位建设项目"和"京津冀教育协同发展和功能疏解项目"2个重点项目，津、沪、浙、鲁分别设置了1个工作项目。

在优化教育服务方面，六省市从学前教育到终身教育均作出相应任务安排。学前教育的关键词是"普及普惠安全优质"，义务教育聚焦"优质均衡发展"，高中教育围绕"多样化""特色化"和育人方式改革做文章，特殊教育强调公平、适宜、融合发展和保障提质升级，高等教育紧抓分类协调发展和高质量内涵式发展，终身教育则突出构建服务全面终身学习的教育体系。在职业教育的任务界定方面，各省市差异较大，北京强调增强职业教育适应性，天津要求建设新时代职业教育标杆，上海要求优化类型定位，浙江突出高水平融合发展，广东着力推进扩容提质强服务，山东则从体系建设角度出发完善纵向贯通横向融通的现代职业教育体系。上海市就学龄前育儿和托育服务专门进行任务部署，要求加强育儿指导和托育服务。北京和山东还就近期热点重点工作——义务教育"双减"工作专门设置了相应的任务。从重点项目的数量来看，浙江省设置了21个专门项目推进教育服务优化，数量遥遥领先，广东和山东分别设置9个和7个项目，京津沪则分别设置了6个、5个、4个重点项目。

在服务经济社会发展方面，六省市存在6个共性特征：一是均支持"双一流"建设，二是提升高校科技创新能力，三是推进哲学社会科学繁荣发展，四是深化产教融合和校企合作，五是促进高校毕业生高质量就业创业，六是加强新型高端智库建设。各地也表现了自己独特的亮点与特色，比如北京专门设置了"大学生高质量就业创业项目"，天津专设"服务产业特色学科群、大学科技园和现代产业学院建设项目"，浙江采取部省协同推进温台职业教育服务民营经济发展创新高地建设，广东支撑粤港澳大湾区国际

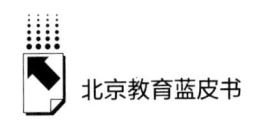

科技创新中心和综合性国家科学中心建设，山东则要求打造具有全球影响力的儒学中心。浙江专门设置6个重点项目，位居首位，北京设置了3个，津、沪、粤、鲁均设置了2个重点项目。

在教师队伍建设方面，六省市均特别注重加强和改进师德师风建设、基础教育教师专业化素质提升、职业教育"双师型"教师培养、高等教育高层次创新型人才引育，均提出深化教师管理制度改革。北京和山东特别提出全面提升教师岗位吸引力和地位待遇的任务。北京和浙江也注意到教师培养工作的重要性，要求加大教师培养力度，推进教师教育创新发展。广东还专门就建设高水平教研队伍、民办学校人才队伍建设保障、教育管理人才队伍建设进行了部署。天津和浙江分别设置了4个、3个重点项目推进教师队伍建设工作，京、沪、粤、鲁均设置了1个。

在教育信息化方面，各地从三方面着手设置任务：一是发展数字教育和信息技术与教育教学深度融合，二是推进网络化智能化教育管理服务，三是智能互联的数字教育基础设施建设。上海特别提出推动"智慧教育"成为上海智慧城市建设新亮点，广东特别强化了教育系统网络、信息与数据安全方面的工作要求。除浙江设置了2个重点项目外，京、津、沪、粤均设1个重点项目。

在教育开放与活力方面，各地均就深化教育国际交流合作、打造本地留学品牌、提升国际影响力、激发办学活力和学校办学自主权落实、民办教育规范发展等任务进行了布局安排。区别在于：北京特别提出促进教育系统内外资源融通共享和建设人文、科技、绿色校园，浙江和广东就与"一带一路"国家教育合作和人文交流建设专门论述，广东和山东还分别明确了粤港澳大湾区国际教育示范区建设和加强鲁台港澳交流任务，山东还提出师资队伍国际化建设和培养具有全球胜任力人才的专门任务。北京设置了3个重点项目，上海和浙江均设2个，津、粤、鲁分设1个项目。

在育人方式变革方面，北京和浙江从教育教学和人才培养模式变革、拔尖创新人才育人模式改革、地方特色课程教材建设三方面进行了任务部署。天津着眼于推动建立创新素养各学段贯通培养机制。山东专门提出加快重点领域急需紧缺人才培养。除北京专门设置了"新型教育教学形态探索项目"外，其他五省市未专设重点项目。

在教育评价改革方面，六省市从落实深化新时代教育评价改革总体方案、深化考试评价制度改革、推动教学评价方式创新和优化教育评价实施路径四方面进行了任务部署。浙江设置了3个重点项目，京、沪、粤均设1个项目。

另外，北京专门就统筹发展与安全进行了任务部署，主要聚焦教育系统安全稳定体系建设、疫情防控和更高水平平安校园建设三方面工作。而沪、浙、粤、鲁也对平安校园建设进行了部署，只不过以上四省市将这部分内容放在了治理体系建设和保障措施部分。只有北京对此专设了1个项目。

五 首都教育规划编制及发展改革工作的启示

（一）教育规划编制工作要做到四个结合

地方编制教育规划要做到上下结合、内外结合、前后结合、左右结合。上下结合是要抓好上位文件的贯彻落实，各地编制教育规划主要依据的上位规范性文件有国家专门性文件、地方总领性文件和地方专门性文件三类，要重点将国家和本市"十四五"规划纲要、国家"十四五"教育规划有关要求结合实际落实到规划中；内外结合是指教育规划要与更广泛的经济和社会发展规划相融合，做好与城市或发展功能定位、区域协同、国土空间等专项规划的衔接；前后结合是指"十四五"教育规划编制要与"十三五"教育规划、教育现代化2035和2022年实施方案等已出台规划做好衔接，确保"十四五"期间主要目标任务过渡顺畅；左右结合是指要横向参考国内外发达地区和省市的教育规划结构和内容，兼顾地方教育规划的适切性与前沿性。政策文件发文主体的行政级别差异侧面反映各地对教育改革与发展事务的重视程度，建议可以考虑由省（市）级人民政府发布文件，从而强化各部门之间的协调衔接，进而提升政策执行效力。

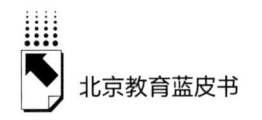

（二）教育发展和改革要坚持"七性"理念

新时代教育发展和改革的价值追求要坚持"七性"，即人本性、社会性、现代化、政治性、人民性、民族性/地方性、世界性。在人本性方面，应兼顾学习者终身发展和终身学习，以及适宜人人的终身学习体系建设，使教育发展和改革成果更公平优质地惠及人民，使人人有人生出彩机会。在社会性方面，应提高教育服务社会经济发展的能级和贡献水平，在支撑人才、智力和文化需求方面发挥基础性、全局性作用。教育现代化是国家至地方自上而下统一的政策目标，各地均应着力发展高质量的教育，构建高质量教育体系。政治性是教育发展与改革的底线要求，应坚持党的全面领导，落实立德树人根本任务，回答好"为谁培养人、培养什么人"的问题。人民性是社会主义教育现代化发展的必然要求，要满足人民更加充分、更高质量的教育需求，提升人民的获得感和满意度。民族性/地方性应充分体现地方发展特色，与城市功能定位和发展基础密切结合，北京教育须在"四个中心"功能建设、提高"四个服务"水平上发挥更大作用，并在引领京津冀教育协同发展中积极作为。世界性要求放眼全球视域，提升教育国际影响力和竞争力，在世界教育发展舞台上贡献中国的先进经验和独特声音。

（三）教育发展改革任务部署方式可多元

教育发展与改革任务的部署落实所采用的组织策略有三种类型：其一是以分项任务为主体，以重点项目或工作为支撑的"图钉形"结构（京津粤），其二是以分项任务为主体、以精选项目为亮点的"药碾形"结构（沪鲁），其三是以重点项目为地基、以分项任务为支柱的"塔形"结构（浙江）。主要任务提供结构性、方向性指引，分项任务提供概括性内容描述，有灵活操作空间；重点项目提供任务行动策略和操作方案，便于任务实施落地。基于实践指导或操作空间的不同考量，可选择不同的任务部署组织策略。

主要任务的结构框架逻辑亦有三种不同的模式：第一种是基于国家版框架结合地方特色进行调整的"央地结合"模式（京鲁），第二种是基于传统的各级各类教育事业发展任务加改革任务组合而成的"条块结合"模式（津浙），第三种是基于地方自身教育发展和改革工作的自主组织逻辑高度整合任务形成综合大类、自成体系的"大类整合"模式（沪粤）。三者分别代表了政策的"承启本位""经验本位""创新本位"不同导向。

（四）六省市教育发展改革任务求同存异

在落实立德树人根本任务、优化教育服务、服务经济社会发展、教师队伍建设、教育信息化、教育开放与活力和教育评价改革七个方面，六省市表现出一系列共同的发展和改革趋势，即以立德树人为根本和基点，以追求高质量发展和现代化水平提升为主题和目标，以教育创新服务经济社会发展能级和贡献为增长点，以教师队伍建设为策源力，以信息技术深度融合和开放为驱动力，以教育评价改革为指挥棒，综合推动高质量教育体系建设和教育现代化发展。一些独特性则表现在优化教育资源配置、育人方式变革和统筹发展与安全方面，这是各地结合自身教育发展基础、既有问题和薄弱环节、独特经验和优势，以及功能定位进行的靶向施策。总体而言，六省市教育发展改革的共性趋势代表了目前国内外教育改革的前沿方向，和而不同，各美其美，美美与共。

参考文献

康翠萍、苏妍、刘璇：《政策性与法律性统一：新时代教育发展规划之应然范式》，《教育科学》2021年第2期。

李根、葛新斌：《"三个结合"：地方教育规划编制的关键》，《教育发展研究》2015年第11期。

石中英：《中国共产党关于教育性质问题的百年探索》，《重庆高教研究》2021年第1期。

高迎爽、郑宜帆：《中国共产党关于教育目的问题的百年探索》，《清华大学教育研究》2021年第4期。

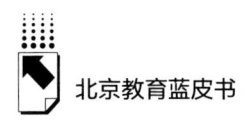

王利平：《富有理念的现实主义教育——陶孟和论教育的社会性》，《教育学报》2020年第6期。

国家信息中心：《中国人类发展报告特别版——历史转型中的中国人类发展40年：迈向可持续未来》，2019年12月19日，https://www.cn.undp.org/content/china/zh/home/library/human_development/national-human-development-report-special-edition.html，检索时间：2021年11月29日。

洪松舟：《浙、沪、京、苏四地基础教育发展规划比较研究》，《上海教育科研》2017年第10期。

B.13
外省市国际学校的监管经验及其对北京的启示

李 曼[*]

摘 要： 国际学校办学规模和市场需求存在较大的差异，各地的办学形式、课程设置、教师引进、教材审查、招生、学籍管理、收费等监管方法各不相同。教育主管部门除了依照《中外合作办学条例》、《民办教育促进法》以及《民办教育促进法实施条例》对国际学校进行监管之外，一些省份也结合各地情况建立了针对各类高中境外课程项目的监管机制，建立规范标准，进行准入审批，实施课程教材审查，建立质量评估机制。北京国际学校的发展受到引进人才需求、国际交往中心建设、城市创新发展等多个层面的驱动，面临较大的监管压力，建议北京市疏堵结合，统筹规划布局；明确政策定位，分类管理施策；权责划分明晰，职能分工到位；规范标准建设，以标准促管理；发挥课改优势，推进改革成效。

关键词： 外省市 国际学校监管 北京

目前国内存在的国际学校为公立学校国际班和民办国际学校。公立学校国际班为高中阶段，班级规模较小，不少学校同时为学生提供优秀的国内课程和国外的主流课程，学生的升学渠道一般有留学或者高考。民办国际学校

---

[*] 李曼，博士，北京教育科学研究院教育发展研究中心副研究员，研究方向为民办教育政策。

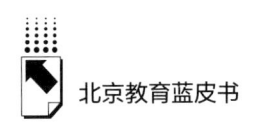

一般由国内个人或机构设立，招生不限国籍，学校采用双语教学体系或者国外优秀的课程体系，意在解决国内有留学意向学生的出国前期准备需求。国际学校办学规模和市场需求存在较大的差异，主要集中在北京、上海、广东、浙江等经济发达地区，各地的教师引进、教材审查、招生、学籍管理、收费等方式和监管方法也各不相同，本报告对这些地区的监管经验做初步的分析，并对北京市的相关工作提出政策建议。

一 外省市国际学校发展基本情况

（一）办学形式

国际学校办学模式主要有六种。一是与国外学校合作，引进合作学校的部分课程，并由合作学校派遣教师承担几门课程的教授。二是由中介留学机构操控，借用学校的名称、场地和设施办学。三是学校自办国际证书班。由举办学校派遣教师到相关培训机构学习，取得培训资格后，自行开设国际证书班。四是民办学校与普通高中合作，由民办学校主导开设出国预科课程，然后由民办学校帮助学生申请国外学校。五是直接设立民办性质的国际学校，完全采用国外教学模式和教材，不参加中方考试。六是举办学校向中介机构购买服务。境外课程班教学有四种形式：1年制强化学习模式（主要招收高二、高三学生进行强化学习）；2＋1模式（2年国内学习，1年国外学习）；3＋0模式（3年在国内学习）；1＋1＋1模式（第二年在国外交流学习）。

其中，优质公办高中多以中外合作办学项目形式或经教育行政部门审批后开设，学生入学成绩较好，办学质量较高，提升了学校课程改革成效，满足了学生对优质境外教育资源的需求，这类学校监管较为规范。民办学校或培训机构开设的国际课程基本上以满足学生出国需求为目的，部分学校通过中介机构开设或未获得教育行政部门审批直接开设，这类学校招生、师资、收费等存在较大的监管空白。

（二）课程类型

高中开设的境外课程包括以下几种类型。一是国别课程。即各个国家为本国开设的课程。目前我国引进和开设较多的是英国 A-level 课程、加拿大高中课程（如安大略省 OSSD 课程、BC 省课程）、澳大利亚课程（VEC 课程）、美国高中课程。这些课程在申请英、美、澳、加等国留学项目时具有较高的适应性。二是国际文凭课程。由国际文凭组织设计开发的高中课程，简称 IB 课程。这类课程开设需要获得国际文凭组织的认证，被全球 1000 多所大学认可。三是大学预科课程。以美国先修课程 AP 课程以及 GAC 课程为代表，这类课程被美国、加拿大等国高校普遍认可，可以折抵学分、免修课程及获得奖学金。四是考试类课程。主要是针对语言考试和大学入学考试而设置的准备性课程。如"美国学术能力评估测试（SAT）""美国大学入学考试（ACT）和 GAC"课程等。五是中外合作开发的课程。通过引进国外先进课程体系并融合我国国内高中课程优势开发的课程，将国外教学方法、考评方法以及国外文化等引入国内课程。如 PGA（Project of Global Access）课程、IUP（International University Pathway）国际桥梁课程等。六是语言类课程。完全按国家规定开设普通高中教学大纲要求的主干课程，主要通过增加外语课时以提高外语的运用能力的语言类课程，除了国内开设的较为广泛的托福、雅思课程之外，还有部分学校开设的德语、日语、荷兰语、韩语、希伯来语、西班牙语等小语种课程。

（三）招生与学籍管理

由于各省市相关管理规定不同，招生、学籍管理等方面差异较大。在招生方面，公办学校有计划内统一招生、纳入统一招生但计划单列、自主录取、提前批次录取等。一般情况下，公办学校开设境外课程的都属于优质学校，学生录取分数相对较高，部分省份允许跨省招生。民办学校自主开设境外课程班，声誉较好的学校招生分数线高于普高录取线，声誉较差的学校往往降分录取。大部分省份国际班学生入校后单独编班，单独组织教学，严禁

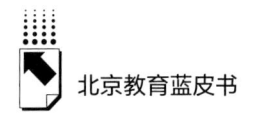

将国际班学生编入普通班进行授课。培训机构未在招生部门办理录取手续的学生属计划外录取。

在学籍管理方面，通过计划内招生的境外课程班学生学籍纳入统一管理，未经招生部门办理录取手续的学生选学国外证书课程，没有相应的学籍。

（四）收费

国际学校收费标准主要与各地经济发展水平、民办教育政策、国际化开放程度、市场需求等息息相关。不同收费层次的国际学校呈现不同的发展态势。

第一，公办学校国际部收费大多由物价管理部门批准，办学质量较高，政府监管日益规范。大部分公办学校收费根据办学成本报教育部门，再报发改（物价）部门审批，学校收取费用后进入学校账户，也有部分公办学校通过第三方由参与合作的境内中介机构收取费用，费用收取后进入双方认可或双方指定的账户共同管理。公办学校国际班收费相对较低，平均为75367元/年，且大多依托地方重点中学，在北京、上海、广州等一线城市生源较好，甚至超过重点高中的录取分数线，在中西部地区生源略显不足，一些地方的国际班实际上发挥了过去招收"三限生"的功能，以国际班名义降分录取收费生，增加学校收入。由于有重点中学作为依托，此类学校师资相对稳定，教学质量普遍高于民办国际学校，也有地方政府以财政扶持的方式支持进行课程融合的改革与实验，改革成效惠及非国际班学生。近年来，政府管理日益规范，各地均出台了公办学校国际班招生录取、学籍管理、课程设置、外籍教师招聘、财务监管、学校收费等方面的相关政策，整体上看公办学校国际部（班）入学难、审核严格。

第二，民办国际学校高中阶段实行市场化收费政策，办学质量两极分化。《民办教育促进法》规定营利性民办学校收费标准由市场调节，由学校自主决定，同时法律也规定了义务教育阶段不能举办营利性学校，现存的营利性国际学校为普通高中阶段。营利性民办国际学校收费差异较大，高中阶段平均收费为 130061 元/年，北京市居全国之首，为 195818 元/年，收费最高的国际学校可达 387500 元/年。民办国际学校高中阶段的国际课程分为两类：一类是优质民办学校获得政府批准的中外合作项目，另一类是民办学校通过第三方机构自行开设的国际课程。第一类收费远高于公办高中国际班，但办学质量有保障，满足了家长对优质教育资源的需求，第二类中经过国际文凭组织认证的民办学校办学质量要好于未获得认证自行开设的学校。因营利性民办国际学校高中阶段收费完全由市场决定，部分民办学校面临市场竞争压力，逐利倾向明显，可能会影响到办学目标和办学质量，一些民办国际学校的规范性和自我监管意识较差，并存在往义务教育甚至幼儿教育延伸的趋势。

第三，民办国际学校义务教育阶段大多实行政府指导价，收费标准普遍低于高中阶段。《民办教育促进法》规定非营利性民办学校收费具体办法由省、自治区、直辖市人民政府制定。地方非营利性民办学校收费政策主要分为两类：一类是与营利性民办学校收费政策相同，实行市场调节价；另一类是实行政府定价或政府指导价，义务教育阶段最高收费标准、办学成本、基准价、涨幅在政府规定范围内浮动。总体来看，不同地区义务教育阶段收费呈现两极分化的趋势，实行市场调节价的国际学校收费要远高于实行政府指导价的学校。客观上讲，政府指导价有利于规范国际学校收费行为，但部分地区政府指导价偏低，据调查比高中阶段平均低 6 万~10 万元。国际学校人力成本占 50%~70%，学校还要投入校舍维护、课程开发、师资聘任等经费。除此以外，国家对义务教育阶段境外教材和课程设置等也有一定的限制，因此，民间资本进入义务教育阶段国际学校也更加慎重。

二 当前国内主要省市国际学校监管措施

各地除了依照《中外合作办学条例》对高中阶段中外合作办学项目进行监管之外，一些省份也结合各地情况建立了针对各类高中境外课程项目的监管机制，建立规范标准，进行准入审批，实施课程教材审查，

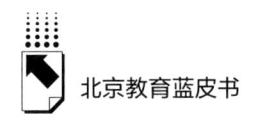

建立质量评估机制。部分省份也进行了分类管理、支持课改和促进课改的探索。

（一）完善规章建制，划分职能范围

部分省市专门成立了国际课程监管审查机构，或挂靠在教育行政管理部门，或是独立于政府的第三方评估机构，如上海市教委组建"上海市普通高中试点开设国际课程项目推进小组"（以下简称项目推进小组），项目推进小组负责试点项目的规划制定、立项评审、指导推进、监督检查等工作。项目推进小组下设"上海市普通高中试点开设国际课程项目办公室"（以下简称项目办公室），项目办公室设在市教委基础教育处。福建省从2016年开始，由教育厅委托省教育评估研究中心开展中外合作办学项目和机构年审评估工作，并及时公布评估结果，评估结论"有条件合格"的项目（机构）按照要求整改，评估结论"不合格"的项目（机构）坚决停止招生，不断健全项目的办学质量监控体系，保证项目办学质量。陕西省建立了三级管理体制，分工合作做好国际课程班和语言班的监管和服务工作，省教育厅做好审批和日常监管工作，市教育局做好招生和学校国际化建设指导工作，高等教育学会中外合作办学分会从理论上对其办学进行指导。

（二）规范准入标准，明晰审批流程

随着国际课程学校规模和需求日增，部分省市开始颁布相关的管理办法，使国际课程学校的监管制度化、规范化。从政策内容来看，学校的准入标准逐步细化、准入程序日益清晰。如2013年5月上海市教委出台《上海市教育委员会关于开展普通高中国际课程试点工作的通知》（沪教委基〔2013〕37号），对现有的国际课程班进行准入审核，规定不得引入未经审核的境外课程。《重庆市教育委员会关于加强普通高中国际班管理工作的通知》（渝教外〔2013〕7号）明确了国际班的办学要求、申办条件和审批程序。

（三）探索评估标准，加强过程监管

一些国际课程学校规模相对较大的省市开始探索国际学校的评估标准，开发中外合作办学年审评估指标体系，加强对国际学校的过程监管。如福建省依照《福建省中外合作办学年审评估指标体系》对高中教育阶段中外合作办学项目（机构）的办学规模、办学层次、办学形式、办学条件、办学水平、内部管理体制、教学质量、资产情况以及依法办学等方面进行全面评估。上海市教委每年组织国际课程试点校年检工作，从招生、学籍管理、课程执行、教师管理等方面对试点校开展过程性监管，确保试点工作规范有序开展。陕西省坚持年检和抽查相结合，定期开展年检，由项目学校按要求提交书面材料，省教育厅组织省内合作办学专家组集体审阅年检材料，对于发现的问题集体讨论定性，确定是否组织专家前往学校进行实地考察，对于现场考察后确认的问题要求学校限期整改，并持续跟进。

（四）统一招生录取，规范学籍管理

广东、上海、辽宁、江苏、江西、浙江等省市将开设国际课程的学校，纳入举办项目的市中考招生计划，参加中考招生、择优录取，学籍管理纳入全市普通高中学校招生与学籍工作统一管理。如深圳市2018年将民办高中国际实验课程也纳入计划内统一招生，学生入学后，由学生自愿选择是否就读国际实验课程。江西省将境外课程班纳入全市普通高中统一招生、计划单列，和其他特色（特长）班一起列为提前批次，报考学生须通过学校的专业测试，才有资格填报境外课程班，然后参加中考，根据中考成绩进行录取。

（五）开设核心课程，纳入学分管理

依据《中外合作办学条例》及其相关规定，应在保证完成国家普通高中课程标准要求的课程前提下开设境外课程班。由于学生在一定的时间段里既学习中方课程又学习境外课程，学业负担过重，不少地方要求在开设中方

核心课程的基础上设置境外课程，且学生必须参加当地的毕业会考拿到中方的高中文凭。如上海中外合作高中及试点校国际课程班学生除学习相应类别的国际课程外，必须学习语文、地理、历史、思想政治这四门中方核心课程并通过四门课程的普通高中学业水平合格性考试方可取得上海高中文凭。吉林省在落实国家课程方案方面完全按照国家相关要求执行，对个别以引进外方课程为主、计划外招生的普通高中，如东北师范大学附属中学IB课程班，则试点要求开设语文、政治、中国历史、中国地理四门课程。深圳市教育局要求学校开齐开足以下课程：语文（三学年不少于180学时）、政治（三学年不少于144学时）、中国历史和中国地理（三学年各不少于108学时）。

（六）加强教材审查，促进课程融合

国际课程的教材审查方面，各地均树立了较强的政治意识，引进课程以理工类为主，较少涉及人文社科类内容，开设的国际课程不得与中国法律、意识形态、课程等冲突。广州、深圳每年均专门组织教材审查，学校使用的中方教材均经中国国家新闻出版部门或其他权威部门审查批准，并由正规出版社公开发行，国（境）外的全部教材须经正规渠道引入。上海市试点引进的国际课程（含课程方案、课程计划及其教材）由上海市中小学教材审查委员会办公室委托上海市基础教育国际课程比较研究所进行审查。福建省要求普通高中使用境外教材要进行报备，并在每年开展的中外合作项目（机构）年审评估中要求学校填报境外课程的开设情况和教材使用情况。

（七）明确师资标准，严把教师质量

国际课程学校教师来源主要有三种：一是中方学校的教师，负责中方课程和教学管理；二是中方学校自行聘请外教；三是与第三方机构合作，由第三方机构聘请外教。在实践中，境外课程授课教师的聘任和管理主体为学校。有部分学校实行服务外包，委托第三方机构负责招聘和管理外籍教师，

外籍教师聘任要符合国家及各省外专局相关规定。根据《广东省外国专家局外国人来华工作许可服务指南（暂行）》，教育领域专业技术人员须为具有学士及以上学位和 2 年及以上相关工作经历的外国专业人才，并按规定申请来华工作许可。云南外籍教师的聘任由学校向昆明市外专局提交申请，由昆明市外专局进行审批并纳入统一管理，中方教师由学校根据需要自主聘任和管理，并报上级主管部门备案，要求教授境外课程的教师须有所教授学科专业大学本科以上学历，并持有相应的教师资格证书，同时要有国外教学或国际课程教学的经历。

三 对北京市国际学校监管的政策建议

北京市国际学校的发展受到引进人才需求、国际交往中心建设、城市创新发展等多个层面的驱动。北京作为首都和国际化大都市，聚集了各国驻华使馆、国际组织机构、国际知名企业、跨国公司总部，有众多国际化人才及外籍人士来京工作，国际化水平不断提升。

随着北京市"四个中心"功能建设的纵深推进，特别是国际交往中心、科技创新中心建设带来国际专业人才和高端引进人才的不断增加，为在京外籍人员和引进人才子女提供基本公共教育服务成为北京教育的重要任务，要求教育领域进一步加大简政放权改革力度和资金投入力度，加强制度创新，加快推进政府职能转变，不断提高精细化服务水平，把北京打造成国际一流营商环境高地，营造良好教育服务环境。

此外，随着经济社会发展水平的不断提高，北京市市民更加注重培养子女的国际视野和全球化能力，对多样化和高质量的国际教育需求不断增长。《民办教育促进法》以及《国务院关于鼓励社会力量兴办教育促进民办教育健康发展的若干意见》颁布，鼓励和吸引社会资金举办学校或者投入项目建设，创新教育投融资机制，多渠道吸引社会资金，扩大办学资金来源，为民办化的国际学校开辟了更为广阔的生存空间。

据最新数据统计，北京市有外籍人员子女学校 19 所、使馆人员子女

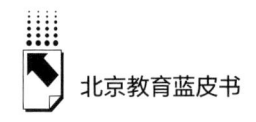

学校4所、高中中外合作办学机构和项目33个、国际化特色民办学校25所、具备接收外国学生资质的学校295所。从办学层次来看，国际学校涵盖了基础教育的各个阶段，其中19所外籍人员子女学校中有13所具有完整的k-12阶段教育资质；各类民办国际学校和具备接收外国学生资质的学校涵盖了从幼儿园到高中阶段的各级教育。北京国际学校面临较大的监管压力，结合当前出现的国际课程学校办学目标不明确、境外课程审查不到位、监管体系不健全以及学校名称使用不规范等问题，提出以下政策建议。

（一）疏堵相互结合，统筹规划布局

1. 采取疏堵结合方式，恢复普通高中中外合作项目审批

与其他省市相比，北京市国际学校数量和规模相对较大，2014年教育部停止审批普通高中的中外合作项目以后，家长个性化的教育需求却持续增长。在学历教育无法满足需求的情况下，近年来校外培训机构开展境外高中课程，甚至成建制办学招生的情况有所增加，市场呈现活跃态势，如新东方、环球雅思等知名培训机构都开设了国际课程项目，培训机构大多在工商部门登记，教育部门无法监管，反而促成了国际学校监管的真空地带。建议北京市逐步恢复普通高中中外合作项目的审批，将其控制在一定规模之内，采取疏堵结合的方式监管国际课程学校的设置和审批。一方面从供给侧为确有出国需求和个性化教育需求的家长提供服务，另一方面学历学校已经消解了家长的教育需求，培训教育行业开设国际课程的市场也将逐步萎缩。

2. 统筹规划，合理规划国际课程学校的布局结构

建议北京市教育行政部门科学制定区域内国际课程班的规模与布局。控制国际课程班办班数量和招生规模，将学习国际课程学生数量控制在普通高中在校生总数的一定比例内，同一区域内的国际课程应有所区分，避免同质化，满足各类学生需求。

（二）明确政策定位，分类管理施策

1. 出台相关规定，规范国际课程学校名称管理

目前，北京市的国际课程学校出现国际课程班、国际预科班、中外合作办学等多种名称，仅仅开设一两种国际课程的也冠名国际学校。建议北京市明确各种合作类型的审批权限、审批程序、审批标准、收费标准，以免造成混乱。同时也从学校名称上加以规范，如2017年3月，上海对21所命名为国际学校的外籍人员子女学校进行更名（如上海长宁国际学校更名为上海长宁国际外籍人员子女学校，上海虹桥国际学校更名为上海虹桥国际外籍人员子女学校），杜绝不规范使用国际学校的现象。

2. 明确定位，加强国际课程学校的分类指导

国际课程学校的开设在深化课程改革、促进学生能力发展方面所起的作用毋庸置疑，在引进过程中要注意不同类别的学校开设国际课程的定位和目标应该有所区别。建议北京市允许民办高中和质量较高的普通公办高中开设国际课程。公办高中开设国际课程的定位主要是借鉴国际课程深化课程改革，民办高中更多地考虑满足学生多样化需求。在引进教材上鼓励引进物理、化学、生物等理工科目，对人文社科类加强监管。

（三）权责划分明晰，职能分工到位

1. 成立国际课程监管的评估审查机构，或委托第三方进行专业评估

北京市的国际课程学校体量相对较大，类型众多，单纯依靠教育行政部门的监管压力较大。建议北京市采取上海、福建等地的做法，成立教材审查机构、年检机构或以项目合作的形式委托教育评估机构等进行日常监管。建议明确第三方机构介入学校境外课程的范围、标准和负面清单，对第三方宣传平台把关责任、违规宣传行为等做出明确规定。

2. 加强制度建设，明确监管范围和监管措施

建议北京市尽快出台有关国际课程学校的监督管理办法，明确开设境外

课程高中的教育理念、硬件设施、课程设置、师资配备、招生范围、招生宣传、信息公开、年审备案等事项的规范要求和监管措施，对学校虚假夸大宣传或境外课程未经批准擅自宣传的行为的管理和处理措施，明确划分市、区、学校的监管责任。

（四）规范标准建设，以标准促管理

1. 明确教材审查标准及程序

北京市已经公布了《学校引进教材选用管理办法（征求意见稿）》，建议增加对普通高中引进国际课程的相关条款，建立国际课程教材审查机构，对专家的资质、遴选办法等作出明确规定。

2. 加强外籍教师管理

国际课程在师资上的问题比较突出，国际课程主要依靠外籍教师，但外籍教师的从业资格如何确定、教学质量如何评价、师生纠纷如何解决等问题一直未有妥善的办法，特别是民办学校教师的流动性更大。建议北京市在外专局的相关管理办法基础上制定适合国际课程学校教师的规定，对教师的学历、教育经历、师资水平和师资认证等作出进一步的要求。

（五）发挥课改优势，提升改革成效

1. 加强国际课程本土化研究，将先进理念融入国内课程

境外课程在课程设计、评价方法和课堂组织形式等方面都有一定的优势，在引进的同时要加强国外课程本土化的研究，建议成立国际课程研究基地或研究中心，培养既熟悉国际课程又熟悉国内课程的专家，将先进的教学方法和理念融入国内课程。同时，也将国际课程的一些改革成果延伸到普通学校的学生中，使广大学生都成为受益主体。

2. 以财政扶持的方式试点开设国际课程班

教育国际化是世界各国教育发展的必然趋势和价值选择。建议普通高中，在符合国家法律法规的条件下，利用财政性经费补助或补贴小规模进行国际课程实验探索，增强师生国际意识，提高其国际影响力和国际竞争力，

从而促进我国基础教育的改革、创新和发展。不应单纯地把通过对外交流合作带来的学生的国外高校升学率作为开设国际班的标准。

参考文献

李曼：《收费：收费标准折射国际学校发展特点》，《中国教育报》2020年1月8日，第6版。

B.14
我国发达地区集团化办学模式的比较研究
——以京沪深杭为例

尹玉玲*

摘　要： 在全国各地推进学区化集团化办学成大规模之际，通过比较，本报告发现北京、上海、深圳、杭州的集团化办学模式呈现多样化发展态势。以龙头带动型为主，"名校＋新校""名校＋弱校""名校＋普通校""名校＋民校"等多种办学类型并存，紧密型、混合型和松散型组织方式交织，一体化、托管式、联盟式管理和内部治理模式多元特色。总结发达地区集团化办学的成功经验，主要体现在：注重顶层设计，政府加强政策引领和统筹规划；突破体制壁垒，政府相关部门加强综合协调；筑牢历史积淀，深度推进教育优质均衡发展；尊重现实差异，多种模式多个样态的集团校并存；突破办学束缚，集团学校大胆改革和创新；贯通人才培养，教育集团内产生大教育效应。从政策视角出发，需要从坚持先行先试，因地制宜；调整重心，实现从量到质的跨越；构建现代教育治理体系；建立集团化办学激励机制等方面完善现有的集团化办学模式。

关键词： 集团化办学　办学模式　优质教育资源

---

* 尹玉玲，教育学博士，北京教育科学研究院教育发展研究中心副研究员，从事教育政策、教育战略与规划、集团化办学研究。

在不断深化教育领域综合改革中，推进学区化集团化办学改革，实施名校集团化办学成为全国各地破解中小学"择校"难题、促进基础教育优质均衡发展的一条新路、一种新的实践模式，并取得了较好的成效。

经过多年的发展，在中国的很多大城市，实施集团化办学已经成为扩大优质教育资源覆盖面的重要举措，并逐步形成各具特色的区域模式和学校品牌。本报告以北京、上海、深圳和杭州四个发达地区的集团化办学为例，尝试归纳和总结这四地在集团化办学方面的探索经验以供借鉴。

一 我国发达地区集团化办学的实施情况与办学模式

（一）北京的集团化办学

北京名校集团化办学，源起于2005年名校办分校政策的实施。可以说，许多教育集团就是在以前名校办分校的基础上发展而来。特别是在2012年北京提出推进城乡新区学校一体化建设，名校集团化办学随之兴起。

2014年以来，北京市启动了深化基础教育综合改革，以均衡、公平、优质为价值导向，加大统筹力度，整合系统内外资源，切实做大优质教育资源蛋糕，积极构建北京教育新地图。其中，集团化办学成为许多区资源整合的重要形式，一定数量的教育集团已在六大主城区建立起来。2017年，北京市将"探索集团化办学"改革任务纳入政府重点工作。2018年9月发布了《关于推进中小学集团化办学的指导意见》，将中小学集团化办学纳入市政府民生实事，要求市级政府重点做好全市统筹、规范引领和监督指导，区级需要压实区域主体责任，制定具体实施方案，并将集团化办学情况统一纳入考核。现有昌平、海淀等区制定了关于推进中小学集团化办学的实施意见。截至2019年，全市有各类教育集团158个，覆盖学校1400多所，占全市学校的70%以上，入"团"中小学已经达到25%。2019年，新增100所集团化办学覆盖学校，涉及朝阳、昌平、顺义、怀柔、大兴、平谷、密云、

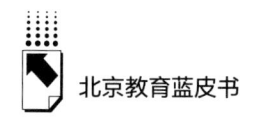

房山、门头沟等9个区。①

1. 名校集团化办学的主要类型

目前北京的教育集团化学校以行政授权型和授权自治型居多。如按产生方式的不同，教育集团类型有龙头带动型、优势互补型、增量扩张型。北京集团化办学以龙头带动型为主，通过"名校+新校""名校+弱校""名校+普通校""名校+民校""优质初中+小学（九年一贯制）"等多种方式加快优质教育资源布局调整，扩大名校品牌效应。比如北京实验二小、北京小学、北京四中、北京八中、北师大实验中学等都是如此。

2. 名校集团化办学的组织方式

企业集团的组织方式有"紧密"联合、"松散"联合及"混合"联合三种组织方式。和企业集团一样，教育集团的组织结构各异，整体上分为三大类别。第一类是"单法人多校区"，即集团内部各个成员校为同一个法人。第二类是"多法人多校区"，即各个成员校均为独立法人，集团内人、财、物、事由总校长统筹调配、统一管理，代表成员校行使法人权利，如内部文件审批、财务签字盖章等。如西城区第一个学校教育集团为北京小学教育集团（2011年9月1日成立），北京小学以及其他分校的法人地位不变，具有独立的行政、人事、财政权利。还比如丰台五小教育集团，一校五址，五小以及其他分校的法人地位不变，具有独立的行政、人事、财政权利，但只有总校校长一个法人代表。第三类是"多法人代表多校区"，即教育集团内部各成员校都是独立的法人，校际关系是平等关系，作为核心校的名校校长只起协调作用。这三种类型分别体现了紧密、混合和松散三种组织方式。值得注意的是，这三种组织方式也有可能体现在同一个教育集团上，如北京市小学中规模最大的教育集团——北京实验二小。

3. 名校集团化办学的管理体制

目前，北京市教育集团化办学管理体制多元，主要有三种类型：一是一

---

① 《北京：集团化办学覆盖全市2/3中小学》，中国网，2019年12月1日，http://edu.china.com.cn/2019-12/01/content_75465395.htm。

体化管理，其主要特征是实行人、财、物统一管理；二是委托式管理，双方原行政隶属关系不变，派出管理人员到对方学校担任一把手，互派教师进行挂职锻炼或业务培训，实行办学理念、学校管理、教科研、学校文化等方面的相对统一；三是合作式（联盟式）管理，即输出管理和优秀师资，派出管理人员担任副校长，派出优秀师资。目前，一体化管理成为名校集团化的主流模式。

4.名校集团化办学的内部治理方式

北京中小学的集团化办学学习企业经验，探索出了多样化的学校内部治理方式，如史家教育集团的"管理委员会制"、北京小学教育集团的"主任委员会制"、芳草地国际学校集团内部实行的"总校务会制"、灯市口小学优质教育资源带的"校区负责制"、北京教育学院附属丰台实验学校的"理事会领导下的校长负责制"，等等。

（二）北京教育集团化办学模式的主要特点

1.政府主导型，市场少量参与

从集团化办学政策的提出到具体实施，都是在政府的主导下进行的，只有少量的市场参与。如北京第二实验小学怡海分校，是早期实验二小与丰台区怡海房地产公司合作建立的北京第二实验小学第一家分校，该校通过二十多年的良好发展，已经成为本市具有较高知名度和影响力的寄宿制民办校。

2.有一定的历史基础，不是一时兴起

北京市集团化办学是在"十五""十一五"时期政府大力开展"城乡手拉手，名校办分校"工作的基础上逐步发展起来的。尤其是"十二五"时期，乘着政府力推城乡教育一体化的东风，名校通过在分校或分校区输出自己的办学理念、课程体系及管理经验，发挥优质教育的辐射影响力而形成了较为成熟和稳定的办学模式，因而规模庞大的教育集团办学出现了。

3.全市各区集团化办学体现区域特点

各区基于自己的实际情况，形成了不同叫法和做法的教育集团。如海淀的学区化、丰台的教育集群、东城的盟贯带，体现了教育集团化办学的区域

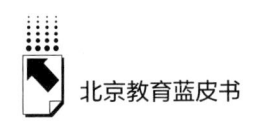

特点。以东城的盟贯带为例，史家教育集团是典型代表。

4.集团统一办学中各显特色

在教育集团办学过程中，不同教育集团根据龙头校的品牌特色，并结合各成员校的需求，在课程体系创新、师资配置培养、课堂教学和社团活动联合育人、学校文化等方面打造各校特色发展品牌。以丰台五小为例，学校秉承"幸福教育"理念，在"幸福教育"文化的浸润下，根据一校五址的校情，遵循五校区"同心、同源、同质"又"异形、异构、异趣"的原则，让每个校区紧密相连、齐心协力，最终实现每个校区有特色，每个校区都精彩。

5.政府加大政策引导和扶持力度，支持改革探索

《北京市"十三五"时期教育改革和发展规划（2016—2020年）》中提出要"加大教育资源整合力度，支持推进集团化办学、学区制改革、教育集群发展和九年一贯制办学探索"。为支持名校集团化办学，政府采取各项措施支持和鼓励各区集团化办学。从经费方面看，市政府从2016年起每年有4400万元的市级引导性经费支持，拨给全市各区，鼓励区域开展集团化办学。区政府在积极推进集团化办学的实践中在财政、编制和福利津贴政策上给予了不少的支持。为了配合市级政策，每区集团化办学也有类似资金配套。如西城区为此还设立了专项资金，每年拨付给每个集团100万元实验经费，用于师资培训、设施设备引进、教育科研项目和课程开发引进。2017年丰台区给该区集团化办学经费约1250万元。[1] 怀柔区自2019年以来为区域内有影响力或突出贡献的领军人才发放"雁栖人才卡"，其中就包括一体化办学学校总校校长和执行校长。[2]

（三）上海的集团化办学

在国务院义务教育均衡发展督导认定时，上海一次性通过成为全国率先

---

[1] 尹玉玲：《集团化办学背后的政府推力》，《中国教育报》2018年5月22日。
[2] 《怀柔区为73位高层次人才发放雁栖人才卡》，人民网，2020年12月28日，http：//bj.people.com.cn/n2/2020/1228/c337134-34498622.html。

整体实现县域义务教育均衡发展的省市。之所以能取得这样的成绩，缘于上海从"十一五"以来实施的委托管理机制，一批薄弱学校快速提升。"十二五"时期，为推进义务教育优质均衡发展，上海将推广"学区化集团化办学""新优质学校集群发展"列为上海市教育综合改革的重要项目。2014年上海就已经在徐汇、杨浦、闸北、金山4个区试行了以公平教育为目标的"学区化集团化办学"政策，并于2015年正式在全市推进。整个"十二五"和"十三五"时期，上海学区化集团化办学模式急速扩张。截至2020年7月，全市共建成83个学区和154个集团，累计覆盖学校1447所，占全市75%以上，优质教育资源明显增加。[①] 总结归纳上海集团化办学模式的主要特点有以下几点。

1. 委托管理办学为学区化集团化办学奠定了很好的基础

2005年6月，上海诞生了全国首家委托管理学校。两年后推向上海市，作为推进区域基础教育均衡发展的一项重要举措。上海的学校委托管理已经进行四轮，受惠的学校达100多所。在这些委托管理学校中，浦东东沟中学（现为成功教育东沟实验学校）委托管理案例实施的"管办评联动"机制创新实践取得了较为明显的成效。正是这样的改革基础，为后来的学区化集团化办学改革提供了很好的经验。

2. 先行先试，分步实施，在总结经验的基础上全市铺开

20世纪90年代，浦东率先开始集团化办学小范围探索，闵行、杨浦、普陀、奉贤等区先后跟进，在实践中积累了不少经验。2014年在杨浦、徐汇、闸北、金山4个区先行推行学区化集团化办学试点，推行学区化集团化办学"三步走"的时间表和路线图。从2015年开始进入"全面推行"阶段。通过这样的顶层设计和稳步落实，如今学区化集团化办学在17个区县全面实行。[②]

[①]《集团化学区化办学六年，上海83个学区、154个教育集团是如何成长的》，搜狐网，https://www.sohu.com/a/414521775_115563。

[②] 尹玉玲：《集团化办学背后的政府推力》，《中国教育报》2018年5月22日。

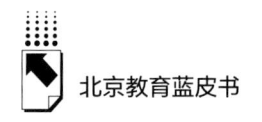

3. 学区化集团化办学地图开发可视化

从2016年底起,"上海市推进学区化集团化办学地图"同步上线,覆盖近半数学校,这样为广大老百姓孩子入学提供了充足和真实的信息资源,也为政府更好地优化和完善学区化集团化办学布局提供了清晰的思路。为了扩大影响力,通过新闻通气会、上海教育微信、现场交流会等宣传改革,让市民近距离了解和感受"家门口的好学校"。

4. 各区学区化集团化办学模式各异

各区采取委托管理式、多法人组合式、单一法人式、九年一贯制、同学段联盟、跨学段联合等多种办学形式。如徐汇区探索跨体制教育集团模式,金山区实施跨区联合办学模式,普陀区打造"一环一园十街道"区域教育格局,黄浦区组建了教育集团和教育协作块,覆盖全区所有小学。奉贤区建立了11个教育集团(其中有两个幼儿园集团)和5个教育联盟体(其中有4个是幼儿园资源联盟)。闵行区通过教育集团、教育联盟、一校多区、教育园区、新基础教育生态区等多种形式推进集团化学区化办学。崇明区组建了9个教育集团(其中有1个幼儿园教育集团)和2个教育联盟(其中有1个中小幼跨学段的教育联盟),这也是不同于其他区的新理念。青浦区有4个教育集团、1个教育园区(有幼儿园,有社区学校)、1个教育实验园区(有幼儿园,有高职)。嘉定区有4个教育学区、4个教育集团和1个优质教育圈。虹口区小学在7个教育集团和3个教育联盟的带动下,积极推进学区化集团化办学。松江区发展略为慢些,有5个教育联盟。长宁区学区化集团化虽然起步较晚,但目前也有5个教育集团和1个自由学习区。

5. 各类教育集团成为国际学校运营的主要亮点

上海的国际学校不仅数量多,而且类型也多。全国国际化特色民办学校、外籍人员子女学校及其他类型的学校共762所,其中包含由66个国际教育集团独立运营的国际学校281所,占37%。此外还有69所学校与国际教育集团进行课程等合作,占9%。66个国际学校教育集团中,直营学校达5所及以上的集团共20个。从集团性质类别来看,20个集团中,本土集团共15个,占75%;英式集团共3个,占15%;美式及其他集团各

1个，各占5%。在这些国际教育集团里，比如均瑶教育集团、协和教育集团、平和教育集团、德英乐教育集团、禾佳教育联盟、枫叶教育集团等教育集团下都拥有从幼儿园到高中的不同类型的学校。而且，这些教育集团以民办国际学校为主。如协和教育集团，它是中国最大的民办教育集团，截至2018年，协和教育集团旗下包括幼儿园（海富幼儿园、精英幼儿园）、协和双语学校等教育品牌，拥有幼儿园、中小学以及国际高中共44所，下属学校及课程如表1所示。

表1 协和教育集团下属学校及课程

协和教育集团		
学校	年级	课程
协和虹桥校区	小学先锋班	国内课程
	小学融合班	国内+国际课程
	初中部	融合课程
协和尚音校区	精英小学	基础、拓展、探究型课程
	精英中学	管乐特色课程
	融合小学	中西融合校本课程
协和万源校区	1~8年级	国际课程实验班（先锋班）
	9~12年级	美高AP课程
协和教科	初中部	初中精英课程、EMW初中融合课程
	高中部	高中国内课程、高中BC课程
协和古北校区	高中部	协和国际课程、IGCSE课程、IBDP课程
协和浦东校区	小学部	IS、LS
	初中部	IS、LS
	国际课程中心	定制化桥梁课程、alevel+美高ap课程
青浦协和	幼儿园	
	小学、初中	基础、拓展、探究型课程
	高中部	IGCSE、alevel、IBDP

资料来源：协和教育官网，https://www.suis.com.cn/curriculum/。

相较于学区化办学，集团化办学对学校间的位置和距离限制相对较少，有些学校很可能处于某一行政区的南北两头，甚至处于不同行政区。如世外教育集团拥有8个校区，覆盖上海7个区（直属）：徐汇世外、嘉

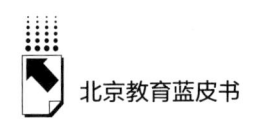

定世外、青浦世外、金山世外、宝山世外、浦江世外（筹）和奉贤世外（筹）。

6.将实施公办初中"强校工程"与紧密型学区化集团化办学紧密结合

2018年7月，上海市教委发布了关于公办初中"强校工程"的实施意见，以期办好每一所"家门口的公办初中"，为此16个区均研制了"强校工程"实施方案。在实施的过程中，"强校工程"有一个显著的特点，就是与紧密型学区化集团化办学紧密结合。作为"强校工程"的实验学校，会由市实验性示范性高中、优质品牌初中校领衔组建紧密型集团或学区，集中优势资源进行全方位建设。从这可以看出，学区化集团化办学不是简单地将学校与学校进行联盟组合或者配对，而是基于共享互惠的集团或学区资源配置与优化，利用集团或学区内部的优势力量抬升集团底部，从而带动和办好集团内每一所普通学校，进而提升区域内公办初中的整体办学水平。

7.政府出台部门规章规范学区化集团化办学

2015年上海市教委出台了《关于促进优质均衡发展推进学区化集团化办学的实施意见》和《上海市新优质学校集群发展三年行动计划（2015—2017年）》，从两个方面加强优质资源辐射，促进优质均衡发展。2019年1月21日，上海市教育委员会发布了《关于推进本市紧密型学区和集团建设的实施意见》，要通过两轮（3年一轮）创建，力争使全市有20%以上的学区、集团成为紧密型学区、集团，且覆盖所有区。

为了进一步深化落实区域学区化集团化办学工作，上海下辖各区纷纷制订了区域内学区化集团化办学的实施方案。如闸北区教育局印发了《闸北区教育局关于推进学区化集团化办学工作的实施方案》，静安区教育局印发了《静安区教育局深化学区化集团化办学工作补充方案》，闵行区制定了《闵行区推进义务教育学校集群式发展实施方案（2015.9-2018.6）》，嘉定区制定了《嘉定区推进学区化集团化办学的实施方案》，等等，为规范各区实施学区化集团化办学提供了很好的制度保障。

8.实施教育集团化办学的监测和绩效评估

为开展绩效评估，上海制定了学区化集团化办学评估指南，整体评价学区、集团的办学情况,重点考查优质资源增量与校际差距缩小情况以及每所学校学生进步、教师成长、学校持续发展情况。引入第三方评估机构进行绩效评价,将学生、家长与社区老百姓满意度,作为检验学区化集团化办学成效的重要标尺。如杨浦区试点引入了第三方机构,通过立体、多维的评价办法,更精准地诊断集团化办学中的优势与问题,引导集团良性发展;静安区对集团化办学绩效开展第三方评估和考核;嘉定区对学区、集团学校实施捆绑考核;金山区定期开展调研、评估;闵行区制定了《闵行区学区化集团化办学发展性评估指标》《闵行区学区化集团化办学发展性督导评估方案》,委托第三方评价机构定期开展学区化集团化办学调研性评估。通过这些过程性评估,及时发现办学问题,提出改进措施,提升办学效能。

9. 各区制定了人、财等方面的优惠政策

杨浦区出台推进集团内教师流动政策,明确流动比例;徐汇区加强学区内学校教师编制统筹,并试点后勤服务岗位统筹。浦东新区对学区、集团内学校人力资源配置优先考虑、适当倾斜,对有两校任教经历的教师在专业职称晋升上优先考虑;金山区追加经费,并对参与交流的教师在评先评优、职称评定方面优先对待。[①]

(四)深圳的集团化办学

作为特区,深圳市不仅在经济贸易领域敢于先行先试,在教育领域也是不断改革创新。在集团化办学实践中,深圳积累了较为成熟的范式,目前深圳市共有11个教育集团,其中既有公办的深圳市蛇口育才教育集团,也有民办的深圳崛起教育集团,还有公办和民办混合体制的深圳实验教育集团。

深圳南山区近些年来一直走在深圳的前列,不仅是科技强区,也是教育

---

① 《上海推进"家门口的好学校"建设 优质学校呈现"五不"》,央广网,2016年12月7日,http://news.cnr.cn/native/city/20161207/t20161207_523310509.shtml? spm = zm5129 - 001.0.0.1.uBZXww&file = t20161207_523310509.shtml。

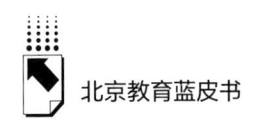

强区，尤其是它的集团化办学广为人知。南山区从2003年开始开展公办教育集团试验，成立南山育才教育集团，经过18年的探索实践，相继成立了七大教育集团（分别是深圳市蛇口育才教育集团、南山外国语教育集团、深圳市南山区实验教育集团、深圳市南山区第二外国语学校集团、南方科技大学教育集团、南山区文理实验学校集团、深圳大学附属教育集团）、一个职教集团（深圳市南山职业教育集团）；38所学校实行集团化、联盟式办学，形成了人无我有、人有我优的集团化办学"南山经验"，推动了南山教育的创新发展。归纳深圳南山区集团化办学模式的主要特点有以下几方面。

1. 办学来源以"优质学校+新办学校"为主

集团成员校多以新办学校为主，这样有利于发挥龙头校的品牌优势，有效破解新办学校成长周期长的难题，实现办一所优一所的目标。

2. 办学要求是"规模化+集约化"

在规模拓展的同时，坚持质量第一。要破解规模扩大与资源稀释的难题，产生1+1>2的办学效益，南山区主要通过统筹打造品牌项目、共享校际师资、有效汇聚高端资源等举措来实现教育资源优化配置。如南山实验集团自主开发建设被誉为全国"小学第一网"的校园网，"八岁能读会写"课改实验在全国推广；育才集团对各校教职工实行动态管理，集团之间"走课制""主教练负责制""挂牌上课"成为特色；南外集团整合利用优势资源成立了少年创新院、少年外交学院等八大学院，打造了从学前到高中的"一条龙"特色课程。以集团为单位推出"校外脑库计划"，16所学校与柴火创客、深圳大学等结对合作，培养了一批少年创客。

3. 学制链条注重"整体规划+学段贯通"

教育集团强化顶层设计，统一标识系统、统一品牌形象、统一管理模式、统一宣传招生。学段"无缝衔接"，全部或部分贯通了幼儿园、小学、初中、高中四个学段，有的甚至延伸至社区学院。以育才教育集团为例，其发展成为拥有14家单位的教育联合舰队，拥有公办高中1所、初中2所、小学4所、民营幼儿园4所，加上南山区社区学院，以及2所联盟学校，一举打通十五年教育，率先构筑一体化办学大教育格局。①

4. 学校管理实行"条块结合+精细管理"

教育集团发展模式和管理结构各异，有的学校之间是独立的法人关系，比如深圳育才教育集团内部采取"一级法人、两级管理"的相对松散型管理模式，分校校长由政府部门任命，并获得总校校长"授权"，各分校相对独立，事权采取"条块结合、以块为主"的模式；而有的学校则合并为同一法人主体，如深圳实验教育集团和南山外国语学校集团，实行"一级法人、一级管理"的紧密型管理模式，集团由总校校长一人统领，代表学校管理层行使综合管理权，下设分校负责人由总部副校长兼任，或将分校称为"部"，"部长"直接向总校校长负责，事权采取"条块结合、以条为主"的模式。② 即使在同一集团内管理体制也非常多元，既有在集团总校一个法人领导下的紧密型管理模式，也有存在多个独立法人的松散型管理模式，即"独立法人联盟式管理"。如南山外国语学校集团桃源中学、育才教育集团龙珠学校、南山实验教育集团白芒小学都是"联盟式"管理。对于集团中的这些联盟校，集团在学校管理中更是体现了精细化。如南外针对联盟办学就拿出了"南外—桃源中学联盟办学项目推进表"、八大项目24个子项目37条具体措施。③

5. 办学形态呈现"多元化+特色化"

集团办学统一化，并不意味着"全盘复制"，而是各成员校在集团共同理念的引领之下，实施"联盟式"运作，兼顾共性的同时彰显个性，各具特色。如南山区教育集团化办学采用多元模式灵活发展，逐步形成了加入型、内生型、联盟型、委托管理型四种办学形态（见表2）。

---

① 《集团化办学，做得最好的也许在这里》，搜狐网，2017年4月5日，https://www.sohu.com/a/132209400_186227。
② 《名校集团化办学大跃进式扩张 业界忧稀释优质资源》，《瞭望新闻周刊》2012年12月10日。
③ 《桃源中学联盟南外集团办学结硕果》，搜狐网，2018年12月28日，https://www.sohu.com/a/285135268_161794。

表2　深圳市南山区教育集团化办学的四种基本形态

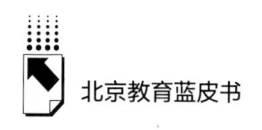

加入型	内生型	联盟型	委托管理型
原存量办学单位抱团一体化发展，形成集团学校一致认同的理念、行为、体系和标准，各成员校既能资源共享、特色发展，又有较大的办学自主权，如育才集团	原来的一个优质学校通过增挂新的校区不断扩大规模，最终形成集团，如南外、南实集团	通过组建多样化联盟，实现对现有教育资源的整合，如深圳大学城教育联盟学校、南北片区联盟办学等	委托理事会、基金会等管理集团学校，探索公办教育集团新型治理模式，如南方科技大学实验教育集团、深圳湾学校等

资料来源：《集团化办学的"南山"实践》，《中国教育报》2017年12月9日，第1版。

6. 办学资源体现"开放办学＋科研助力"

在"深爱人才，圳等你来"的人才政策影响下，深圳采用开放式办学方式，充分吸纳各种优质教育资源为我所用，不断引进大学城、科研院所、高新企业等到基础教育领域。如南山区持续引进北大附中、北师大、南方科技大学、中科院和深圳大学等，合作开办的北大附中深圳南山分校、北师大南山附属学校、南方科技大学实验学校、中科先进院实验学校、深大师院附小等正在成为老百姓欢迎的品牌校。

7. 实施举措凸显"政府主导＋机制保障"

政府牵头破解体制机制难题。如南山区组建集团化办学领导小组，建立部门联席会议制度，用以强化区域统筹和办学保障。教育、编制、财政、人社等部门协同推进，出台"1＋1＋N＋5"系列配套文件，有效破解人、财、物等制约集团化办学的体制机制问题。以人事编制为例，适当上浮集团学校高级专业技术岗位，编制配备也予以倾斜。在经费保障方面，南山区设立集团化专项管理经费，按每个集团200万~500万元纳入部门预算。[①]

（五）杭州集团化办学

在集团化办学方面，杭州是第一个吃螃蟹的。2002年全国第一个公办

[①] 《集团化办学的"南山实践"》，《中国教育报》2017年12月9日。

基础教育集团——杭州求是教育集团成立。2004年杭州市委、市政府首次明确提出"实施名校集团化战略",此后名校集团化办学全面推进,名校集团化办学在杭州的教育版图中占据了大半壁江山。总体来看,杭州集团化办学模式的主要特点有以下几点。

1. **名校办学领域不断拓展**

近几年来,杭州集团化办学的领域逐步由原来的基础教育向学前教育、农村教育、弱势群体教育以及职业教育延伸,优质教育资源覆盖率不断提高。

2. **杭州的名校集团化办学类型呈现多种组合**

从集团化办学的类型看,在原有的"名校+新校""名校+弱校""名校+名企""名校+农校""名校+民校""名校+高校"等办学类型的基础上,又探索出了"科研院所+学校""名校+流动人口子女学校""名校+民园""名校+农园""名校+街园""优质学校+特色学校"等新型的办学模式。幼儿教育集团正在成为杭州名校集团化办学的增长点。

3. **集团化办学模式呈多样化发展态势**

各区和学校都积极探索适合自身发展的办学模式和运行机制。综合来看,集团化办学形成途径在连锁式、加盟式、合作式和嫁接式的基础上,进行了以特色、主题为引领或以学区型"划片组团"方式组建教育联盟的探索,如上城区的钱江教育联盟、阳光宝贝教育联盟、吴山生态教育研究联盟以及下城区的特色教育联盟等。还有以杭州第四中学教育集团与杭州经济技术开发区管委会的合作为典型的名校托管模式。办学性质多样,有公办、国有民办、民办公助、民办、混合制等不同属性。运行机制有紧密型结构、松散型结构和混合型结构。办学层次复杂,跨层次、跨类别、跨区域、跨行业实施集团化办学。

4. **集团化办学逐步完成从外延式发展到内涵式发展的跨越**

当全国还在扩大集团化办学的规模时,杭州已从注重量的扩张向注重内涵式发展转变。近年来,当地已形成一批成熟的名校集团,在这些名校集团的示范和带动下,越来越多的名校集团已成功地完成了集团内部的制度建设,建立了扁平化的管理结构,创建了灵活的教师交流轮岗机制,办学重点

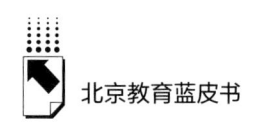

开始转向学校文化建设、课程设置以及师资培养上。

5. 集团化办学的发展历程正从初级版走向升级版

早期的集团化办学是由办学重要学校转向办学薄弱学校，追求"基本均衡"，实现方式是点对点、校对校，由学校自发到政府推动。现今实行市区联动、一体化发展、一区带一镇，促进大江东新区发展，办成学校发展共同体，实现招生联通、课程共享、教研一体化。这个阶段实现方式以区域发展、共建共享、行政推动+学校自主为主。

6. 有机整合多种社会力量和教育类型参与集团化办学

现有5所社会力量举办的学校组建了集团，实现了规模化办学；职业教育办学模式发生变革，现有4个职业教育集团，其中3个实现了与生产企业的组合、联合办学；一些教育集团还引入成人教育、职业培训等非学历教育项目，扩大了传统学校教育的外延，如临安天外教育集团、萧山友谊集团等。

7. 政府制定系列文件规范集团化办学

为规范集团化办学，杭州市政府从2004年开始出台了系列文件，如《关于实施中小学名校集团化战略的若干意见》《杭州市中小学名校认定标准及办法》《中共杭州市委办公厅、杭州市人民政府办公厅关于实施中小学名校集团化战略的若干意见》《中共杭州市委、杭州市人民政府关于进一步推进名校集团化战略的意见》《杭州市名校集团（互助共同体）考核评价办法（试行）》《杭州市名校集团（互助共同体）考核评价指标（试行）》等，从制度层面加强领导，科学论证、宏观调控，稳步推进名校集团化办学的进程。

8. 政府给予集团化办学学校政策倾斜

各级政府行政职能部门统筹协调，对实施集团化办学的学校，在资金投入、校园建设、设施设备配置等方面予以了优先优惠政策，尤其是在教师选任或调动、教师培训、评比先进等方面给予名校政策倾斜。如对输出管理干部和骨干教师的名校，适当增加公办教师编制和高、中级专业技术职称数，输出的管理干部和骨干教师的人事关系可保留在原学校；对在结对的农村学校支教且取得成效的中心城区学校的中小学教师，其支教经历在申报中小学高级职称时予以认可。为了解决合作办学市属龙头学校骨干教师派遣到区县后本校师资短缺的问题，有的区县采用特殊的编制政策，由市教育局、市编委办牵头协调当地教育、编办、财政等部门，从本地的教师编制中一次性划转部分事业编制至杭州市本级，专项用于合作办学、师资互派。

二 发达地区集团化办学的成功经验

（一）注重顶层设计，政府加强政策引领和统筹规划

在四地的实践中，集团化办学并不仅仅是学校的事，也是有政府作为幕后推手的。北京、上海、深圳、杭州四地都在其"十三五"时期教育改革和发展规划（2016—2020年）中提出要支持推进集团化办学、学区制改革，从政策上引领集团化办学方向，并从顶层设计上为集团化办学"架梁立柱"。以上海、杭州为例，从领导小组的组织建构，到出台系列建立和完善集团化办学的管理制度，再到制订学区化集团化办学绩效督导和评估指南，无不体现了政府把大力发展集团化办学作为推动基础教育优质均衡发展重要路径的意旨和决心。

（二）突破体制壁垒，政府相关部门加强综合协调

集团化办学最难啃的硬骨头，莫过于体制机制上的壁垒和障碍。但是，在四地的办学过程中，各地的教育、编制、财政、人社等相关部门协同推进，解决了不少集团化办学在校长职数设置、教师编制和福利待遇、学校办学经费等方面遇到的困难，助力实现区域内基础教育优质均衡发展。

（三）筑牢历史积淀，深度推进教育优质均衡发展

综合来看，这四个发达地区集团化办学之所以成效显著，一个重要的原因在于各地前期有政策基础和实施经验的积淀。如北京的集团化办学不是跟

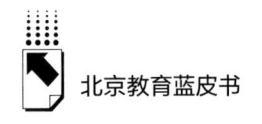

风形成，而是在"十五""十一五"时期政府大力开展"城乡手拉手，名校办分校"工作的基础上逐步发展起来的。上海自"十一五"以来就通过政策和资源杠杆，组建了多种形式的办学联合体，推进中心城区优质学校托管郊区薄弱学校的委托管理机制，引导和带动了薄弱学校的内涵式发展，为现在学区化集团化办学改革提供了很好的经验。深圳和杭州的集团化办学，仍然受到了两地20世纪90年代公办学校转制改革的影响。

（四）尊重现实差异，多种模式多个样态的集团校并存

四地集团化办学都融合了不同的办学体制，有公办、国有民办、民办公助、民办、混合制等不同属性，这以上海、深圳、杭州表现最为典型。各地均采用了多元化、特色化的办学模式，如北京的教育集群、学区化和盟贯带改革，上海的委托管理、多法人组合、单一法人、九年一贯制、同学段联盟、跨学段联合等，深圳南山区的加入型、内生型、联盟型、委托管理型四种办学形态。

集团内部治理结构和而不同，松散型、紧密型、混合型管理模式因校制宜。以杭州为例，杭州集团化办学实现了跨层次、跨类别、跨区域、跨行业实施，但在内部治理结构上，各区和学校都积极探索适合自身发展的办学模式和运行机制。这些不同类型、不同层次、不同性质的学校联盟，既不是拉郎配组合，也不是搞大一统，而是在充分尊重各校的历史基础、多样文化和发展需求的基础上，采取集约化管理和精细化管理相结合，求大同、存小异，形成了集团内和谐共生的文化生态。

（五）突破办学束缚，集团学校大胆改革和创新

集团办学突破原来单体学校办学的束缚，在经费来源和使用、人力资源管理、内部治理结构和课程开发等方面开拓创新。如深圳市福田区红岭中学集团创办集团理事会和红岭教育基金会，由基金会的理事来决定企业捐款和政府拨款的用途，使集团在创新中有所突破。南山外国语学校教育集团秉持文化立校理念，构建了以"让每一位师生像树一样成长"为核心的学校文

化体系，精心构建"像树一样成长"十五年一贯制课程体系，全面打造提升学生综合素养的"八大学院"，集团办学成绩斐然；为提升分校治理能力，集团总校简政放权，将8个部门合并为4个，各分校按照独立校区模式健全职能部门。

（六）贯通人才培养，教育集团内产生大教育效应

北京、上海、深圳、杭州等地的集团化办学，打破学段壁垒，不同程度地尝试无缝衔接幼儿园、小学、初中、高中等学段。这种优质基础教育全链条的打通，不仅能有效缓解孩子们各学段升学的压力，更重要的是能最大限度地利用集团规模优势，在各学段打造师生成长共同体，在教学理念、教学内容、教师专业成长、学生学习习惯养成和兴趣特长培养上做到很好的衔接，确保集团内的每个学生都享受到从幼儿园到高中一条龙的优质教育，实现人才的连续性培养。

三 发达地区集团化办学模式面对的共同难题

发达地区在集团化办学中出现各种问题和发展困境，需要我们重新思考和理性审视的难题主要有以下几方面。

第一，在实践中应该遵循什么样的教育发展观，工具理性和价值理性如何在集团化办学中得到平衡。第二，如何看待优质教育资源，什么样的优质教育资源能在集团化办学中发挥辐射作用。第三，集团总校校长在集团中的合法性地位如何体现，对集团总校校长胜任力有什么特殊要求。第四，维系集团总校与各成员校关系的内在动力是什么。第五，在集团化办学管理中如何很好地处理"统一"与"分权"的关系。第六，如何建立集团化办学的准入、退出和过程评价制度。第七，在集团内部，如何统筹使用教师编制和职称。如何建立一种新的评价体系，完善集团内教师绩效工资。第八，如何充分保障集团内管理人员和教师在集团化办学中的主体地位，如何做好优秀教师的储备工作，如何促进教师在集团内部流动后的专业成长。

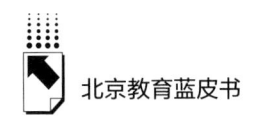

四 集团化办学发展模式的思考与政策建议

党的十九大报告提出要"努力让每个孩子都能享有公平而有质量的教育"。但如何实现"公平而有质量的教育"？要实现教育资源均等化，让大家都在家门口享受优质资源，其中一项措施就是优质学校集团化办学。结合各地在集团化办学发展模式上取得的经验以及需要面对的发展难题，从政策视角出发，还需要从以下几个方面完善北京的集团化办学模式。

（一）因地制宜，按需规划重点区域集团化办学模式

全国各地推行集团化办学基本都是先通过试点总结经验后才在较大范围内推行。根据近年及未来10年首都在城市副中心、城市发展新区及亦庄新城的教育规划，采用集团化办学的方式是快速提升这些区域教育优质发展的重要手段，但集团化办学究竟以多大规模、采取什么样的办学模式来进行，需要根据这些区域的实际办学环境、办学需求和区域教育资源现状，因地制宜，多方论证，要精心谋划集团化办学"几步走"的时间表和路线图。

（二）调整重心，实现集团化办学从量到质的跨越

从集团化办学实践看，集团化办学规模在不断增大。有的地方业已将幼儿园、小学、初中、高中全员纳入，实行覆盖全区域的集团化办学。有的地方，集团化办学逐渐从以前点对点、校对校的初级版，发展到现在县县互助、市县"联姻"、市域内城乡一体化发展的升级版。未来北京集团化办学的重心，应该是实现从量到质的跨越。通过两轮（3年一轮）创建，全市力争20%以上的集团成为紧密型集团，且覆盖所有区，让名校集团化办学真正变成集团化名校。因此，只有做好集团校长的选拔与配备、名校骨干教师的储备与经常性流动、集团整体办学的课程建设、集团化办学质量标准的建立、集团化办学绩效的督导评价、集团成员校的特色化多样化发展、学校文

化建设、师生情感心理的归属与认可等工作，才能践行集团化办学促进优质均衡的政策初心。

（三）围绕"四权"，加快现代学校治理体系和治理能力的构建

采取"确权"、"分权"、"放权"和"让权"等四个重大举措，科学配置教育集团的教育行政权力。对集团总校校长和成员校校长要"确权"，赋予其应有的权力和责任。对于教育、编制、人事、财政等相关政府职能部门管理权限相互交叉、边界模糊现象，要"分权"，建立权力边界清晰、权责明确、分权与制衡相统一的教育人事和财政管理体制。在"放权"方面，要加快教育管理职能转变和简政放权，向地方政府和集团学校放权，激发地方政府和集团学校办学活力。在政府放权的同时，学校也应加快完善学校内部治理结构，探索理事会、董事会等治理模式，厘清集团总校和成员校之间的组织架构、层级和权责，完善法人治理结构，建立科学合理的授权分权机制。完善集团内部的制度建设，建立扁平化的管理结构，创建灵活的集团内部教师交流轮岗机制，将集团化办学的重点放在学校文化建设、课程设置以及师资建设上。在"让权"方面，鼓励教育集团建立委员会制或理事会制。集团理事会引入社会智囊团，吸纳社会力量参与集团建设和管理，在集团决策咨询、反馈家长需求、推动家校互动等方面发挥积极作用。真正建立和发展一批中介机构，特别是学术性的专业组织作为第三方力量来参与决策、监督和学校质量评估。

（四）完善法律或规章制度，进一步规范集团化办学行为

从学校长远发展考虑，国家需要加快《学校法》的立法工作，将集团化办学这一特殊的办学形式纳入法的范围进行考虑。严格落实《中华人民共和国民办教育促进法实施条例》，进一步加强对公办学校集团举办民办学校和民办学校集团举办非营利性学校等办学行为的规范。各区级教育行政部门要加快《关于推进中小学集团化办学的指导意见》的推进和落实，特别是要在集团化办学的关键环节和制度上加强制度约束，如教育行政部门要综

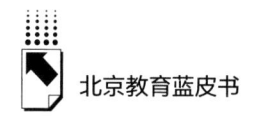

合考虑发展需求、资源条件、辐射幅度、保障措施和实际效果等因素，合理确定集团规模，对中小学集团的成立、纳新、退出等进行严格的审定和批准，积极探索集团学校进有所需、退有所据的动态管理机制；要对教育集团内部管理机制进行监督，对集团章程及各项管理制度有严格的要求；在坚持"一校一案"原则下，要对教育集团的招生计划、招生范围、招生方式进行严格规定；要加快实施集团化办学过程评价制度，试行教育集团的各类教育经费拨款与集团的办学质量与效益直接挂钩；制定《北京市中小学名校认定标准及办法》、《北京市名校集团考核评价办法（试行）》和《北京市名校集团考核评价指标（试行）》等，引入第三方评估机构进行绩效评价，将学生、家长与社区老百姓满意度作为检验集团化办学成效的重要标尺。

（五）坚持深化改革，推动集团化办学体制机制创新

从教师发展层面，为了避免集团在进人编制和教师职称定额上受到困扰，需要制定完备的师资编制和职称定额调配制度，统筹使用集团内部教师编制和不同学段教师的职称定额，以保证集团教师的合理配置，最大限度地调动教师的工作积极性。政府及时跟进制定集团内干部教师交流轮岗的系列配套政策，既要对龙头校输出干部教师的资质条件和交流年限做出相应规定，又要加大对输出教师在薪酬待遇、专项及奖补经费、职称评聘等方面的政策和条件支持，切实为集团内干部教师交流提供有力保证。突破现有的教师绩效工资制度，完善教师绩效工资的管理体系，按照学校实绩，经过考核，学校可以上浮绩效工资总额，进一步发挥绩效工资的激励作用。

从学生发展层面，创新人才培养方式，完善集团内人才联合培养和贯通培养通道。集团内贯通培养不等于合并中小学，也不能单纯地认为就是办九年一贯制学校或十二年一贯制学校，贯通培养的关键是要以整体育人观为指导，以学生全人格的培育为根本，以学校特色为纽带，尊重学生个性发展需要，依据集团已有资源和内在潜力，在集团内部做好不同学段的课程衔接、

教研一体化、学生特长的一贯培养，从而使以学生发展为本这一理念能够在集团内很好地落地。

（六）资源共享，多方力量助力集团化办学高质量发展

多元主体参与教育集团治理。通过引入"治理"理念、伙伴关系，有效整合和利用区内以及区外的社会资源来解决教育问题，形成教育集团共同体格局。各级教育行政部门给予集团化办学政策、经费、师资等多方面的支持。建立学区内资源共享平台和区域协同联动发展机制，学区范围内的机关、企事业单位、街道、社区与集团学校建立长期合作关系，积极配合集团学校的办学需求，尽可能为集团发展提供可利用的资源，尤其在场地设备使用、社会实践活动项目、企业赞助、专业技术输出等方面互通有无，开放合作。

参考文献

《名校跨域突破，教育"时差"归零——杭州从供给侧改革入手推动新名校集团化办学》，《中国教育报》2018年7月25日。

张爽：《基础教育集团化办学的模式研究》，《教育研究》2017年第6期。

李成瓀等：《基础教育集团化办学机制的政策工具研究——基于16个城市政策文本的内容分析》，《基础教育》2021年第2期。

尹玉玲：《从名校集团化到集团化名校要走几步》，《中国教育报》2017年11月7日。

尹玉玲：《集团化办学背后的政府推力》，《中国教育报》2018年5月22日。

尹玉玲：《寻找集团化办学的理想模型》，《中国教育报》2018年7月17日。

尹玉玲：《政策红包激发集团活力》，《中国教育报》2018年11月20日。

B.15
后疫情时代全球教育变革趋势及其对北京的启示

李志涛 周红霞 曲垠姣*

摘 要： 后疫情时代全球教育面临政策调整、模式转型、理念重塑。各国积极规划教育体系重建，推动教育数字化转型，重塑教育体系，加大教育改革和财政支持。疫情"催化"效应将加速5G、大数据、人工智能等前沿技术在教育中的应用，未来教育模式将呈现从线上线下融合向数字化、智能化发展的趋势。疫情"阻断"效应与"逆全球化"叠加，影响国际学生流动的因素更趋多元化，留学目的地多中心格局正在形成，"在地国际化"受到关注和重视。未来北京教育应深刻认识面临的风险、挑战，顺应国际教育发展变革趋势，推动教育理念重塑、模式变革、开放升级、治理提升，建成更高质量、更具韧性、更易获得、更加公平的新时期首都教育。

关键词： 教育变革 教育模式 国际教育 北京

新冠肺炎疫情对全球经济、社会、教育等各领域造成重大影响和冲击。随着疫情蔓延逐步得到控制，各国相继进入"后疫情时代"。2020年6月

---

* 李志涛，北京教育科学研究院教育发展研究中心副主任，高级教师，研究方向为教育政策、比较教育；周红霞，北京教育科学研究院教育发展研究中心助理研究员，研究方向为国际比较教育；曲垠姣，北京教育科学研究院教育发展研究中心助理研究员，研究方向为比较教育。

16日，习近平主席同塔吉克斯坦总统拉赫蒙通电话时，首次提出"后疫情时代"的概念。按照学者的观点，"后疫情时代"是指疫情得到初步控制，但仍然时起时伏，随时可能局部或多点暴发，并且迁延较长时间，对各方面产生深远影响的时代[1]。对学校教育而言，后疫情时代以各级各类学校学生大规模返校复课、开展面授教学为标志，在此阶段，疫情对生产生活、教育教学等各方面继续产生影响，疫情防控成为新常态[2]。

新冠肺炎疫情是100多年来人类遭遇的最为严重的全球性公共卫生危机，疫情对全球教育体系造成前所未有的影响和冲击，也暴露了教育中的诸多问题与不足。然而，深度危机中往往孕育着教育变革的"新机"。正如世界经济论坛主席施瓦布所指出，事关存亡的危局也是反省的良机，蕴藏着变革的潜力[3]。为应对疫情，各国教育体系不仅开展了极具创造性和高水平的教学实践，而且加大了面向未来的教育改革，带来了全球教育理念重塑、模式转型和政策调整。深刻认识和把握后疫情时代全球教育变革趋势，为新发展格局下构建首都高质量教育体系提供重要启示。

一 后疫情时代全球教育变革的重点领域

新冠肺炎疫情对教育的影响是全方位的，涉及教育政策、教育治理、教育模式、教育公平、教师专业发展、学生心理健康、家庭教育与学校教育协同、教育国际化等诸多方面。疫情本身并不能改变教育，它对教育的影响主要通过施加阻力和干扰，迫使教育系统做出调整和应对，客观上对教育变革产生"倒逼""催化"等作用。疫情期间各国教育系统相继经历了学校停课、网上教学、返校复课等阶段，进入后疫情时代各国在应对挑战的同时加

---

[1] 王竹立：《后疫情时代，教育应如何转型？》，《电化教育研究》2020年第4期。
[2] 钟秉林、南晓鹏：《后疫情时代我国高等教育发展的宏观思考》，《教育研究》2021年第5期。
[3] 〔德〕克劳斯·施瓦布、（法）蒂埃里·马勒雷：《后疫情时代——大重构》，中信出版集团，2020。

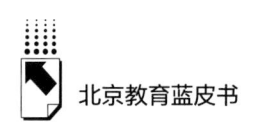

强了对教育体系的反思，积极规划教育重建与改革。

联合国教科文组织、经合组织、世界银行、欧盟等国际组织自疫情之初就积极行动起来，开展疫情对教育影响的调查研究，并发布相关报告（见表1），不仅为疫情下各国采取应对措施提出建议，而且加强对后疫情时期教育重建的政策指导。国际组织提出的教育政策主张和建议包括加快教与学的变革、保障教育经费、优化教育管理、加快教育数字化转型、加强国际合作等。

表1 新冠肺炎疫情以来国际组织发布的报告及主要内容

国际组织	报告	发布时间	主要内容
联合国	《新冠肺炎疫情之下及之后的教育政策简报》	2020年8月	呼吁各国政府和国际社会共同将教育置于复苏议程的首位，保护教育投资，增强教育系统韧性，加快教与学的积极变革
联合国教科文组织	《后疫情时期的世界教育：公共行动的九项主张》	2020年6月	针对后疫情时期的教育发展提出了九项主张，包括强化教育的公共利益属性、促进教育资源共享、加强科学素养教育、保障教育经费、加强全球团结协作等
经合组织	《教育的中断，教育的反思：新冠肺炎疫情大流行如何改变教育》	2020年2月	基于疫情期间教育政策实施、远程教学开展、学生学习等方面情况的调研分析，在反思现状的基础上，提出了后疫情时期加强远程教学、优化教育管理、保障教育经费等方面的建议
经合组织	《教育指导框架：应对2020年新冠肺炎疫情大流行》	2020年3月	分析了疫情下各国开展教育教学面临的挑战，从教育系统、学校、教师和学生层面提出了具体应对策略
经合组织	《教育应对疫情：拥抱数字学习和开展在线协作》	2020年3月	指出各国要充分利用现有的在线远程学习平台，进行国际合作，提出学校关闭为设计和开发新的教育模式提供了机会
经合组织	《新冠肺炎疫情对教育的影响：源自教育概览报告的思考》	2020年9月	通过对一些重要教育指标进行分析，帮助全球了解各国的教育应对措施及其产生的潜在影响
世界银行	《实现学习的未来：从学习贫困到人人皆学处处能学》	2020年12月	提出了一种新的学习愿景，即人人皆学、处处能学，且学习是快乐、有目的和认真的。同时提出各国为实现这一愿景应采取的政策建议

续表

国际组织	报告	发布时间	主要内容
世界银行	《重新构想人际联系:世界银行的教育技术与创新》	2020年12月	提出了教育系统投资教育技术需注意的五个关键原则
欧盟	《数字教育行动计划2021—2027》	2020年9月	提出了确保教育和培训适应数字化转型并进一步提高欧洲教育质量和包容性的指导原则,明确了应对教育和培训中数字化转型机遇与挑战的战略优先事项以及相应采取的行动

各国面对新冠肺炎疫情一方面积极出台应对举措,另一方面加强后疫情时代的教育重建与改革,促进教育恢复,加快教育创新。OECD发布的2020年版《教育概览》及《新冠肺炎疫情对教育的影响:源自教育概览报告的思考》通过一些重要指标,分析了OECD成员国及伙伴国应对新冠肺炎疫情在公共教育支出、国际学生流动、各级各类教育(中小学、职业教育)等方面采取的措施,包括日本、澳大利亚、新加坡等在内的许多国家均推出了后疫情时代的教育改革举措。

后疫情时代的全球教育变革成为当前学界研究的热点。2020年中国教育学会比较教育分会第二十届年会以"后疫情时代的全球教育变革"为主题,聚焦后疫情时代各国教育政策应对、教育实践创新、国际组织的政策主张、国际教育交流与跨境教育、全球教育治理等议题进行深入研讨[1]。有学者通过分析与疫情相关的教育研究文献,发现现有研究主要集中于教育教学、教育治理、教育国际交流与合作等方面[2]。综合国际组织的政策建议、各国改革举措和学界研究热点,后疫情时代全球教育变革主要体现在重塑教育体系、加强教育治理、创新教育模式、调整国际教育战略等方面。

---

[1] 但金凤、陈琴:《后疫情时代的全球教育变革——中国教育学会比较教育分会第二十届学术年会综述》,《比较教育研究》2021年第3期。
[2] 钟秉林、南晓鹏:《后疫情时代我国高等教育发展的宏观思考》,《教育研究》2021年第5期。

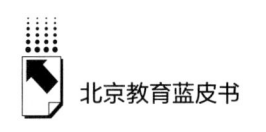

二 后疫情时代的全球教育政策重点

面对疫情挑战，各国政府和国际组织加大了政策支持力度，不仅推动教育复苏，而且加快教育转型与重塑，面向未来构建更加可持续、更加包容、更加灵活和更具弹性的教育体系。

（一）推动教育数字化转型，增强教育系统韧性

新冠肺炎疫情暴露了公共教育系统的脆弱和缺陷，凸显了数字鸿沟和教育不公平等问题。各国在总结线上教学经验的基础上，致力于通过数字化转型增强教育系统韧性，提升教育体系应对风险挑战的能力。

新冠肺炎疫情背景下，欧盟积极重塑基于可持续性的增长战略，以绿色和数字转型为变革动力。2020年7月，欧洲理事会达成了前所未有的经济复苏计划，以应对新冠肺炎疫情对经济和社会的影响，促进欧洲的强劲复苏以及经济的转型与改革。在建设欧洲教育区的战略构想中，欧盟将"绿色和数字化转型"作为六大支柱之一。为了加速教育数字化转型，2020年9月欧盟委员会发布了主题为"重置数字时代的教育和培训"的《数字教育行动计划2021—2027》[①]，将重点放在教育和培训的长期数字化变革上，提出了数字教育的长期愿景，确定了需要采取行动的特定领域，涵盖了正规教育（初等、中等、高等教育和成人教育，包括VET）、非正规和非正式教育（青年工作、社区组织、图书馆、文化和创意空间等），确保教育和培训适应数字化转型并进一步提高欧洲教育的质量，增强其包容性。2020年12月10日召开的主题为"数字教育转型：打造欧洲教育区的韧性"的第三届欧洲教育峰会上，欧盟委员会主席冯·德·莱恩（von der Leyen）表示，必须成功将数字技术集成到教育系统中，通过实施新的数字教育行动计划，提高

---

① European Commission, DIGITAL EDUCATION ACTION PLAN 2021 – 2027: Resetting education and training for the digital age, https://ec.europa.eu/education/sites/default/files/document - library - docs/deap - communication - sept2020_ en. pdf, 2020 - 09 - 30.

学生和教师的数字能力①。欧盟要求各成员国重新考虑如何有目的地和战略性地将数字技术嵌入教育实践中，将以应急为重点的临时远程教育发展为更有效、可持续和公平的数字教育，使教育和培训系统更高质量、更易获得、更具包容性。欧盟呼吁各成员国充分利用欧洲恢复与弹性资金，使教育和培训系统适应数字时代。

（二）重塑教育，构建未来教育新生态

疫情对学校线下教育带来了重大挑战，随着教育技术的快速发展，需要在更高的技术形态上重构教育，塑造更加公平有效的教育体系。后疫情时代的教育重塑不仅仅是学习方式的转变，还是重新构建新的教育生态，从学习空间、学习方式、教学方式、教师角色到教育评价、教育管理、家校合作等诸方面均发生根本变化。众多国际组织、机构提出了后疫情时代重塑教育的建议和方案，描绘了未来学习的愿景。

联合国发布的《新冠肺炎疫情之下及之后的教育政策简报》提出重塑教育，加快教与学的积极变革，为建立更具前瞻性、包容性、灵活性和弹性的教育系统奠定基础②。OECD 在报告中建议各国加强教育数字技术投入，指出这不仅是疫情下的应急之策，更是着眼于未来教育新生态的建构。OECD 教育与技能署分析师露西·塞尔纳在题为"冠状病毒暴发期间学校关闭：这对学生的公平和包容而言意味着什么？"的文章中指出：新冠肺炎疫情带来的最重要挑战之一是如何重塑围绕"实体学校"建立的教育体系；从长期来看，需要重新构建学校，使其成为对所有学生而言都具有安全性、支持性和包容性的场所③。世界银行集团首席经济学家佩德罗·阿塞韦多在题为"新冠肺炎疫情下学校关闭对入学和学习成果的潜在影响：一组全球

---

① European Commission: Speech by President von der Leyen at the 3rd European Education Summit, 2020 - 12 - 10.
② 《UNESCO：降低疫情影响的政策建议》，《教育快报（国际教育动态）》2020 年第 29 期。
③ 《OECD：重塑围绕"实体学校"建立的教育体系》，《教育快报（国际教育动态）》2020 年第 19 期。

估计"的文章中提出,新冠肺炎疫情为全球提供了重构教育系统的机会,比如利用技术改善成果、解决不平等问题和减少学习贫困等;目前在远程学习方面的投资应成为更个性化的教育方式的起点[①]。美国学习政策研究所(Learning Policy Institute,LPI)发布的报告《重新启动和重塑学校:新冠肺炎疫情时代及以后的学习》提出了重塑学校的10个关键领域以及相应的政策建议,包括:缩小数字鸿沟;加强远程学习和混合式学习;确保对学生社会情感学习的支持;重新设计学校以加强人际关系;配备为重塑学校做好准备的教师等[②]。世界银行发布报告《实现学习的未来:从学习贫困到人人皆学处处能学》,基于疫情带来的挑战,提出未来学习的新愿景:人人皆学、处处能学,且学习是快乐、有目的和认真的。为实现这一愿景,世界银行认为各国必须对教育系统五大支柱(学习者、教师、学习资源、学校、教育管理)实施根本性变革,并提出关键政策行动建议[③]。

(三)应对疫情挑战,深化教育改革

在疫情深刻影响下,全球教育的调整与变革势在必行。一些国家已经行动起来,针对后疫情时代教育发展制定新的战略,在各级各类教育改革中充分考虑疫情因素影响,化"危机"为"新机",以教育创变应对未来不确定性。

新加坡教育部长黄循财指出,后疫情时代的世界将变得更加复杂和彼此割裂;国际秩序变得更具不可预测性,大国之间的冲突和紧张持续升级;各国内部的不公平持续加剧;数字技术持续进步;等等。所有这些变化都会对新加坡教育的未来产生重要影响。在此背景下,新加坡将致力于"塑造教育的未来",为此制定了四个总体战略:①加大对弱势群体的支持,确保教育持续成为推动社会代际流动的驱动力;②继续为学生提供广泛的选择,确

---

① 《世界银行:疫情提供了重构教育系统的机会》,《教育快报(国际教育动态)》2020年第29期。
② 《LPI:重塑学校的十大关键领域》,《教育快报(国际教育动态)》2020年第25期。
③ 《世界银行:描绘未来学习的愿景》,《教育快报(国际教育动态)》2021年第6期。

保在多样化路径上的学生都能实现卓越发展；③培养书本知识之外的态度和技能，特别是21世纪技能、核心价值观和社会情感能力；④在高等教育机构推动更广泛的跨学科学习，培养学生看到事物之间更广泛的联系并在不同学科之间无缝合作的能力，确保新加坡年轻人为不确定的、更复杂的未来做好准备[1]。2020年7月，澳大利亚教育委员会发布"高中通向就业、升学及培训的途径"检讨最终报告——《展望未来》，提出疫情防控常态化下澳大利亚高中教育改革的方向。未来澳大利亚高中教育将实现8项重要成果，并提出20项改革建议[2]。2020年10月，日本中央教育审议会发布报告书《构建令和时代的日本型学校教育》，指出伴随着超智能社会的到来以及新冠肺炎疫情的全球蔓延，未来时代愈发不可预测，ICT的有效运用将关乎学校教育的发展命脉。报告书围绕日本学校教育的变革与发展提出六大改革方向[3]。

（四）加大教育投入，推动教育创新

新冠肺炎疫情使全球经济遭受重创，后疫情时代各国经济虽然处于复苏中，但疫情仍然对公共财政支出和教育投入造成重大影响。后疫情时代的教育恢复、重建和创新均需要以经费投入为保障，因此自疫情之初，相关国际组织即呼吁各国切实保障教育投入，将教育经费支持摆在国家复苏议程的首位。联合国的《新冠肺炎疫情之下及之后的教育政策简报》提出，各国政府必须保护教育预算，将教育纳入新冠肺炎疫情经济刺激计划，国际社会必须保护对教育发展的官方援助。经合组织（OECD）教育与技能司司长、被誉为"PISA之父"的安德烈亚斯·施莱歇尔指出，新冠肺炎疫情要求重新构建一个更有力且更有效的教育供给系统，疫情后的财政支持必须坚持教育

---

[1] 唐科莉：《新加坡：塑造教育未来的四个战略》，《教育快报（国际教育动态）》2021年第4期。
[2] 唐科莉：《后疫情时代澳大利亚高中教育改革方向——〈展望未来〉高中教育改革建议》，《教育快报（国际教育动态）》2020年第32期。
[3] 《日本：提出学校教育六大改革方向》，《教育快报（国际教育动态）》2021年第3期。

优先①。

各国在疫情期间采取了各种财政措施，支持教育系统应对学校关闭造成的影响。随着疫情的持续，各国相继出台财政资助计划，不仅支持教育恢复与重建，而且积极推动后疫情时代的教育创新。自疫情暴发以来，美国联邦政府先后通过《冠状病毒援助、救济和经济安全法案》《冠状病毒应对和救济补充拨款法案》《美国2021年救济计划法案》为k-12公立学校提供了超过2000亿美元（每名学生约4000美元）的资金，以应对新冠肺炎疫情对教育的影响。2021年3月，美国国会通过的《美国2021年救济计划法案》，总计提供了1.9万亿美元的联邦刺激资金，其中对教育的援助资金超过1700亿美元，这是美国联邦政府对学校的最大单笔投资。其目的不仅是帮助州和地区解决与新冠肺炎疫情大流行有关的短期教育需求，而且投资教育的结构性改革，以重塑美国的公共教育系统，加强学校的数字能力建设和对学生的社会、情感及学术支持，不仅使教育系统回归疫情大流行前的水平，而且构建一个更具前瞻性、包容性、灵活性和弹性的教育体系②。

三 后疫情时代的全球教育模式变革与创新

新冠肺炎疫情作为人类历史上罕见的全球性公共卫生危机倒逼教育转型发展，催化教育模式变革创新。疫情本身不会改变技术发展及其产业化进程，却能加速各领域业已发生的许多变化，并引发其他变化③。当前第四次工业革命和信息技术快速发展，教育体系孕育着新的变革机遇，新冠肺炎疫情正加速教育变革的到来。

---

① 〔德〕安德烈亚斯·施莱歇尔：《教育中断与教育重建：新冠疫情如何塑造教育的未来》，《比较教育学报》2020年第4期。
② Michael Griffith, An Unparalleled Investment in U. S. Public Education: Analysis of the American Rescue Plan Act of 2021, https://learningpolicyinstitute.org/blog/covid-analysis-american-rescue-plan-act-2021, 2021-03-11.
③ 〔德〕克劳斯·施瓦布、（法）蒂埃里·马勒雷：《后疫情时代——大重构》，中信出版集团，2020。

（一）新冠肺炎疫情加速教育革命

在全球化和技术快速进步的背景下，主要国际组织重新审视全球教育体系，提出未来教育模式和框架。2020年1月，世界经济论坛发布白皮书《未来学校：定义第四次工业革命时代的新教育模式》，提出"教育4.0全球框架"，构建了面向未来的核心素养与技能框架。世界经济论坛认为，以大数据和人工智能等为代表的个性化、定制化生产方式正在推动教育模式由被动学习向主动学习转变、由关注对客观知识的记忆向培养批判思维与创造性思维转变。"教育4.0全球框架"从学习内容和学习体验两个维度概括了"教育4.0时代"未来学校的八个关键特征。从学习内容上，教育系统需要培养儿童具备四项关键技能：全球公民技能；创新和创造力技能；技术技能；人际交往技能。学生在教育4.0时代的学习体验具有以下四个关键特征：个性化与自定步调；容易获得并具有包容性；基于问题与合作；终身且由学生驱动。"教育4.0全球框架"特别强调技术在促进教育革新中的重要作用，强调正规教育机构之外的学习的重要性，强调政府、企业、家长及整个社会对教育的参与[1]。未来学校教育模式与后疫情时代对教育的要求具有高度的吻合性和一致性。

伴随着第四次工业革命的到来，人工智能、大数据、云计算、物联网、量子计算机、区块链等技术在教育上的应用将引发教育的重大革新，带来第四次教育革命。国际积极教育联盟主席安东尼·塞尔登（Anthony Seldon）等提出，以人工智能、增强现实和虚拟现实等为代表的智能科技将催生第四次教育革命；借助人工智能，每个人都可以随时随地拥有更好和最具个性化的教育资源，定制化的教育和学习将逐渐取代传统的教育模式，终身学习将成为可能[2]。在新冠肺炎疫情的冲击下，随着信息技术快速发展并在教育中

---

[1] 唐科莉：《未来学校：第四次工业革命时代的教育模式——世界经济论坛"教育4.0全球框架"解读》，《教育快报（国际教育动态）》2020年第18期。
[2] 〔英〕安东尼·塞尔登、奥拉迪梅吉·阿比多耶：《第四次教育革命：人工智能如何改变教育》，吕晓志译，机械工业出版社，2019。

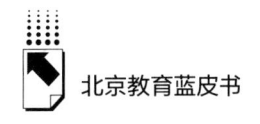

得以深入应用,"第四次教育革命"很可能加速到来并成为现实[1]。

新冠肺炎疫情的全球蔓延将对高等教育产生长期的"催化"变革作用并加速未来趋势的到来。美国高等教育信息化专业组织(EDUCAUSE)发布的《2021地平线报告:教与学版》从社会、技术、经济、环境和政治五个维度分析了影响未来高等教育发展的宏观趋势,指出人工智能(AI)、混合和混成课程模式、学习分析、微认证、开放教育资源(OER)、优质在线学习等关键技术和实践将对高等教育未来产生重大影响[2];与《2020地平线报告:教与学版》提出的新兴技术和实践(自适应学习技术、人工智能/机器学习、学生成功分析、教学设计、学习工程和用户体验设计的提升、开放教育资源、扩展现实)相比,受疫情因素影响,在关键技术上有一些变化[3]。

(二)后疫情时代的教育模式变革趋势

疫情期间的线上教学对"停课不停学"发挥了重要作用,线上线下融合教学成为教育发展的趋势。后疫情时代,5G、大数据、人工智能等前沿技术在教育中的应用,将促进信息技术与教育教学深度融合,驱动教育模式从信息化向数字化、智能化方向发展[4]。

1. 从短期来看,线上线下融合教学将成为新常态

后疫情时代学习将跨越实体学校的界限,向"互联网+"延伸和拓展。西安电子科技大学校长杨宗凯指出,后疫情时代要发挥技术优势,创新教育和学习方式,以技术推动教育创新变革,线上和线下结合的混合教

---

[1] 赵章靖:《新冠肺炎疫情冲击下全球教育的变化特征和趋势——关于OECD教育调研报告的分析》,《国家教育行政学院学报》2020年第9期。

[2] 金慧、王陈欣、罗纯源、彭丽华:《后疫情时代的高等教育:宏观趋势、关键技术与发展思考——〈2021地平线报告(教与学版)〉解读》,《远程教育杂志》2021年第3期。

[3] 陈新亚、李艳:《〈2020地平线报告:教与学版〉的解读及思考——疫情之下高等教育面临的挑战与变革》,《远程教育杂志》2020年第2期。

[4] 祝智庭、胡姣:《技术赋能后疫情教育创变:线上线下融合教学新样态》,《开放教育研究》2021年第1期。

学、大规模在线教学等模式将成为新常态①。线上线下融合的教学方式将逐渐成为主流，学校教育和在线教育两种教学方式将有机融合、优势互补并长期共存。

后疫情时代新加坡积极推进结合居家及在校学习的混合模式，从2021年起逐步实行，2022年全面落实。根据混合学习模式，学校可以按照具体情况自行决定居家学习日（Home-Based Learning Day）的频率、学习科目与主题、课程学习和自主学习的时间分配。根据学生年级不同，居家学习日约占全年课程时间的10%到20%。配合混合式学习（Blended Learning）模式的推进，新加坡教育部将加速落实"让全国中学生都拥有个人学习电子设备"计划。到2021年底，实现所有中学生都拥有一台笔记本电脑或平板电脑，以便进行课堂活动与自主学习②。

2. 从中期来看，数字化学习创新将成为教育变革趋势

为应对风险挑战和不确定性，以数字化转型增强教育系统韧性将是未来一段时期教育信息化发展的重要任务，其目标是通过技术赋能实现"人人皆学、处处能学、时时可学"。构建"韧性"教育系统的关键在于加快人工智能、物联网、区块链、虚拟现实、学习分析、在线测评等技术在教育中的创新应用③。美国在线学习联盟等机构联合发布的《数字化学习创新趋势》报告提出了全球数字化学习创新的未来趋势。七种主要趋势包括自适应学习、开放教育资源、游戏化学习和基于游戏的学习、慕课、学习管理系统与互通性、移动性和移动设备、设计（Design）；三种次要趋势是混合学习、数据管理、虚拟现实与人工智能④。

近年来，主要发达国家积极推动数字教育并发布专门的数字教育战略。2020年9月，OECD教育与技能司发布《OECD成员国教育中的数字战略：

---

① 《杨宗凯：后疫情时代高等教育创新之路》，《中国教育网络》2020年第12期。
② 《新加坡：逐步推进混合学习模式》，《教育快报（国际教育动态）》2021年第7期。
③ 祝智庭、彭红超：《技术赋能的韧性教育系统：后疫情教育数字化转型的新路向》，《开放教育研究》2020年第5期。
④ 《OLC：提出数字化学习创新十大趋势》，《教育快报（国际教育动态）》2021年第7期。

探索有关数字技术的教育政策》报告，各国数字教育战略的优先事项和政策关注点包括：加强ICT基础设施建设；创建数字学习环境；将数据管理与学习分析纳入数字教育战略；强调人工智能在评估中的应用前景；关注区块链技术在教育中的应用；注重数字素养和能力培养；消除数字鸿沟；确保隐私和安全等[1]。德国于2021年2月启动了"数字教育计划"，加强数字化基础设施建设，促进数字化学习工具的发展，创建全新的"国家教育平台"。目的是通过数字化产品改善学习条件，进一步发展数字化的学习、教学和培训，以全面提高人们的数字化技能[2]。

3. 从长期来看，未来教育将呈现智慧教育新形态

在更长远的将来，以人工智能、大数据、区块链为代表的信息技术将引发新一轮教育变革，牵引教育形态向智慧教育转型和演进。智慧教育是运用人工智能等技术促进学习环境、教学方式和教育管理的智慧转型，通过环境建设、教学模式、学习评价和学校形态变革创新未来教育形态[3]。智慧教育模式下，人工智能、大数据等技术与教育教学深度融合，将促进优质教育资源共享，提供个性化精准教学指导，推动教育教学智慧升级。通过研制教学和学生发展的大数据模型，可以适时掌握学生的学习兴趣、学习风格，优化学生成长路径，实现满足学生个体需求和符合其认知水平的个性化学习；通过分析评价教师教学表现，支持教师对教育教学活动进行调节、校正和监控，优化教学方式，实现有针对性的教学；通过对互动数据的收集和分析，精准识别师生、生生互动关系，形成高效的合作共同体，提供更加匹配的教学方案。

当前，日本正着力推进"GIGA智慧校园"（Global and Innovation Gateway for All）计划，东京都的"智慧校园"计划聚焦学习方式、教学方式、教师工作方式三个方面的改革。学习方式改革旨在激发学生的学习意

---

[1] 唐科莉：《OECD成员国数字教育战略的政策关注点》，《教育快报（国际教育动态）》2021年第2期。
[2] 《德国：启动"数字教育计划"》，《教育快报（国际教育动态）》2021年第7期。
[3] 祝智庭：《智慧教育引领未来学校教育创变》，《基础教育》2021年第2期。

愿，致力于实现主体型、对话型学习以及个性最优化的学习；教学方式改革旨在最大限度提升学生的潜力，通过大数据的活用与分析完善课堂教学；教师工作方式改革旨在为每一名学生提供细致入微的关注与支持，确保教师充分关注每一名学生[①]。

四 后疫情时代的国际教育发展趋势与战略

新冠肺炎疫情除了影响教育系统本身，还对教育的外部环境产生重大影响，其中一个重要方面是影响国际学生流动和教育国际化。特别是业已出现的逆全球化、单边主义、民粹主义与疫情阻断效应叠加，对全球教育国际化带来重大影响和挑战。

（一）后疫情时代国际教育呈现新的特点和趋势

在新冠肺炎疫情发生之前，世界上已经出现了"逆全球化"趋势，如英国脱欧；美国特朗普政府的"美国优先"及一系列反全球化政策，包括限制移民、实行贸易保护以及退出联合国教科文组织、世界卫生组织、跨太平洋伙伴关系协定（TPP）、巴黎气候协定等组织和协议。"逆全球化"导致各国之间经济联系、人员往来、教育交流受到限制，一些发达国家的留学生教育在招生、专业选择、就业、移民等方面采取收紧政策，导致一些留学生学习受阻，对全球留学生教育构成重大挑战。新冠肺炎疫情大流行进一步影响了各国之间的人员交流与教育合作，加剧了"逆全球化"和民粹主义，冲击着全球留学生教育。疫情叠加效应下全球留学生教育呈现以下特点和趋势。

1.国际学生流动呈现多向特征，留学目的地多中心格局正在形成

长期以来，全球国际学生流动表现为单向性，即主要是发展中国家或欠发达国家的学生向美国、英国、加拿大、澳大利亚、德国、法国等发达国家

[①] 《东京：着力推进"智慧校园"计划》，《教育快报（国际教育动态）》2021年第3期。

流动。美国在全球留学生市场处于一家独大的地位，其他发达国家各自占据一定的市场份额。近年来美国推行"逆全球化"，加之新冠肺炎疫情后美国颁布了一系列限制国际学生的签证、移民、就业政策，导致其在留学生市场的地位显著下降。从全球来看，后疫情时代的国际学生市场将重新洗牌，学生流动从单一方向转为多方向，既包括发展中国家学生流向发达国家，也包括发展中国家或者发达国家学生流向发展中国家，国际学生将呈现从发达国家向新兴经济体国家分流转移的趋势。全球留学目的地多中心格局正在形成，虽然美国、英国、澳大利亚、加拿大等传统留学目的地在留学教育市场仍将占据主要份额，但优势地位将有所削弱；新兴经济体国家在国际学生流动中的吸引力将增强，一些经济发展较快、影响力较大、教育资源丰富的国家将形成新的留学生流动区域中心，如东亚的中国、日本、韩国，东南亚的新加坡、马来西亚，非洲的埃及、南非，中美洲和南美洲的墨西哥、巴西，中东地区的土耳其、沙特阿拉伯等[1]。

2. 影响国际学生流动的因素更趋多元化，健康安全因素的重要性凸显

传统上留学生选择留学目的地主要考虑所在国的高等教育质量、经济发展水平、就业机会、移民等因素。近年来，由于民粹主义、排外主义等"逆全球化"势力在欧美国家兴起，加之新冠肺炎疫情大流行的严重影响，欧美在全球留学生教育服务的市场支配地位减弱；学生自由流动受阻，影响学生流动和目的地选择的主导因素出现转变，政治因素、安全因素、健康因素的重要性显著上升，经济因素的重要性有所下降。后疫情时代的国际学生流动更多地受签证、安全与健康风险、就业机会、移民、提供的课程质量和灵活性等因素影响。其中，安全与健康风险成为学生及其家人选择留学目的地的重要考虑因素。据2020年一项关于中国学生出国留学影响因素的调查，一半以上（53%）的学生将安全作为主要考虑因素，在所有因素中排第二

---

[1] 马佳妮：《逆全球化浪潮下全球留学生教育的特征、挑战与趋势》，《教育研究》2020年第10期。

位，仅次于教育因素（63%）[①]。与之前相比，学生做出留学决定、选择目的地更加理性，不仅评估出国留学的成本与收益，而且考虑健康、安全等风险因素。学生留学更倾向于选择能提供安全就读环境、具有包容性社会氛围、公共卫生体系健全的国家。

3. 国际教育的教学形式发生变化，线上线下融合教学模式得到普遍应用

新冠肺炎疫情背景下受人员跨国流动管制影响，高校针对国际学生采取了线上线下融合的教学模式，大多数国家鼓励并支持高等院校对海外留学生实施线上教学，网络教学成为国际教育的重要替代形式，网络课程、线上线下混合教学、线上会议与讲座成为重要的教学和学术交流形式。美国国际教育协会2020年针对520所美国高校的调查显示，2020年秋季学期，87%的高校采取线上线下混合教学，线上教学成为美国高校国际学生的主要教学模式[②]。可以预计，后疫情时代各国高校将对国际学生普遍采用线上线下融合的教学模式，但大规模的线上教学也会带来一定的教育质量问题，比如网络课程缺乏有效互动、文化体验受到影响等。

4. 教育国际化模式更加多样化，"在地国际化"受到关注和重视

新冠肺炎疫情影响人员跨国流动，在此背景下，有学者提出应利用本地国际化存量资源，突破物理空间和人员流动的限制，积极推进"在地国际化"[③]。"在地国际化"是与传统国际化相对的概念，最早由瑞典学者本特·尼尔森（Bengt Nilsson）于1999年提出，指"教育领域中发生的除学生海外流动之外的所有与国际事务相关的活动"[④]。"在地国际化"的目的是让学生在本国甚至本校就能受到多元文化的熏陶，从而形成国际视野和国际格局。其基本特点：一是国际化发生在本国或本校，能有效解决传统国际化过

---

① 李梅：《全球化新变局与高等教育国际化的中国道路》，《北京大学教育评论》2021年第1期。
② 李梅：《全球化新变局与高等教育国际化的中国道路》，《北京大学教育评论》2021年第1期。
③ 张应强、姜远谋：《后疫情时代我国高等教育国际化向何处去》，《高等教育研究》2020年第12期。
④ 王英杰：《后疫情时代教育国际化三题》，《比较教育研究》2020年第9期。

于注重人员跨国流动从而导致绝大部分学生无法接受国际化教育的弊端；二是从注重人员的跨境流动转到课程的国际化，基于国际视野将跨文化元素引入课程之中，实现课程内容、课程教学、课程实施环境等的国际化。后疫情时代各国将更加重视教育"在地国际化"，并使之上升到与"跨境国际化"并重的地位。

5. 国际学生流动的大趋势不会改变，留学生教育竞争甚至更为激烈

后疫情时代虽然民粹主义、排外主义等"逆全球化"势力与疫情隔阻效应叠加，在一定程度上阻碍着教育国际化进程，带来诸多不确定性，但全球化的大势不可阻挡[1]。受疫情影响，全球经济形势恶化，高度依赖国际教育收入的高校面临招生困境，陷入财政危机；一些国家的教育出口在经济增长中占据重要地位，亟须通过加强国际教育和跨境教育服务、拓展国际教育市场、保持教育出口的可持续性来促进经济复苏。未来全球范围的学生跨国流动不会停滞，留学生教育竞争甚至更为激烈，传统的留学生接收国和新兴接收国之间吸引留学生的竞争将会加剧。近年来主要发达国家实施了国际教育战略，制定了留学生招生的量化目标[2]（见表2）。面对疫情挑战，各国积极采取有针对性的干预措施，推动教育出口从复苏转向可持续增长。

表2 一些主要国家的留学生招生目标及最新国际教育战略

单位：万人

国家	招收国际学生目标		国际教育最新战略	
	数量	年份	战略文件名称	颁布时间
英国	60	2030	《国际教育战略：2021年更新：支持复苏，推动增长》	2021年2月
澳大利亚	72	2025	《国际教育2025国家战略》	2016年4月
加拿大	45	2022	《立足成功：国际教育战略（2019—2024）》	2019年8月
德国	35	2020	《联邦政府教育、科学和研究国际化战略》	2017年
法国	50	2027	《欢迎来法国》	2018年11月

---

[1] 顾明远、滕珺：《后疫情时代教育国际交流与合作的新挑战与新机遇》，《比较教育研究》2020年第9期。

[2] 马佳妮：《逆全球化浪潮下全球留学生教育的特征、挑战与趋势》，《教育研究》2020年第10期。

续表

国家	招收国际学生目标		国际教育最新战略	
	数量	年份	战略文件名称	颁布时间
日本	30	2020	《30万留学生计划》	2008年
韩国	20	2023	《留学韩国计划2020》	2014年
俄罗斯	71	2025	《2019—2024年国家教育项目》*	2019年8月
新西兰	14.3	2025	《新西兰国际教育战略(2018—2030年)》	2018年8月
美国	—	—	《全球性的成功:国际教育及参与(2012—2016年)》	2012年

注：* 为包含教育国际化内容的政策文件。

（二）发达国家积极调整国际教育战略

近年来，全球主要发达国家基于经济、政治、社会文化等因素考量，为了保持在国际教育市场的全球领先地位，加强了国际教育战略实施和政策制定，将教育国际化逐渐上升为国家战略。2019年3月，英国政府发布《国际教育战略：全球潜力，全球增长》报告，提出了到2030年将教育出口额提高到每年350亿英镑、将在英国学习的国际高等教育学生人数增加到每年60万的目标[1]。新冠肺炎疫情发生后，英国积极调整国际教育战略，推动教育出口复苏和可持续增长。2021年2月，英国发布《国际教育战略：2021年更新：支持复苏，推动增长》报告，在总结2019年战略实施取得进展的同时，制定了后疫情时代国际教育的战略优先事项、需要采取的行动和政府政策支持；提出实施更具针对性的发展战略，尽可能恢复并保持英国教育出口收入与国际学生人数必要的年平均增长，在重点领域采取进一步关键行动。包括加强国际学生来源市场的多元化，提升国际学生的留学体验，建立持久的全球伙伴关系，面向全球输出教师培训课程，支持教育出

---

[1] Department for Education, Department for International Trade, International Education Strategy: global potential, global growth, https://www.gov.uk/government/publications/international-education-strategy-global-potential-global-growth/international-education-strategy-global-potential-global-growth, 2019-03-16.

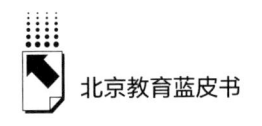

口和国际化增长等[①]。

澳大利亚的国际教育受到新冠肺炎疫情的重大冲击，迫切需要复苏并逐步恢复在国际教育市场的份额。2021年3月，澳大利亚宣布开启《澳大利亚国际教育2021—2030战略》草案的磋商进程，就拟议的国际教育远景和战略目标以及未来10年的优先事项展开全国对话。为尽快复苏国际教育，将实施以下战略：①扩大国际学生的来源国和来源地，确保多样化的国际学生群体；②开发新的教育提供模式，鼓励教育机构转向大规模的数字授课，实现到2025年超过1亿人学习澳大利亚在线和远程学习课程的目标；③加大对国际学生的支持，确保澳大利亚在疫情后仍然是国际学生的优先目的地；④弥补国内技能短缺，确保到澳留学的国际学生能够更好地满足国家未来的技能需求。新战略提出将吸引更多国际学生选择澳大利亚技能短缺的专业与领域。未来还将使用移民杠杆，鼓励更多学生到人才短缺的地区和大城市以外的地方学习。

五 对北京的启示

后疫情时代全球教育面临转型、重塑，也为教育改革与创新发展提供了机会之窗。应深刻认识未来北京教育面临的风险、挑战，顺应国际教育发展变革趋势，面向高水平实现北京教育现代化的目标，推动北京教育理念重塑、模式变革、开放升级、治理提升，建成更高质量、更具韧性、更易获得、更加公平的新时代首都教育，构建与首都新发展格局相适应的教育新发展格局。

（一）推进教育理念重塑：树立新的教育时空观、功能观和"命运共同体"意识

1. 重新认识教育的边界、形态和组织形式，拓展教育时空

教科文组织发布的《反思教育：向"全球共同利益"的理念转变？》

[①] Department for Education, Department for International Trade, International Education Strategy: 2021 update: Supporting recovery, driving growth, https://www.gov.uk/government/publications/international–education–strategy–2021–update/international–education–strategy–2021–update–supporting–recovery–driving–growth, 2021–02–06.

报告指出,从传统教育机构向混合、多样化和复杂的全球学习转变的格局正在形成。现代教育不再完全依赖于传统教育机构,学生获取知识的途径出现了多元化、便利化,以及学习的社区化。相较于工业时代以知识传播为主要目的的大规模集体教学,未来教育将是以学习者为中心的个性化模式,教育的时空大大扩展,非制度化的教育形态大量出现,学习将伴随个人终生。疫情期间政府、学校、企业、家庭分工合作,构建起了一个学校教育、网络学习、家庭教育、社会教育高度融合的全新教学服务空间,为"停课不停学"提供了坚实保障。未来北京教育应破除体制壁垒,构建学校教育、家庭教育、社会教育协同融合的育人体系,实现正规学习与非正规学习、非正式学习的融合和互补,打造更易获得、更加公平、更加优质、更个性化的教育体系。积极探索传统学校之外的网络学校、虚拟学校等新型"学校"形式,建立更加灵活、更具弹性(随时注册、终身入学、按需定制)的学习制度以及在线教育、社区教育等非正规学习认证体系,完善家校协同、社校合作机制,形成政府、学校、家庭、社会协同融合的教育服务体系。

2. 重新认识教育的功能,实现从"知识中心"到"能力中心"的转变

世界经济论坛提出的"教育4.0全球框架"指出,未来教学模式将呈现混合式、多元化、个性化,学生将拥有更多的学习自主权——选择适合自己的学习方式、感兴趣的学习内容、合适的学习场景等。这种"个性化""自助式"学习方式对学生的自主学习能力提出了更高要求。疫情催生了线上线下教学融合乃至智慧教育新生态,传统的"以知识为中心"的教育模式需要让渡给"能力中心"模式,未来教育将从"重传授"向"重发展"转变,从"标准化教育"向"个性化教育"转变。因此,学校应通过向学生"赋能",有意识地培养和提升学生的自主学习素养,为学生适应快速变革的智能时代以及形成终身学习能力奠定良好的基础。北京教育要适应未来学习变革趋势,重新认识教育的功能,打造"能力中心"教育模式。教师由知识传授者转变为教学活动组织者,学生从教学资源和知识的获取者成为创造者;评价方式从"输入型评价"(考核学生记住的知识量、掌握的内容

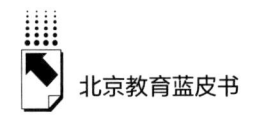

多少）转向"输出型评价"（考查学生的作业、作品、论文、解决问题的表现等），促进学生在新的学习方式下自主发展、自主成长。

3. 树立"人类命运共同体"意识，加强对学生的"全球素养"培育

新冠肺炎疫情的全球蔓延充分佐证了人类是"命运共同体"的科学论断。教科文组织发布的报告《反思教育：向"全球共同利益"的理念转变?》把教育视为"全球共同利益"，深化了对教育本质和功能的认识，并将培养"负责任的全球公民"作为重要教育目标之一。各国际组织和发达国家均将全球素养列为面向2030年核心素养的重要维度。在全球化背景下，作为国际化大都市的北京既要坚定扎根中国大地办教育的自信，又要提升教育的国际视野，积极促进北京教育的价值定位向"全球共同利益"的理念转变。构建适应21世纪全球化的北京学生"全球素养"框架，加强对学生的"全球公民技能"培养和"全球素养"培育，培养学生既有理想、有本领、有担当，又具备理解、合作、包容、共生等气质，使之成为具备全球意识和全球素养的新一代公民。

（二）推动教育模式创新：构建线上线下有机融合的教育模式，打造智慧教育新生态

后疫情时代应充分发挥技术优势，改变教育服务供给，将线上学习与线下教学有机结合，形成线上线下融合的教学新模式。加快北京教育新型基础设施建设，深入推进5G、人工智能、大数据、云计算、区块链等新一代信息技术在教育中的应用；建设学校在线教育平台，支持教师在线课程开发、备课教学、课堂讨论、课程辅导、师生交流等，利用线上平台便捷、泛在、实时等优势，着力解决线下空间无法满足的教学需求，增强教育的适应性；建立区域、学区课程资源共建共享机制，促进优质教育资源共享和教育均衡；提供远程协作、网络课程、同步课堂等工具，鼓励跨学校、跨区域、跨国别的协同学习，扩大优质教育资源供给和获取。

随着技术的快速发展，未来应在更高的技术形态上重构教育。教科文组织发布的《北京共识——人工智能与教育》提出"通过人工智能与教育的

系统融合，全面创新教育、教学和学习方式"。应加快推进人工智能、大数据等技术在北京教育中的应用，打造"智慧教育"新形态。建设智慧校园，一体化推进智能化教学、管理与服务。建设智能在线学习平台，涵盖在线课程、线上学习、在线答疑、学习分析改进、在线实践和实验教学等功能，为师生提供多样化、情境化、精准化、个性化的在线教育服务。开发智能学习助手，根据学生的学习需求推送学习资源，使学生随时随地随需进行高质量学习。建设教育管理智能系统，提升管理自动化水平。

（三）实现教育治理提升：利用技术赋能增强教育系统韧性，完善教育治理体系

推动北京教育数字化转型，增强教育系统韧性，有效应对未来不确定性和各种风险挑战。实施教育数字化战略，构建数字化教育支撑环境。依托5G、人工智能、大数据、物联网等新一代信息技术，升级教育信息化硬件、软件、网络、资源配置，打造"时时能学、处处可学、适合人人"的泛在学习环境。加快学校教育信息化基础设施迭代升级，为学校提供高速、便捷、绿色、安全的网络连接和先进的数字化设备。构建高质量和包容的数字化教育系统，开发高质量的数字化教育内容，提升灵活性、适应性。对教师加强包括数字化教学法在内的信息化技能培训，使其具备必要的数字化技能和教学方法，更有效地参与数字化转型以应对复杂多变的挑战。深入推进"互联网+教育"，将学习整合嵌入学习者的日常生活，提高教育的参与度和普及性。加大对处境不利群体的支持力度，帮助学习者更经济、更广泛地获取教育机会和教育资源，提升教育的可获得性和公平性。

完善教育治理体系，推进治理能力现代化。为应对外部局势的不确定性挑战，保障2035年实现高水平教育现代化的战略目标，后疫情时代北京教育要以总体国家安全观为指导，实现公共危机管理模式的变革和创新，推动教育治理在统筹、融合、支持、保障等方面转型升级。坚持党的集中统一领导，充分发挥党在危机治理中统揽全局的方向性、组织性、协调性作用，凝聚各方力量，形成合力。构建全纳融合的现代教育治理模

式，完善政—校—家—社多元协同合作机制。健全危机应急响应与支持体系，针对教育系统内外出现的突发、紧急、重大问题做好预案设计，针对不同问题有序启动反应机制。完善应急资源保障机制，建立多方协同、保障有力的资源供给平台，根据需求评估分级分类制定差异化的资源保障方案。

（四）构建教育开放新格局："引进来"与"在地国际化"并重，提升教育对外开放水平和质量

后疫情时代的国际格局和各国留学生政策发生变化，全球人才流动出现新局面，留学目的地多中心格局正在形成，健康、安全成为学生选择留学目的地的重要考虑因素。疫情给我国留学生教育带来挑战的同时也带来了新机遇。抗击疫情中，我国经济复苏和发展速度在全球主要经济体中位居前列，这些因素将吸引更多的外国学生特别是友好国家和共建"一带一路"国家的学生到中国留学，我国可能成为重要的留学目的地国。北京作为我国高等教育实力雄厚的地区，在建设国际交往中心、科技创新中心过程中，应把握契机，按照《教育部等八部门关于加快和扩大新时代教育对外开放的意见》要求，进一步提升教育对外开放水平，做优、做强"留学北京"品牌。建立严格的留学生招生标准，优化留学生教育课程体系、培养方案和管理体系，全面提升来京留学教育的质量。创新人才支持政策，制定吸引国际高端人才的配套措施，加快建设高技术、创新型人才汇聚区和国际化人才高地。

在做强留学生教育、加强国际高端人才"引进来"的同时，还应大力推进教育在地国际化。针对国际上出现的"逆全球化"趋势和疫情制约人员流动的现状，应充分利用、盘活国际化教育存量资源并发挥其最大效益，提升北京在地教育国际化水平。加强与国外高水平大学、机构的教育合作，积极推进中外合作办学，推动与其他国家间的学历学位互认，使希望接受国际化教育又受制于各种因素的学生实现"不出国门的留学"。加强课程的国际化，一方面建设和开发国际化课程，加大外语授课的比例；

另一方面加强国际化校园文化或隐性课程建设，为学生提供真实情境和文化体验，培养学生国际视野和"全球素养"。建设高水平、有特色的国际学校，提升涉外教育服务供给水平，为在京外籍人员和引进人才子女提供高质量的教育服务，同时满足部分本地市民对高品质、多样化、个性化国际教育的需求。

后　记

自2000年起，北京教育科学研究院就策划出版《北京教育发展研究报告》，记录北京教育的发展轨迹和政策变迁。22年来，《北京教育发展研究报告》围绕北京教育前沿趋势、北京各级各类教育改革与发展重点难点热点问题研究，用事实和数据说话，努力发挥着"存史、资政、宣传、育人"的作用。

2021年是《北京市"十四五"时期教育改革和发展规划（2021—2025年）》的开篇之年。党的十九届五中全会提出，"十四五"经济社会发展要以推动高质量发展为主题，这是顺应我国发展阶段、发展条件、发展格局变化的必然要求。新发展阶段、新发展理念、新发展格局，这是贯穿"十四五"规划纲要的逻辑主线。以建设高质量体系为统领，谋划和推动"十四五"时期北京市教育改革与发展，需要开展大量的相关研究。本报告用实际行动系统学习、阐释、践行《中华人民共和国国民经济和社会发展第十四个五年规划和2035年远景目标纲要》《北京市国民经济和社会发展第十四个五年规划和二〇三五年远景目标纲要》《北京市"十四五"时期教育改革和发展规划（2021—2025年）》精神，为北京教育的研究与决策提供科学依据。

本书研创团队以北京教育科学研究院科研人员为主体。在研创过程中，北京市教委、北京教育科学研究院的有关领导和部门给予了重要指导和大力支持。在此，我们对所有积极参与和支持本研究报告撰写的领导、研究人员表示衷心的感谢！

作为一项集体研究成果，本书阐发的观点和资料的可靠性由相关研究人员负责。同时，需要说明的是，虽然本书的研究人员努力工作，希望本书为关心北京教育改革与发展的机构和人士提供有益参考,但囿于时间和能力,本书的观点未必完全准确,相关的政策建议不一定切合实际,敬请相关专家和广大读者批评指正。

联系地址:北京市海淀区翠微路4号院北京教育科学研究院教育发展研究中心

邮　　编:100036

电　　话:010-88171909

传　　真:010-88171917

Email:fzzxlps@163.com

编　者

2021年11月

社会科学文献出版社

皮 书
智库成果出版与传播平台

✦ 皮书定义 ✦

皮书是对中国与世界发展状况和热点问题进行年度监测,以专业的角度、专家的视野和实证研究方法,针对某一领域或区域现状与发展态势展开分析和预测,具备前沿性、原创性、实证性、连续性、时效性等特点的公开出版物,由一系列权威研究报告组成。

✦ 皮书作者 ✦

皮书系列报告作者以国内外一流研究机构、知名高校等重点智库的研究人员为主,多为相关领域一流专家学者,他们的观点代表了当下学界对中国与世界的现实和未来最高水平的解读与分析。截至2021年底,皮书研创机构逾千家,报告作者累计超过10万人。

✦ 皮书荣誉 ✦

皮书作为中国社会科学院基础理论研究与应用对策研究融合发展的代表性成果,不仅是哲学社会科学工作者服务中国特色社会主义现代化建设的重要成果,更是助力中国特色新型智库建设、构建中国特色哲学社会科学"三大体系"的重要平台。皮书系列先后被列入"十二五""十三五""十四五"时期国家重点出版物出版专项规划项目;2013~2022年,重点皮书列入中国社会科学院国家哲学社会科学创新工程项目。

皮书网

（网址：www.pishu.cn）

发布皮书研创资讯，传播皮书精彩内容
引领皮书出版潮流，打造皮书服务平台

栏目设置

◆ 关于皮书

何谓皮书、皮书分类、皮书大事记、
皮书荣誉、皮书出版第一人、皮书编辑部

◆ 最新资讯

通知公告、新闻动态、媒体聚焦、
网站专题、视频直播、下载专区

◆ 皮书研创

皮书规范、皮书选题、皮书出版、
皮书研究、研创团队

◆ 皮书评奖评价

指标体系、皮书评价、皮书评奖

◆ 皮书研究院理事会

理事会章程、理事单位、个人理事、高级
研究员、理事会秘书处、入会指南

所获荣誉

◆ 2008年、2011年、2014年，皮书网均在全国新闻出版业网站荣誉评选中获得"最具商业价值网站"称号；

◆ 2012年，获得"出版业网站百强"称号。

网库合一

2014年，皮书网与皮书数据库端口合一，实现资源共享，搭建智库成果融合创新平台。

皮书网　　"皮书说"微信公众号　　皮书微博

权威报告·连续出版·独家资源

皮书数据库
ANNUAL REPORT(YEARBOOK) DATABASE

分析解读当下中国发展变迁的高端智库平台

所获荣誉

- 2020年，入选全国新闻出版深度融合发展创新案例
- 2019年，入选国家新闻出版署数字出版精品遴选推荐计划
- 2016年，入选"十三五"国家重点电子出版物出版规划骨干工程
- 2013年，荣获"中国出版政府奖·网络出版物奖"提名奖
- 连续多年荣获中国数字出版博览会"数字出版·优秀品牌"奖

皮书数据库　"社科数托邦"微信公众号

成为会员

登录网址www.pishu.com.cn访问皮书数据库网站或下载皮书数据库APP，通过手机号码验证或邮箱验证即可成为皮书数据库会员。

会员福利

- 已注册用户购书后可免费获赠100元皮书数据库充值卡。刮开充值卡涂层获取充值密码，登录并进入"会员中心"—"在线充值"—"充值卡充值"，充值成功即可购买和查看数据库内容。
- 会员福利最终解释权归社会科学文献出版社所有。

社会科学文献出版社　皮书系列
卡号：263969818834
密码：

数据库服务热线：400-008-6695
数据库服务QQ：2475522410
数据库服务邮箱：database@ssap.cn
图书销售热线：010-59367070/7028
图书服务QQ：1265056568
图书服务邮箱：duzhe@ssap.cn

S 基本子库
SUB DATABASE

中国社会发展数据库（下设 12 个专题子库）

紧扣人口、政治、外交、法律、教育、医疗卫生、资源环境等 12 个社会发展领域的前沿和热点，全面整合专业著作、智库报告、学术资讯、调研数据等类型资源，帮助用户追踪中国社会发展动态、研究社会发展战略与政策、了解社会热点问题、分析社会发展趋势。

中国经济发展数据库（下设 12 专题子库）

内容涵盖宏观经济、产业经济、工业经济、农业经济、财政金融、房地产经济、城市经济、商业贸易等 12 个重点经济领域，为把握经济运行态势、洞察经济发展规律、研判经济发展趋势、进行经济调控决策提供参考和依据。

中国行业发展数据库（下设 17 个专题子库）

以中国国民经济行业分类为依据，覆盖金融业、旅游业、交通运输业、能源矿产业、制造业等 100 多个行业，跟踪分析国民经济相关行业市场运行状况和政策导向，汇集行业发展前沿资讯，为投资、从业及各种经济决策提供理论支撑和实践指导。

中国区域发展数据库（下设 4 个专题子库）

对中国特定区域内的经济、社会、文化等领域现状与发展情况进行深度分析和预测，涉及省级行政区、城市群、城市、农村等不同维度，研究层级至县及县以下行政区，为学者研究地方经济社会宏观态势、经验模式、发展案例提供支撑，为地方政府决策提供参考。

中国文化传媒数据库（下设 18 个专题子库）

内容覆盖文化产业、新闻传播、电影娱乐、文学艺术、群众文化、图书情报等 18 个重点研究领域，聚焦文化传媒领域发展前沿、热点话题、行业实践，服务用户的教学科研、文化投资、企业规划等需要。

世界经济与国际关系数据库（下设 6 个专题子库）

整合世界经济、国际政治、世界文化与科技、全球性问题、国际组织与国际法、区域研究 6 大领域研究成果，对世界经济形势、国际形势进行连续性深度分析，对年度热点问题进行专题解读，为研判全球发展趋势提供事实和数据支持。

法律声明

"皮书系列"（含蓝皮书、绿皮书、黄皮书）之品牌由社会科学文献出版社最早使用并持续至今，现已被中国图书行业所熟知。"皮书系列"的相关商标已在国家商标管理部门商标局注册，包括但不限于LOGO（ ）、皮书、Pishu、经济蓝皮书、社会蓝皮书等。"皮书系列"图书的注册商标专用权及封面设计、版式设计的著作权均为社会科学文献出版社所有。未经社会科学文献出版社书面授权许可，任何使用与"皮书系列"图书注册商标、封面设计、版式设计相同或者近似的文字、图形或其组合的行为均系侵权行为。

经作者授权，本书的专有出版权及信息网络传播权等为社会科学文献出版社享有。未经社会科学文献出版社书面授权许可，任何就本书内容的复制、发行或以数字形式进行网络传播的行为均系侵权行为。

社会科学文献出版社将通过法律途径追究上述侵权行为的法律责任，维护自身合法权益。

欢迎社会各界人士对侵犯社会科学文献出版社上述权利的侵权行为进行举报。电话：010-59367121，电子邮箱：fawubu@ssap.cn。

社会科学文献出版社